CineGrafias Moçambicanas

Memórias & Crônicas & Ensaios

CIÊNCIAS & ARTES

Carmen Tindó Secco
Ana Mafalda Leite
Luís Carlos Patraquim

(organizadores)

CineGrafias Moçambicanas

Memórias & Crônicas & Ensaios

kapulana
editora

São Paulo
2019

Copyright ©2019 Editora Kapulana Ltda.

A editora optou por manter a grafia da língua portuguesa dos textos originais, respeitados os termos do Acordo Ortográfico da Língua Portuguesa, decreto n° 6.583, de 29 de setembro de 2008.

Organizadores: Carmen Tindó Secco
Ana Mafalda Leite
Luís Carlos Patraquim
Coordenação editorial: Rosana Morais Weg
Projeto gráfico e capa: Daniela Miwa Taira

Dados Internacionais de Catalogação na Publicação (CIP)
(Câmara Brasileira do Livro, SP, Brasil)

CineGrafias moçambicanas: memórias & crônicas & ensaios/ Carmen Tindó Secco, Ana Mafalda Leite, Luís Carlos Patraquim, (organizadores). -- São Paulo: Kapulana, 2019. -- (Ciências & artes)

Vários autores.
Bibliografia.
ISBN 978-85-68846-68-1

1. Cinema - África - Produção e direção 2. Cinema - Moçambique - Produção e direção -História 3. Cinematografia 4. Crônicas 5. Ensaios 6. Entrevistas I. Secco, Carmen Tindó. II. Leite, Ana Mafalda. III. Patraquim, Luís Carlos. IV. Série.

19-26277 CDD-791.4309679

Índices para catálogo sistemático:
1. Cinema moçambicano: Ensaios, crônicas e entrevistas   791.4309679

Maria Paula C. Riyuzo - Bibliotecária - CRB-8/7639

2019

Reprodução proibida (Lei 9.610/98).
Direitos desta edição reservados à Editora Kapulana Ltda.
Rua Henrique Schaumann, 414, 3° andar, CEP 05413-010, São Paulo, SP, Brasil.
editora@kapulana.com.br – www.kapulana.com.br

Agradecimentos

À FAPERJ e ao CNPq pelas bolsas destinadas ao projeto "Literatura, Cinema e Afeto: figurações e tramas da História em escritas literárias e fílmicas de Moçambique e Guiné-Bissau", coordenado pela Doutora Carmen Lucia Tindó Ribeiro Secco.

À FCT (Fundação para a Ciência e Tecnologia – Ministério da Educação e Ciência de Portugal) e ao CEsA (Centro de Estudos sobre África, Ásia e América Latina – ISEG, Universidade de Lisboa) pelo apoio aos Projetos NEVIS (Narrativas Escritas e Visuais da Nação Pós-Colonial) e NILUS (Narrativas do Oceano Índico no Espaço Lusófono), coordenados pela Doutora Ana Mafalda Leite.

Aos realizadores moçambicanos que aceitaram conceder entrevistas, crônicas e a todos que cederam seus textos para esta publicação.

À Vavy Pacheco Borges pela contribuição e generosidade.

À Editora Kapulana pelo empenho em editar este livro.

APOIO:
Esta obra foi publicada com apoio da
FAPERJ (Fundação de Apoio à Pesquisa do Estado do Rio de Janeiro) com verba da bolsa Cientista de nosso Estado/FAPERJ concedida a Carmen Lucia Tindó Ribeiro Secco (Processo E26/202967/2016) e do CNPq – Conselho Nacional de Desenvolvimento Científico e Tecnológico

Sumário

Apresentação
Carmen Tindó Secco, Ana Mafalda Leite e Luís Carlos Patraquim — 13

O cinema moçambicano

O cinema colonial moçambicano
por Guido Convents — 29

Moçambique: do Cinema à Literatura – Sequências de um filme em progressão
por Luís Carlos Patraquim — 51

Entrevistas

Ruy Guerra
por Olivier Hadouchi e Vavy Pacheco Borges — 69

Camilo de Sousa
por Ana Mafalda Leite — 81

Licínio Azevedo
por Carmen Tindó Secco, Ana Mafalda Leite e Luís Carlos Patraquim — 89

Isabel Noronha
por Ana Mafalda Leite — 92

Sol de Carvalho
por Carmen Tindó Secco, Ana Mafalda Leite e Luís Carlos Patraquim — 112

João Ribeiro
por Carmen Tindó Secco, Ana Mafalda Leite
e Luís Carlos Patraquim _____ 122

Yara Costa
por Carmen Tindó Secco, Ana Mafalda Leite
e Luís Carlos Patraquim _____ 129

Crônicas

Ruy Guerra

Foi assim que morreu o Bobby, o cãozinho de pelos
de arame _____ 138

"*Arco de Triunfo*" _____ 140

Utilidades e perigos do Cinema na formação do caráter da
juventude _____ 143

A imagem e o horror _____ 144

"*Lola Montes*" venceu _____ 146

Licínio Azevedo

Cinema e engajamento ideológico e social _____ 148

Um começo difícil, um final perigoso
(sobre o filme *A árvore dos antepassados*) _____ 163

O polícia pianista (sobre o documentário *Tchuma Tchato*) _____ 169

Uma "Cinecittà" chamada Chiango
(sobre o filme *A colheita do diabo*) _____ 174

Uma lua do Índico no Oceano Pacífico
(sobre o filme *Mariana e a lua*) _____ 176

Luís Carlos Patraquim

A Revolução dos "outros" _____ 180

O tempo dos leopardos: o que se procura no tempo perdido _____ 184

Sol de Carvalho

A pedagogia no cinema? _____ 188

Chibuto, 2016 _____ 193

Scala _____ 195

Isabel Noronha

Quadro perdido, quadro partido, quadro reenquadrado:
uma das infinitas estórias do cinema moçambicano — 196
Caminhos do Ser — 200
Sagrada arrufada — 203
Satanhoco — 206
O pintor — 211

Ensaios

O cinema moçambicano – um cinema "fantástico"?
 por Ute Fendler — 215

Da fotografia ao teatro, da retórica à poética: reflexões sobre *Mueda, memória e massacre*, de Ruy Guerra
por Júlio Machado — 225

Biografias

Carmen Tindó Secco — 241
Ana Mafalda Leite — 243
Luís Carlos Patraquim — 245
Camilo de Sousa — 247
Guido Convents — 250
Isabel Noronha — 252
João Ribeiro — 255
Júlio Machado — 257
Licínio de Azevedo — 259
Olivier Hadouchi — 261
Ruy Guerra — 262
Sol de Carvalho — 264
Ute Fendler — 265
Vavy Pacheco Borges — 266
Yara Costa Pereira — 267

Lista de imagens

Nº	Legenda	Créditos	p.
1	Prédio do cinema IMPÉRIO, localizado no bairro do Aeroporto, em Maputo, antiga Lourenço Marques.	Fotografia realizada em Maputo, em 13/02/2019, cedida pela artista plástica e poeta moçambicana Sónia Sultuane.	22
2.1	Cena do filme *Mueda, memória e massacre* (1979), primeiro longa-metragem de ficção do realizador Ruy Guerra.	Cinematografia de Ruy Guerra e Fernando Silva. Fotografias do filme cedidas pelo realizador.	23
2.2	Cena do filme *Mueda, memória e massacre* (1979), primeiro longa-metragem de ficção do realizador Ruy Guerra.	Cinematografia de Ruy Guerra e Fernando Silva. Fotografias do filme cedidas pelo realizador.	23
3	Cena do filme *Virgem Margarida* (2012), do realizador Licínio Azevedo.	Cinematografia de Licínio Azevedo e sua produtora Ébano, MZ. Fotografia do filme cedida pelo realizador.	24
4	Camilo de Sousa gravando *O tempo dos leopardos*, em 1985.	Foto da equipe que produziu e gravou o filme. Cedida por Camilo de Sousa.	24
5	Isabel Noronha com crianças, durante um exercício de filmagem; parte de um *workshop* organizado pela AMOCINE com realizadores suecos, em Maputo, em 2005.	Foto de 2005 cedida por Isabel Noronha.	25
6	Cena do filme *O dia em que explodiu Mabata Bata* (2017), do Sol de Carvalho.	Fotografia do filme, cedida pelo realizador Sol de Carvalho. Direção de fotografia: Jorge Quintela. Produção Promarte.	25
7	Cena do filme *O olhar das estrelas* (1997), do realizador João Ribeiro.	Fotografia do filme, cedida pelo realizador João Ribeiro. Autoria de João Ribeiro. Fotografia de Julio Bicari. Produção da Ébano Multimídia.	26
8	Karen, protagonista do filme *Entre Eu e Deus* (2018), da realizadora Yara Costa.	Fotografia do cartaz do filme, cedida pela realizadora Yara Costa. Fotógrafa: Lisa Persson.	26

Apresentação

Este livro resultou de trabalho conjunto, apoiado por tríplice parceria: entre Carmen Tindó Secco, Professora da Universidade Federal do Rio de Janeiro; Ana Mafalda Leite, Professora da Universidade de Lisboa; e Luís Carlos Patraquim, um dos fundadores do cinema moçambicano, cuja participação foi fundamental pelo amplo (re)conhecimento (da)na área.

É decorrência, também, de trocas e diálogos entre os projetos "Literatura, Cinema e Afeto: figurações e tramas da história em escritas literárias e fílmicas de Moçambique e Guiné-Bissau" (coordenado por Carmen Lucia Tindó Secco, apoiado pelo CNPq e FAPERJ) e "NEVIS – Narrativas Escritas e Visuais da Nação Pós-Colonial" e "NILUS – Narrativas do Oceano Índico no Espaço Lusófono" (coordenados por Ana Mafalda Leite, com apoio da FCT), cujas ações têm possibilitado produtivo intercâmbio cultural entre Brasil, Portugal e Moçambique.

A ideia da publicação de entrevistas com realizadores de Moçambique surgiu em razão de ser ainda escassa a bibliografia a respeito do cinema moçambicano e, também, por não haver mais, atualmente, em Moçambique, uma política cultural de valorização de festivais cinematográficos, como ocorria, há alguns anos, com o Dockanema que, durante várias edições, promoveu a divulgação de filmes, debates e oficinas.

Como o cinema, no período logo após a independência, foi fundamental à construção da nação moçambicana, e, ainda hoje, continua a ser um dos meios importantes de preservar a memória do país e pensar Moçambique e o mundo, consideramos ser um significativo contributo a recolha de opiniões não só de antigos e reconhecidos realizadores moçambicanos, como também de representantes das jovens gerações. Decidimos, então, reunir, no livro, entrevistas, ensaios, crônicas[1] de realizadores e de estudiosos da área, com o intuito de registrar não só a trajetória passada do cinema moçambicano, mas também reflexões acerca das condições e do papel deste no presente.

Cada vez mais, entrevistas são utilizadas, metodologicamente, como

---

[1] Todas as informações contidas nas entrevistas, ensaios e crônicas são de inteira responsabilidade de seus respectivos autores.

rico instrumento de pesquisa, capaz de propiciar entrelaces interdisciplinares e interartísticos. Em literatura e história, é comum entrevistar poetas, escritores. Também no âmbito cinematográfico, entrevistas a cineastas e realizadores são usadas como fontes que permitem a criação de "arquivos vivos" que captam visões pessoais e memórias subjetivas dos entrevistados acerca de seus filmes, de seus posicionamentos ideológicos sobre contextos históricos, políticos e sociais vivenciados. A relevância das entrevistas reside em possibilitar a exteriorização de pontos de vista diferentes, assim como questionamentos e interpretações críticas a respeito de momentos controversos da história.

> A entrevista, nas suas diferentes aplicações, é uma técnica de interação social, de interpretação informativa (...); pode também servir à pluralização de vozes e à distribuição democrática da informação. Em todos estes ou outros usos das Ciências Humanas, constitui sempre um meio, cujo fim é o inter-relacionamento humano.[2]

Quatro das entrevistas que compõem este livro – as de Licínio Azevedo, Sol de Carvalho, João Ribeiro e Yara Costa – foram respondidas, livremente, por escrito, a partir de perguntas formuladas pelos organizadores. A de Ruy Guerra foi realizada pessoalmente por Olivier Hadouchi e Vavy Pacheco Borges, em Paris, em 2012; já as de Isabel Noronha e Camilo de Sousa foram gravadas, durante uma conversa informal, por Ana Mafalda Leite, em Lisboa, em 2017.

A escolha dos realizadores entrevistados deveu-se, por um lado, à representatividade de cada um e, por outro, ao fato de terem aceitado nosso convite. Alguns nomes importantes relacionados ao cinema moçambicano – como o de Pedro Pimenta, Gabriel Mondlane, José Luís Cabaço, Ungulani Ba Ka Khosa, entre outros – e o de Diana Manhiça – atual presidente do projeto do Museu do Cinema Moçambicano – também foram contatados, mas, infelizmente, por motivos vários, não responderam às entrevistas.

CineGrafias Moçambicanas: Memórias & Crônicas & Ensaios se estrutura em quatro partes, antes das quais, com a intenção de despertar a curiosidade dos leitores e instigar a leitura, foram inseridas imagens sugestivas: uma foto do velho prédio do cinema Império localizado em Maputo, fotografias de Camilo de Sousa e Isabel Noronha em antigas gravações e cenas representativas de filmes produzidos pelos realizadores entrevistados neste livro.

A primeira parte é constituída por dois ensaios: o de Guido Convents,

---

[2] MEDINA, Cremilda de Araújo. *Entrevista: O diálogo possível*. São Paulo: Ática, 2002, p. 8.

que traça um panorama do cinema colonial moçambicano, evidenciando como este encontrava-se a serviço da propaganda do império português, e o de Luís Carlos Patraquim que reflete sobre o cinema moçambicano da pós-independência.

A segunda congrega entrevistas de realizadores incontornáveis, entre os quais: Ruy Guerra, Camilo de Sousa, Licínio Azevedo, Isabel Noronha, Sol de Carvalho, João Ribeiro, Yara Costa.

A terceira é constituída por crônicas de Ruy Guerra, Licínio Azevedo, Luís Carlos Patraquim, Sol de Carvalho e Isabel Noronha. Esta parte, a nosso ver, é de grande originalidade, uma vez que desvela os bastidores das filmagens, ou seja, o avesso das aventuras vivenciadas durante as gravações dos filmes por alguns dos realizadores.

Fechando o livro, a quarta parte contém dois ensaios: o de Júlio Machado, que analisa o filme *Mueda, memória e massacre*, de Ruy Guerra, marco do cinema moçambicano, e o de Ute Fendler, que investiga a presença do "fantástico" como uma das tendências existentes na filmografia moçambicana. Esta última seção é breve, contudo enriquecedora, na medida em que descortina um viés crítico, sugerindo a importância de estudos acerca de temáticas e filmes representativos do cinema moçambicano.

Das entrevistas obtidas depreende-se, de modo geral, que o cinema cumpriu a urgência de narrar a nação moçambicana, chamando atenção para questões de poder que marcaram profundamente a história de Moçambique – o colonialismo, a guerra, a miséria, a violência –, mas também apontando para a necessidade de revisitação de valores e traços africanos silenciados e para as múltiplas diversidades culturais, sociais, religiosas presentes em Moçambique e no continente africano.

Na entrevista de Ruy Guerra, desponta seu olhar de cineasta sempre atento às relações de poder, um olhar que põe em cena contradições sociais internas a serem repensadas criticamente. Em sua entrevista, Ruy enfatiza que são fortes as relações entre cinema e política; relembra, com seu humor crítico, algumas vivências relacionadas a filmagens por ele realizadas, entre as quais se encontram passagens especiais de sua parceria com Gabriel García Márquez, Chico Buarque, entre outros.

Camilo de Sousa, por sua vez, relembra sua infância na Mafalala; denuncia, nessa época, a ostensiva opressão colonial e o racismo; recorda sua tia Noémia de Sousa, sua relação com Ruy Guerra; fala sobre seus filmes. Isabel Noronha, em sua entrevista, narra suas experiências e aventuras de filmagem, relata a importância do surgimento do cinema moçambicano, a fundação e o fechamento do Instituto Nacional do Cinema em Moçambique. Com uma visão bastante lúcida e sensível, comenta que em seus filmes busca narrar histórias de pessoas que foram silenciadas. Mas observa que, para filmar "essas histórias privadas, é preciso encontrar o dispositivo certo para contornar ou quebrar a questão do silêncio político, que foi sendo e ainda é imposto".

Licínio Azevedo, com respostas curtas e objetivas, criticamente, sintetiza a significação do cinema moçambicano, que, em sua opinião, representa "o próprio país, pois Moçambique é hoje a nação que o cinema ajudou a construir". Sol de Carvalho, detalhadamente, avalia o importante papel do "*Kuxa Kanema*" em Moçambique; narra suas experiências de filmagem; fala da criação da produtora PROMARTE e comenta suas adaptações de textos literários para o cinema.

João Ribeiro também relaciona o nascimento do cinema moçambicano à construção da nação, observando que a descolonização do olhar tem sido uma espécie de clichê que persegue, em geral, o cineasta africano. Porém, enfatiza que, quando faz um filme, procura criar algo novo ou suficientemente forte para manter o suspense e surpreender o espectador. Para ele, fundamentais são as histórias contadas, as mensagens passadas, construídas de forma estética inovadora.

Já a realizadora Yara Costa critica a falta de investimentos em cinema atualmente em Moçambique e afirma ser muito difícil a realização de filmes moçambicanos, pois os apoios financeiros são quase inexistentes. Explana a respeito de seus filmes, entre os quais *Entre Eu e Deus*, que versa sobre a escolha radical de uma religião feita por uma jovem, num contexto de violência e intolerância religiosa.

Se as entrevistas deste livro são elementos fundamentais para a história do cinema moçambicano, as crônicas vêm acrescentar uma dimensão criativa e espetacular ao ofício dos realizadores, bem como uma tensão de reenquadramento da memória, entre outros aspectos. Com efeito, a noção de crônica, como lembra David Arrigucci[3], pressupõe a noção de tempo, presente no próprio termo, que procede do grego, *chronos*. É uma escrita que tece a continuidade do gesto humano na tela do tempo, que implica lembrar e escrever, relato em permanente relação com a temporalidade de onde retira a memória, enquanto sua matéria principal.

No caso dos dois textos de Sol de Carvalho, que situam alguns episódios na rodagem do seu último filme *Mabata Bata*, deparamo-nos em especial com uma reflexão sobre o cinema africano e algumas das contradições existentes entre cinema pedagógico e dimensão estética, em que o realizador evoca palavras de Godard, quando o cineasta francês esteve em

---

[3] ARRIGUCCI, David. *Enigma e comentário*. São Paulo: Companhia das Letras, 1987, p.51.

Moçambique, lembrando como ele considerava África como um mundo imaginário carregado de símbolos, imagens e representações, que constituem o enorme reservatório de criação de cinema inovador e, ao mesmo tempo, próximo dos seus destinatários.

Já as crônicas de Luís Carlos Patraquim retomam a posição instável e lúdica da crônica, entre jornalismo e literatura. *O tempo dos leopardos* situa criticamente uma época da história e do engajamento ideológico do cinema em Moçambique e narra o trabalho conjunto com Licínio de Azevedo, enquanto guionistas. A crônica "A Revolução dos Outros" evoca o encontro com a figura do realizador francês Jean-Luc Godard no Hotel Tivoli num sábado de 1978, perfazendo uma narrativa de memória pessoal e simultaneamente histórica, com a evocação das peregrinações utópicas e revolucionárias de várias figuras do cinema internacional, que por essa época passaram em Moçambique. É o caso de Florestano Vancini que esteve no Instituto Nacional de Cinema para falar da cinematografia italiana, ou de Med Hondo, da Mauritânia, que realizou um filme sobre o Sahara Ocidental – *Teremos a morte para dormir* – com produção moçambicana e estreia mundial em Maputo, ou ainda de Ruy Guerra com o projeto para o cinema móvel e com a realização do filme *Mueda, memória e massacre*. As crônicas de Patraquim, num estilo lírico-coloquial, reconfiguram historicamente a importância destes vários encontros com personalidades internacionais no quadro do cinema moçambicano, dimensão que veio também a ser documentada no filme de Margarida Cardoso, *Kuxa Kanema: o nascimento do cinema* (2003).

As cinco crônicas de Isabel Noronha e de Licínio de Azevedo percorrem também uma dimensão autobiográfica, mas enquanto ligação umbilical ao início dos seus percursos pessoais na entrada do mundo do cinema em Moçambique, aliando um registro histórico ao estórico, criando uma ponte de excelência entre a literatura e a história.

A primeira crônica de Isabel Noronha, "Quadro perdido, quadro partido, quadro reenquadrado – Uma das infinitas estórias do Cinema Moçambicano", bem como "A Chegada", de Licínio de Azevedo fazem essa travessia das estórias pessoais, quase em jeito de autoficção, para uma outra história, um outro quadro maior, agora reconfigurado, reenquadrado. A escrita dos dois realizadores confirma uma das características da crônica enquanto gênero compósito, capaz de gerir múltiplas componentes do relato: dimensão dramática, lírica, cômica. Como o próprio Licínio explica: "Mais do que uma reportagem objetiva, nós, também, procurávamos contar uma história, com personagens e ação. Falo disto porque é algo que depois foi importante para mim quando transitei para o cinema, e do documentário para a ficção, criando uma ponte entre ambos os gêneros." E o realizador vai contando como a experiência de jornalista se reformulou no guionismo e foi, aos poucos, caminhando para a realização, passando do Instituto de Cinema para o Instituto de Comunicação Social, numa época com poucos recursos humanos e técnicos existentes em Moçambique, em que a opção de gênero cinematográfico a ser desenvolvido foi necessariamente o documentário.

No caso de Licínio de Azevedo a sua escrita é quase um exercício brechtiano, em que a reduplicação do sujeito enquanto espectador crítico e rememorativo de si próprio procura expor de forma simples, e por vezes bem-humorada, alguns aspectos da estrutura técnica do seu próprio processo compositivo. As suas crônicas mostram também a sua vertente de escritor, o gosto pelo enredo, pelas pequenas estórias ocorridas na realização dos seus documentários e filmes, em anotação quase diarística. Licínio respeita a relação com o mundo das crenças e espiritualidades, e nele mergulha para escrever e filmar, criando uma tensão criativa entre o mundo real e o mundo imaginário. Como ele afirma:

> Para mim um documentário pode nascer de uma pequena notícia publicada na imprensa. Ler jornais diariamente é um hábito que adquiri lá atrás e não abandonei: um *"fait divers"*, a mulher agredida pelo marido, uma disputa entre vizinhos... Qualquer notícia, por mais banal que seja, pode transformar-se num bom documentário, se tratarmos o assunto da maneira correta, com respeito pelos seus protagonistas, pelas tragédias vividas pelos outros. Por vezes, um fragmento de um documentário inspira e dá lugar, anos mais tarde, a uma longa-metragem de ficção.

As crônicas de Licínio de Azevedo complementam de forma iluminante o estudo de filmes como *Desobediência*, *A árvore dos antepassados*, *Virgem Margarida*, *Comboio de sal e açúcar*, ou dos documentários *Tchuma Tchato*, *Mariana e a Lua*. Trazem as estórias e trilhos do processo, desvendam as peripécias dos vários momentos que acompanham a realização, à maneira de intermediações entre ator e plateia, como o coro do teatro grego, mostrando o processo que levou ao produto final dos seus filmes e docuficções.

Isabel Noronha perfaz também ao longo das cinco crônicas, aqui publicadas, uma cronologia de vida, desde o momento em que entra para o Instituto de Cinema, à sua experiência de trabalho e aprendizagem ("Caminhos do Ser", "Sagrada Arrufada"), e saliento aqui, no quadro da guerra civil, muito especialmente a crônica "Satanhoco" que evoca, em termos de uma escrita dramática, a vivência de risco de todos aqueles que participavam nas filmagens de *Kuxa Kanema*. Nota-se na escrita de Isabel Noronha uma inflexão lírico-pessoal, uma subjetividade crítica muito intensa e simultaneamente tensa. A escritora, que Isabel Noronha também é, além de realizadora, revela-se muito especialmente com sua última crônica "O Pintor", em que a crônica assume o esplendor da poesia, ao mesmo tempo que acompanha de forma muito sutil a origem e a realização do seu filme *Ngwenya, o crocodilo* (2007):

> Toda a manhã, os olhares, guardados atrás das paredes de caniço, espreitariam ansiosos o cessar da chuva que, inclemente, devolvia à terra cada gesto desse estranho homem que dedicara a sua vida a colecionar pedaços vivos de luz para costurar com eles a camisa de retalhos com que cobria o seu peito, onde precocemente se tinham alojado todas as sombras da floresta.

Recuando no tempo, as crônicas de Ruy Guerra organizam-se em duas partes, as três primeiras publicadas em 1949, em Lourenço Marques, mostram o despontar do gosto do realizador pelo cinema e pela escrita, fazendo uma espécie de visitação do passado do artista enquanto jovem aprendiz. A primeira crônica "Foi assim que morreu o Bobby, o cãozinho de pelos de arame" é uma narrativa fabular, que faz lembrar, ainda que desfocadamente, *Nós matamos o Cão Tinhoso!*, de Luís Bernardo Honwana, e de imediato nos apela para o sentido de dependência e de liberdade e para as diferenças sociais e de sofrimento dos seres vagabundos e abandonados. Um cão da rua, sem raça, nem dono, sem nome, sobre quem Ruy escreve e se demora a caracterizar, mostrando talvez, de forma indireta, as conflitualidades latentes da sociedade colonial. Uma outra crônica "Utilidades e perigos do Cinema na formação do caráter da juventude" reflete sobre a importância do cinema e da literatura e os prejuízos do cinema comercial na formação intelectual dos jovens. Por outro lado, as duas últimas crônicas de 1997, escritas no Brasil, quase meio século depois, tratam da experiência cinéfila do realizador:

> (...) ao longo da vida fui devorando vorazmente filme após filme, me alimentando de imagens, em preto e branco, coloridas, mudas, sonoras. E o meu conhecimento do mundo deve muito a essas vidas que passei nas salas escuras, os olhos fixos na tela, onde pessoas e coisas desfilavam diante de mim emoções que me foram moldando naquilo que sou.

Em "A imagem e o horror", Ruy Guerra questiona o poder da imagem numa época em que a tecnologia nos leva para a virtualização e "em que o espetáculo toma frequentemente o lugar da realidade e se confunde com ela". Por último, relata a sua experiência de conhecimento de Max Ophuls, quando ainda era estudante de cinema em Paris, deixando-nos mais um traço da memória do seu percurso de vida, em que a diversidade de contatos e internacionalização certamente vieram a contribuir para o transformar, no futuro, no marco do cinema, que ele é.

No último momento deste livro, fazemos a transição das crônicas dos realizadores para uma pequena seção de estudo crítico, em que se apresentam dois ensaios sobre cinema moçambicano, em que o leitor poderá aprofundar uma dimensão teórico-crítica sobre o cinema deste país. O primeiro ensaio, mais monográfico, intitula-se "Da fotografia ao teatro, da retórica à poética: reflexões sobre *Mueda, memória e massacre*, de Ruy Guerra", de Júlio Cesar Machado de Paula, e mostra o caráter simultaneamente documental e ficcional do filme, ao mesmo tempo que discute a interpenetração entre as dimensões histórica e estética, considerando que o filme seja visto e debatido como parte da memória viva de Moçambique.

O segundo ensaio da autoria de Ute Fendler, "O Cinema Moçambicano – Um Cinema Fantástico?", é mais abrangente e analisa a importante e comum dimensão do fantástico na filmografia moçambicana, considerando que o "fantástico" faz parte integral da própria visão de mundo africana. Neste sentido, a especialista afirma que, quando os cineastas utilizam elementos "sobrenaturais" ou "maravilhosos", estes fazem parte do processo narrativo, criando um mundo imaginado, simultaneamente fictício e verdadeiro, levando os espectadores "a sonhar a realidade, em versões e variações intermináveis".

Os organizadores

Carmen Tindó Secco – Professora Titular de Literaturas Africanas de Língua Portuguesa da UFRJ (Universidade Federal do Rio de Janeiro), ensaísta e pesquisadora do CNPq (Conselho Nacional de Desenvolvimento Científico e Tecnológico) e da FAPERJ (Fundação de Amparo à Pesquisa do Estado do Rio de Janeiro).

Ana Mafalda Leite – Docente na Faculdade de Letras da Universidade de Lisboa, com Mestrado em Literaturas Brasileira e Africanas de Língua Portuguesa e Doutora em Literaturas Africanas. Professora Associada com Agregação da Universidade de Lisboa, pesquisadora do ISEG do CEsA, com bolsa da FCT.

Luís Carlos Patraquim – Jornalista, roteirista, pesquisador sobre cinema moçambicano. Autor de vasta obra publicada em prosa, poesia e teatro.

IMAGENS

Foto 1 - Prédio do cinema IMPÉRIO, localizado no bairro do Aeroporto, em Maputo, antiga Lourenço Marques.

Foto 2.1 - Cena do filme *Mueda, memória e massacre* (1979), primeiro longa-metragem de ficção do realizador Ruy Guerra.

Foto 2.2 - Cena do filme *Mueda, memória e massacre* (1979), primeiro longa-metragem de ficção do realizador Ruy Guerra.

Foto 3 - Cena do filme *Virgem Margarida* (2012), do realizador Licínio Azevedo.

Foto 4 - Camilo de Sousa gravando *O tempo dos leopardos*, em 1985.

Foto 5 - Isabel Noronha com crianças, durante um exercício de filmagem; parte de um *workshop* organizado pela AMOCINE com realizadores suecos, em Maputo, em 2005.

Foto 6 - Cena do filme *O dia em que explodiu Mabata Bata* (2017), do realizador Sol de Carvalho.

Foto 7 - Cena do filme *O olhar das estrelas* (1997), do realizador João Ribeiro.

Foto 8 - Karen, protagonista do filme *Entre Eu e Deus* (2018), da realizadora Yara Costa.

O CINEMA MOÇAMBICANO

O Cinema Moçambicano Colonial

Guido Convents

O público africano no cinema em Moçambique: 1897-1974

1. Introdução

Falar do cinema em Moçambique ou na África é muito mais amplo do que falar sobre a história da produção nacional de filmes. Implica uma multiplicidade de aspectos que são entrelaçados à complexidade da sociedade, da economia (produção, distribuição, importação, etc.), da tecnologia (película, digitalização, vídeo, câmaras, estúdios de montagem, projetores, sistemas de sons, lentes, etc.), da política nacional e internacional (propaganda, resistência, contracultura, identidade, modernidade, emancipação, etc.), da população (colonizadores portugueses, assimilados, africanos, indianos, mulheres, crianças, técnicos, etc.), da legislação (censura, regulamentos de segurança, proteção das crianças, etc.) e até do espaço urbano (salas de cinema, arquitectura, etc.).

Os elementos evidentes que fazem parte da cultura cinematográfica são também as imagens (o que se vê no ecrã), as histórias, os sons, as cores, as línguas, as músicas, os estrelatos, os técnicos, as empresas de produção, os realizadores, as publicações, as críticas, os debates, etc.). Até recentemente a prática tradicional da história do cinema se concentrava, sobretudo, só na história dos filmes. Hoje, falar do cinema é fazer referências a tudo o que influencia e toca a visão do mundo, a realidade e as emoções dos moçambicanos.

Iremos tratar só um, mas importante aspecto da cultura cinematográfica, nomeadamente o público africano durante a época colonial portuguesa em Moçambique. A denominação "indígena", uma palavra da época, aparece, recorrentemente, neste texto para fazer a diferença em relação ao africano "assimilado" – educado à portuguesa. É uma linguagem utilizada nos documentos e publicações na época colonial.

Nas vésperas da Primeira Guerra Mundial, Moçambique contava com menos de dez mil brancos, alguns milhares de indianos e mestiços, mas alguns milhões de africanos ("assimilados" e "indígenas"). A maioria destes brancos, indianos e mestiços vivia em grandes cidades, como Beira e Lourenço Marques, e mantinha boas conexões com cidades portuárias como Tanga, Dar es Salaam, Mombaça, Durban e, é claro, com a capital da África do Sul, Joanesburgo.

2. O cinema pode mudar a mente dos africanos

Faz apenas alguns anos que está sendo investigada a pesquisa sobre o público africano que entrou em contato com o mundo do cinema durante o período colonial[1]. Os pesquisadores europeus prestaram, sobretudo, atenção aos filmes que foram feitos sobre as colônias e que foram distribuídos por motivos de propaganda na Europa e, às vezes, também na África. Esses filmes não foram feitos por africanos. Os colonizadores belgas e ingleses, tanto ligados ao governo quanto às instituições privadas (por exemplo, os missionários), produziram filmes especiais de propaganda colonial para o público africano, os quais não se destinavam ao público ocidental. Entre 1925 e 1980, os governos coloniais dos diferentes territórios do império africano britânico e belga produziram centenas de filmes destinados especialmente ao público africano. Esse esforço ambicioso refletiu a visão ambivalente da Grã-Bretanha (e também da Bélgica) sobre o papel do cinema no seu império africano. As autoridades britânicas acreditavam que os africanos eram mais "impressionáveis" do que os europeus e podiam ser mais influenciados positivamente pelas imagens do cinema. Mas eles também temiam que a exposição às imagens "negativas" encontradas nos filmes da Europa e dos Estados Unidos teria uma carga de violência contra os brancos. Esses programas de "filmes para africanos" efetuavam uma espécie de censura que evidenciava a preocupação dos colonizadores em relação à influência do cinema nas sociedades africanas. Não foi o caso dos governos portugueses e franceses. Eles não produziram filmes especiais para os africanos, mas simplesmente trouxeram a sua própria produção "normal" para as projeções cinematográficas nas colônias para serem vistas por "todos". A maioria dos filmes portugueses foi, de qualquer modo, uma glorificação da nação portuguesa e propagou os valores nacionalistas e fascistas do regime de Salazar, que também incluía a justificação do racismo. Foi uma forma da ditadura de propagar a sua visão de mundo

---

[1] É também tendência internacional estudar o público do cinema. Este artigo refere-se principalmente aos capítulos do livro: CONVENTS, Guido. *Imagens & realidade*: os moçambicanos perante o cinema e o audiovisual. Maputo: Edições Dockanema/Afrika Film Festival, 2011.

para a população da Europa e da África.[2] Durante a ditadura de Salazar, os filmes (portugueses e estrangeiros) enviados para Moçambique através de um distribuidor português foram já, em Portugal mesmo, submetidos à censura nacional. No entanto, nem todos os filmes vieram de Portugal e também foram comprados por distribuidores moçambicanos, da África do Sul ou mesmo de outros países.

De fato, precisamos ainda de muita pesquisa para compreender como o público africano absorveu os filmes, com sua visão de mundo e cultura, incorporando seu modo de pensar e transformando seu comportamento em relação aos "brancos" e à cultura ocidental, expressa nos filmes europeus e americanos.

Em 2014, Gairoonisa Paleker publicou um artigo sobre o público africano que frequentou o cinema na África do Sul, de 1910 e 1948[3]. Ela mencionou que, desde as primeiras projeções, os "brancos" não permitiam audiências mistas. Na ausência de cinemas estabelecidos, era muito mais fácil praticar a censura diferencial, passar filmes para o público branco e, ao mesmo tempo, restringi-los para o público negro. A censura era, portanto, uma forma fundamental de intervenção do governo. Por meio da censura, o governo sul-africano conseguiu determinar o que constituía material de visualização aceitável e o que era "indesejável".

Um ano anterior ao artigo de Paleker, em 2013, foi publicada em Portugal a primeira parte de uma pesquisa do cinema em Angola, com o título *Angola: o nascimento de uma nação*. O primeiro volume trata da época colonial e seu título, "*O cinema do império*", já prenuncia a visão colonial passada pelo cinema da época. Principalmente, tratam-se dos filmes produzidos pelos colonizadores portugueses ou por outros ocidentais que também fizeram parte da ideologia colonial. Muito pouco, quase nada, foi dada atenção à cultura cinematográfica em Angola, nem ao modo como a população africana entrou em contato com o cinema e como reagiu às imagens.

O que é certo é que, na maioria das colônias, o cinema e, precisamente, as projeções dos filmes se espalharam rapidamente. O interessante é que foi uma invenção técnica dos colonizadores que os colonizados não rejeitaram, muito pelo contrário! Logo se transformou numa caixa de pandora. O cinema não foi inocente, foi uma arte subversiva.

Mas os colonizadores rapidamente perceberam que com o cinema estavam perdendo o controle da mente de seus colonizados. Praticamente

---

[2] TORGAL, Luís Reis (coord.). *O cinema sob o olhar de Salazar*. 2. ed. Lisboa: Temas e Debates, 2011.

[3] PALEKER, Gairoonisa. "The State, Citizens and Control: Film and African Audiences in South Africa 1910-1948". *Journal of Southern African Studies*. Vol.40/2 , pp.309-329. Abingdon, 2014.

em todas as colônias, pensaram como limitar o acesso dos africanos às exibições de filmes. Obviamente, a maioria da população nas colônias era analfabeta e não entendia os filmes falados em línguas estrangeiras, nem sabia ler as legendas. O que os colonizadores portugueses censuraram foram imagens que minavam a autoridade colonial ou o projeto colonial.

2.1. Africanos no cinema: um perigo para o mundo colonial

O que é certo é que, antes da Primeira Guerra Mundial, os africanos da África Oriental e Central em geral tinham a oportunidade de ver filmes. Especialmente nas cidades. Interessante é considerar a situação na África Oriental Alemã, país vizinho a Moçambique. No final de fevereiro de 1903, o diretor de fotografia inglês Sydney Pettitt agendou uma sessão de cinema num grande salão de um cassino em Dar es Salaam. Apesar de seus filmes serem destinados principalmente aos europeus, também foram vistos pelos africanos. O cineasta Pettitt já havia organizado noites de cinema para europeus e africanos em Uganda, Quênia e Zanzibar. É possível que ele tenha feito o mesmo em Dar es Salaam. Para algumas projeções, ele exigia uma entrada alta para impedir que os africanos se misturassem aos brancos. Ainda havia o Cinematógrafo de Arte de Wexelsens. Havia uma espécie de segregação durante as projeções cinematográficas.

Como em Moçambique existia também uma população indiana como ocorria na África Oriental Alemã, alguns filmes causaram um dos primeiros conflitos raciais no cinema. Em maio de 1908, uma briga começou numa sala de cinema em Dar es Salaam, quando o proprietário pediu a um espectador, um goês (de Goa), para mudar de lugar porque se encontrava em uma cadeira entre dois espectadores europeus. O indiano deixou a sala furioso. Em poucas horas, vários representantes da comunidade indiana vinham protestar em frente ao cinema. Exigiam ser tratados da mesma maneira que os europeus. O proprietário, ao mesmo tempo agente da administração aduaneira, explicou em um jornal que não entendera o problema, visto que, de fato, nada acontecera entre os diferentes grupos da população durante as sessões de cinema. Os indianos não se consideravam inferiores aos europeus. Regularmente, a imprensa publicava histórias denunciando "a arrogância" dos indianos em relação à população europeia, o que revelava uma discriminação não só em relação aos africanos, mas também aos originários da Índia.

No Congo Belga cineastas-projecionistas chegaram antes de 1910 com os seus filmes, que não eram só para o público branco. Um dos primeiros cineastas que operou no território congolês foi também o cinematógrafo itinerante Wexelsen's Art Cinematograph, que chegou a Boma (capital na época) em setembro de 1913. Ele visitava com os seus filmes os centros populacionais de Matadi, Thysville (Mbanza Ngungu), Leopoldville, Kinshasa e Brazzaville. Durante as exibições, também estavam presentes os africanos/congoleses. Nos dez anos seguintes, exibições de filmes continuaram a ser realizadas regularmente em um grande número de cidades do Congo. O fato de que os congoleses também tinham acesso aos filmes causou reações e reflexões dos brancos – os colonizadores belgas, o que levou o governador-geral do Congo Belga a publicar a Portaria de 2 de julho de 1917 para regulamentar a exibição de filmes e, sobretudo, a presença dos africanos nas projeções. Justificando sua decisão no preâmbulo, o documento dizia que alguns filmes poderiam ser perigosos para a ordem pública, em um país onde a população era suscetível de ser influenciada fortemente por imagens e ideias apresentadas a ela. Esta portaria seria a base para instalar comissões de censura regionais para restringir o acesso dos congoleses aos filmes, enfatizando os valores morais, educacionais, artísticos aprovados pelo governo.[4]

Nos anos 1917 e 1919, mais e mais habitantes europeus se sentiam desconfortáveis com a presença dos africanos a seu lado nas salas "obscuras". Não era só um sentimento dos brancos em Moçambique, mas também em outras colônias do continente. Desde o estabelecimento das salas de cinema (1910) na África do Sul, na África Oriental Alemã, na Rodésia e no Congo Belga, a tendência de controlar a presença dos "indígenas" nas salas era uma preocupação permanente. Mas, muitas vezes, o problema era que não havia europeus suficientes e os proprietários das salas precisavam do público de cor para obterem lucro...

2.2. Os primeiros africanos moçambicanos em frente de um ecrã e a lei

É quase uma certeza que, desde a chegada do cinema em Moçambique, e sobretudo desde a Primeira Guerra Mundial, os africanos já tinham, de alguma maneira, contato com o cinema. Vai de um "sem-educação" que trabalhava nas salas (como porteiro ou faxineiro) aos considerados "civilizados" (os "assimilados", os letrados). Estes africanos não só precisavam

---

[4] CONVENTS, Guido. *Images et démocratie*. Les Congolais face au cinéma et à l'audiovisuel. Une histoire politico-culturelle du Congo des Belges jusqu'à la République Démocratique du Congo (1896-2006). Kessel-Lo: Afrika Filmfestival, 2006, 487 p.

de dinheiro para comprarem a entrada, mas, nos centros urbanos, deviam se comportar de maneira "civilizada", ou seja, como os europeus, deviam estar bem vestidos e com sapatos. Evidentemente isso não era exigido fora dos centros urbanos, durante as projeções ao ar livre! O que é certo é que, desde os anos 1920, o jornal dos "assimilados", *O Brado Africano*, publicava a programação das salas de cinema da capital e artigos sobre o tratamento dos africanos pelos proprietários das salas. Dever-se-á ter em conta, contudo, que *O Brado Africano* era um órgão para a defesa dos direitos dos "indígenas" na colônia. Nos seus artigos defendia que a política de força nas relações de justiça seria substituída por uma política de inteligência. Mas, os portugueses, vistos como colonizadores, possuíam, em geral, uma fraca capacidade para compreender, sentir e viver essa noção.

Em 1919, as autoridades coloniais de Lourenço Marques receberam uma carta com observações sobre a presença dos "indígenas" nos cinemas da cidade. Um cidadão exigia que fosse limitada. O autor da carta não julgava adequado que indígenas vissem filmes que contivessem crimes. Propunha a ideia de organizar para os "indígenas" programas cinematográficos especiais e a eles adaptados com filmes censurados.

A 7 de junho 1920, o Governo Geral de Lourenço Marques publicou o decreto 1054, que era uma atualização do decreto de março de 1919 e tratava sobre os filmes na colônia. O primeiro artigo deste decreto de 1920 determinava que não era permitida a admissão de "indígenas" em espectáculos cinematográficos em que se expusesse algum crime de homicídio, roubo, furto ou fogo. Os africanos "assimilados" reagiram contra este decreto que julgaram injusto. *O Brado Africano* publicou uma nota crítica, denunciando que os colonizadores não faziam distinção entre o nível de assimilação e a maturidade dos "indígenas". O jornal mostrava-se indignado por ver que os intérpretes da lei consideravam que esta era aplicável para todos os "indígenas", indistintamente.

Em 8 de outubro de 1927, outra Portaria determinou que nenhum filme poderia ser projetado publicamente sem a autorização do chefe da polícia e o responsável local da administração colonial. Existia também um regulamento da polícia indicando que só podiam ser vistos pelos africanos os filmes autorizados pela comissão da censura.

Tal como nas colônias portuguesas, as autoridades coloniais da África Belga ou Britânica tinham uma política cinematográfica semelhante para os "indígenas". Os colonizadores europeus não queriam, portanto, que os "indígenas" vissem filmes que não estivessem de acordo com a ideologia colonial.

3. Lugares de projeção

3.1. A primeira sala do cinema para africanos: o "Cinema Popular"

Nas primeiras sessões do Gil Vicente, em abril 1921, sobretudo a burguesia branca da cidade estava presente e o problema da presença dos "indígenas" manifestou-se de novo três semanas depois da abertura da sala. O resultado dessas restrições impostas pelas autoridades não deixavam os "indígenas" frequentarem os cinemas quando se exibissem filmes de roubos e assassínios. Contudo, o proprietário do teatro Varietá, Buccelato, não queria perder os seus espectadores (clientes) "indígenas" e reabriu o seu antigo Cinema Popular, na Avenida Central 24 de Julho. Anunciou que nesta sala iriam ser programados somente filmes de lição moral, cômicos, históricos. Assim, poderiam entrar todas as noites as crianças e os "indígenas". Buccelato deu uma explicação, justificando que nem todo público adorava o "horroroso, o trágico". *O Brado Africano* louvou essa iniciativa.

Este cinema, durante quase um mês, exibiu todas as noites uma programação com filmes que quase "sempre faziam rir o mais sisudo". Mas, apesar da "afluência" do público "indígena", o preço das entradas não cobria as despesas e o diretor diminuiu as sessões consideravelmente. Na segunda metade de maio de 1921, decidiu que as projeções seriam somente às terças, sábados e domingos.

A abertura do Cinema Popular não significou que os assimilados já não tivessem interesse na programação do cinema Gil Vicente. O correspondente do jornal *O Brado Africano* escreveu sobre o sucesso que conheceu o filme *Tarzan* nesta sala, descrita como um local magnífico de cinema.

A 21 de abril de 1921, entrou em cartaz o filme francês *Décima sinfonia* (*Le Dixième Symphonie*, 1918), de Abel Gance (1889-1981). Aparentemente, nesta altura, o público da sala conhecia bem as produções da casa Pathé Frères e seus atores. O Dancing mencionou que a protagonista da *Décima sinfonia* era a "grande" atriz Emmy Lynn, no papel de Eva Dinant, que, segundo ele, os espectadores já teriam visto no papel de Juliana de Chazay no cine-drama do realizador francês Jean Kemm (1874-1939), exibido no Gil Vicente com o título *O destino manda* (*Le destin est maître*, 1919). Anunciou também a chegada do filme *Amor e ciúme* ou *Vênus, nynfas e sereias*, que, conforme Dancing, era um filme sugestivo e atraente, que fazia parte da tentativa do diretor de propor um programa idêntico ao que se exibia na Metrópole. A referência à "Metrópole" era vista como uma garantia de qualidade... Entretanto, não há muitas indicações de que a sala Gil Vicente tenha ficado mais do que alguns meses aberta...

3.2. A confrontação entre o público europeu e o africano na escuridão das salas de cinema em Moçambique, nos anos 1920...

3.2.1. Nas cidades

No final dos anos vinte, Lourenço Marques tinha, pelo menos, três cineteatros: o Gil Vicente, o Varietá e o Cineteatro Variedade. É fato que o cinema fazia parte integrante da vida de lazer urbana e passava a ser, aparentemente, tão comum, que deixava de ser um elemento espetacular não apenas para a população branca e europeia, mas também para os africanos que viviam no meio urbano. Se todos estes não podiam ir ao cinema, eram, pelo menos, testemunhas de sua popularidade. O desejo da maioria dos africanos assimilados era participar da experiência de lazer "moderna", em que o cinema e certamente a música *jazz* desempenhavam papel importante.[5]

Nessa altura, na Beira, a segunda cidade da colônia, existiam duas salas: o Cine- teatro Olímpia e o cinema Excelsior. O teatro-cine Edison, que apresentava, em 1921, sessões cinematográficas na Beira, já não existia. Fora das cidades, a população podia ver filmes, graças a algumas empresas de cinema ambulante.

É notável como, já nos anos vinte, os filmes indianos chegavam aos *ecrãs*, na África, nomeadamente em Moçambique, embora a programação desses filmes indianos não fosse, diretamente, um fator que servisse à unidade cultural do império português!... Ainda na época do cinema-mudo, a programação no teatro Variedades continha, de vez em quando, uma fita indiana, o que fazia com que o cine estivesse, nessas ocasiões, repleto pelo "elemento" asiático.

3.2.2. No interior

A situação no campo foi completamente diferente das cidades. O controle sobre as imagens foi mais específico e restrito. Nos anos trinta

---

[5] *Boletim da Agência Geral das Colônias*. N° 50. Lisboa, agosto de 1929, p. 246-251.

e quarenta, os "indígenas" no interior descobriram também as imagens cinematográficas com o cinema ambulante do português Thomaz Vieira (1878-1974) e dos missionários.

Desde as primeiras décadas do século XX, Moçambique conhecia o cinema itinerante. Ao lado do cinema ambulante comercial, existia, desde os anos quarenta, também um cinema ambulante organizado pelas autoridades, como também ocorria em Portugal. Até cerca de 1933, os exibidores ou empresários ambulantes de cinema e de variedades percorriam, sobretudo, com o seu projetor as cidades. Provavelmente alguns missionários católicos projetavam, de vez em quando, no interior, filmes. Depois tudo mudou com as atividades da primeira empresa do português Thomaz Vieira. O certo é que, nos fins dos anos quarenta, os cinemas ambulantes (o privado e o do governo colonial) já apareciam nas cidades e nas aldeias do interior de Moçambique. Assim, as imagens animadas entravam também no mundo cultural de um grande número de africanos.

A Igreja considerava o cinema um instrumento poderoso de evangelização. É compreensível que as revistas missionárias tenham tido também um grande interesse pelo cinema em geral e, sobretudo, pelos filmes "missionários". Certamente, desde os anos trinta, a máquina cinematográfica fazia parte da bagagem dos missionários nas colônias portuguesas em África.

Em 1935, um missionário português publicou um artigo com a descrição de uma apresentação cinematográfica em África:

> Cinema em África? Sim (...) O cinema é hoje bagagem obrigatória do missionário. Aqui se vê cinema ao ar livre, sob o céu estrelado, e temos sempre casa, ou antes, campo à cunha. Já vão chegando velhos e velhas todos encarquilhados, aqueles que fogem desconfiados do missionário. Vêm com os seus banquinhos à cabeça para ver macacos, leões, diabos, etc. Mas vira a fita e lá vêm José e Maria: vão para Belém, Natal, Jesus de Nazaré, prisão e morte de Jesus. Ressurreição e subida ao céu. E velhos e velhas foram engolindo aos golos toda a doutrina sublime do cristianismo.[6]

Nesta altura, o padre Domingos Vieira Baião, da Congregação de Espírito Santo, em Angola, era também um admirador e defensor da função ativa do cinema na evangelização.

Embora os missionários admitissem a utilidade do cinema, consideravam-no também um perigo possível para seus fiéis e mesmo para suas

---

[6] Trecho da carta de um missionário da Missão do Sambo (Angola), publicada no *Boletim das Missões de Angola e Congo*. Lisboa: Edição das Missões de Angola e Congo, julho de 1935, p. 208.

próprias congregações. Para eles o mundo comercial do cinema era, sobretudo, responsável pela laicização do Portugal "católico". Na sua lógica, os filmes "imorais" influenciavam mesmo as vocações religiosas de uma maneira negativa.

Em 1952/1953, o Cardeal-arcebispo de Lourenço Marques, Teodose Gouveia, tinha seis salas de cinema sonoro de 16mm que fazia parte de seu trabalho pastoral. Anualmente, essas salas registravam quase tanto público como os cinemas comerciais, com a diferença de que as salas católicas ofereciam apenas quatro sessões por semana. O Cardeal-arcebispo afirmava em 1953 que o seu arcebispado contava com 1.250.000 habitantes, meio milhão de "indígenas" frequentavam os cinemas das missões.

Para Gouveia, a censura do Estado Novo de Salazar podia atenuar os efeitos nefastos do mau cinema. Era claro que ele tinha uma grande confiança no regime português que, segundo ele, aplicava a censura bem orientada. Na opinião do Cardeal-arcebispo, a maioria dos "indígenas" não era capaz de compreender mais que filmes simples. Do mesmo modo que a autoridade colonial e alguns "assimilados" intelectuais, Gouveia julgava que o público "indígena" gostava de "movimento, de cenas dramáticas e violentas". Para ele, a Igreja devia aproveitar essa tendência e basear-se sobre ela para desenvolver a sua política cinematográfica. Pode parecer muito estranho que um líder da Igreja quisesse fazer uma promoção com cenas dramáticas e violentas. Mas Gouveia afirmava que muitos aspectos da vida dos santos e martírios cristãos eram parecidos aos dos heróis do cinema que também lutavam contra o mal.

Em 1934, Thomaz Vieira levou o cinema sonoro pelo interior de Moçambique. Os seus primeiros programas, que obteve em Joanesburgo, foram *O Rei do Jazz* e *Rio Rita*. O primeiro *tournée* de sua caravana partiu de Lourenço Marques para Moamba. Um ano depois, Vieira apresentou filmes em Inhambane, Luabo, Marromeu, Caía, Sena, Mocuba, Môma, António Enes e Ilha de Moçambique. Ele organizava seus serviços, de forma a aproveitar todas as povoações por onde passava, mesmo as bem pequenas.

Para a administração colonial, era importante que os filmes fossem vistos com seus atores, histórias, música e que a língua portuguesa fosse ouvida. Fazia parte do reforço da portugalidade. Aos olhos das autoridades o sucesso desta empresa privada consistia em que os "indígenas" assistissem a esses filmes da mãe-pátria para ficarem em contato com a cultura portuguesa, em geral, e a cultura do Estado Novo, em particular. Naturalmente, a administração colonial ficava feliz por Thomaz Vieira propor filmes de propaganda como *Feitiço do Império* que mostrava a colonização portuguesa, positivamente, não só aos "indígenas", mas também aos estrangeiros residentes em Moçambique.

4. O Cinema Império

Em abril de 1951, a sala do Cinema Império abria as suas portas na Estrada de Angola, próximo ao aeroporto, em Lourenço Marques. O proprietário era José Leite de Matos Saramago. Alguns meses antes, o *Boletim Oficial de Moçambique* publicava uma portaria, dando a concessão para se construir, em Lourenço Marques, este cinema para "indígenas", mas com a cláusula de que não seria permitida a construção de mais algum. Era uma sala com 700 cadeiras muito cômodas, "embora não fossem estofadas". Era uma ironia que este cinema, destinado aos "indígenas", recebesse o nome de Cine Império!... O filme da inauguração foi *Zonk!*, uma comédia musical sul-africana, com atores negros, entre os quais uma vedete moçambicana, natural de Catembe.

Para *O Brado Africano*, o Cine Império vinha preencher uma falta educativa para o "indígena". Os presentes à abertura da sala foram o diretor dos Serviços de Administração Civil, o chefe dos Serviços dos Negócios Indígenas, o administrador de Lourenço Marques e representantes da impressa e da Rádio Clube.

Por volta de 1970, os irmãos Roby abriram, em Xipamanine, o Cinema Olímpia. Este, com o Cine Império e o Cinema Tivoli (na Avenida do Trabalho), foi o terceiro fora do centro do Lourenço Marques destinado à população "indígena".

No seu primeiro ano de existência, o Cine Império organizava quatro vezes por semana uma sessão. Os filmes americanos e sul-africanos chegavam principalmente dos distribuidores sul-africanos; os filmes europeus, da empresa Rodrigues. Aparentemente, não eram sempre os filmes mais recentes, mas eram bem populares, com grandes atores hollywoodianos (Johnny Weissmuller, Boris Karloff, Maureen O'Hara, Errol Flynn, Olivia de Havilland).

A abertura do Cine Império em pleno bairro "indígena" era argumentada como uma resposta à necessidade de seus habitantes africanos verem filmes. Mas, também não poderia ser uma maneira de evitar que os africanos continuassem a frequentar os cinemas no centro da cidade (na Baixa), onde os espectadores eram principalmente europeus?!...

Em 1953, o jornal católico *O Oriente* defendia que o cinema para "indígenas" não era gênero de primeira qualidade, pois os africanos podiam passar sem ele. Propunha criar na Metrópole ou em Moçambique uma casa distribuidora de filmes selecionados e morais. É clara, portanto, a política discriminatória que regia o cinema oferecido aos africanos.

5. Filmes e reações dos africanos

5.1. Africanos exigindo a censura no cinema

Em 1935, *O Brado Africano* reproduziu um artigo da imprensa brasileira acerca dos efeitos nocivos de certos filmes sobre as crianças. Aí o cinema era visto como um instrumento que podia perverter a "civilização". Considerava os filmes como arma perigosa usada para agir contra a religião. Atacava os exibidores das salas que só pensavam em lucros. Ao adotar a mesma visão e opinião dos colonizadores sobre o cinema, defendendo a censura, só deixando passarem "bons" filmes que não pervertessem a população africana, *O Brado Africano* mostrava que também era um defensor da "civilização".

Já o poeta e jornalista José Craveirinha julgava o sucesso dos filmes estrangeiros, sobretudo dos musicais e dos discos, um perigo para a cultura local africana. Propunha o teatro experimental negro como alternativa[7]. Representantes da comunidade africana, como Craveirinha, exprimiam em seus artigos suas inquietudes em relação às influências que os filmes poderiam ter sobre os "indígenas". Uma das preocupações era que essas influências fossem nefastas à cultura tradicional; outra era que esses filmes mostrassem imagens de situações em que o "indígena", sem perceber, imitava o ideal de um cidadão "civilizado", o que significava reproduzir comportamentos semelhantes aos de um "português burguês".

Por volta de 1955, o governo determinou, com o decreto-lei 38 964, o acesso das crianças aos filmes. Craveirinha consagrou o artigo "O cinema, o Menor e o Africano" a este decreto. O jornalista, que considerava o cinema uma arte social de profunda importância na vida moderna, admitia, no entanto, que certos filmes poderiam desenvolver uma ação nefasta na mentalidade da criança. Propunha, então, uma organização de sessões

---

[7] CRAVEIRINHA, José. "Um Teatro Experimental Negro e o seu Valor em Moçambique". *O Brado Africano*. Lourenço Marques, 5/3/1956.
Craveirinha trabalhou como jornalista em jornais diferentes (*Voz Africana, O Brado Africano, Diário de Moçambique, Tribuna* etc.). Em seus artigos, fez campanha contra o racismo e em prol da defesa da população mais desprotegida (os "indígenas"). Nos anos 1950, presidiu a Associação Africana em Moçambique. Membro da FRELIMO, foi preso pelas autoridades coloniais entre 1965 e 1969. O cineasta brasileiro Mário Borgneth realizou em Moçambique um documentário sobre o poeta, intitulado *Karingana wa Karingana* (1985).

especiais para crianças, escolhendo os bons filmes e proibindo os maus. Segundo Craveirinha, o bom cinema para as crianças e adolescentes poderia muito contribuir à sua educação. O poeta-jornalista era consciente de que, em Lourenço Marques, o decreto regulava a entrada de menores nos cinematógrafos. Mas tinha dúvidas de sua aplicação, pois não existiam sessões especiais de filmes selecionadas para menores. Para ele, era urgente descobrir o que se passava exatamente com a aplicação desta lei nos cinemas da capital moçambicana.

O que é notável é que Craveirinha percebia que a lei estabelecia uma ligação entre a criança, o africano e o acesso ao cinema. Como se os africanos devessem ser tratados como crianças!... O jornalista referia-se ao Cine Império destinado aos "indígenas". Não compreendia por que razão, em tal cinema, não se observava com rigor a aplicação do decreto 38 964.

Craveirinha não falava explicitamente de crianças africanas, mas provavelmente de adolescentes e mesmo de mulheres adultas. A sua conclusão era que os filmes "impróprios" influenciavam já o "indígena". Segundo sua visão, "o indivíduo de cor" dispunha de fantásticos dotes de "assimilação" e absorvia tudo o que via nos filmes hollywoodianos. Assim, julgava que o contato dos "indígenas" com o cinema poderia ser bastante arriscado e uma autêntica aventura "patológica". Então, pedia às autoridades que as salas de cinema para "indígenas" cessassem de programar filmes de Cisco-Kid, Tom Mix e outras "*cowboyadas* de facção e tiroteio". Era bem possível que nestes anos estes heróis do *western* fossem ainda muito conhecidos em Moçambique, mas era provável que Craveirinha os conhecesse de sua juventude. De todo o modo, pertenciam à memória comum dos leitores. Explicava que, apesar do eterno *happy end* entre o mata-todos e a filha do dono do rancho, o "indígena" não estava ainda apto a receber a mensagem moral de que o bem estava acima do mal.

Em seu artigo, Craveirinha pretendia mostrar que uma grande percentagem de criminalidade do "indígena" na África do Sul era provocada pelo choque brusco com a "civilização" e, nomeadamente, com o cinema "mata e esfola". O jornalista termina com um parágrafo em que pede novamente à autoridade competente para exercer o máximo rigor quanto ao acesso de menores às salas de cinema, aconselhando uma melhor seleção de filmes para crianças e indígenas. Essa preocupação de Craveirinha com filmes e com o comportamento da juventude "indígena" era, nos anos 1950, partilhada com o pensamento das autoridades e da imprensa de outras colônias africanas.

Em 1970, *O Brado Africano* dedicou aos espectadores (africanos) dos cinemas moçambicanos o artigo "As Vias do Cinema". Constatava que o público via demasiado filmes que eram programados só para o consumo, sem qualquer preocupação que não fosse a bilheteira. Acusava os programadores de apresentarem à massa dos frequentadores do cinema que pertenciam aos estratos sociais baixos, tanto nos centros urbanos como no interior, filmes sem valor cultural e que não lhes servia. Dava como exemplo os filmes nos quais as inovações técnicas tinham um grande papel, como os de James Bond (007). Concluía que o mais desencorajante era que este cinema, plenamente identificado com o americano, tendia a alastrar-se. Ao final, perguntava: "Para onde nos volvermos?" E dava como resposta: "Para o cinema dos países "subdesenvolvidos". Para a extraordinária tomada de posição do novo cinema brasileiro, do cinema mexicano comprometido em nos dar uma estética da fome, problema que dilacerava mais do que um continente e mais da metade da humanidade".[8]

5.2. O *Jazz* - a cultura afro-anglo-saxã

Depois da Primeira Guerra Mundial, o *jazz* era muito popular em Lourenço Marques e os seus cidadãos podiam ouvir essa música nos cafés e em outros lugares como o Cassino Belo. O Cineteatro Variedades de Lourenço Marques tinha uma banda de *jazz* que tocava não só no programa de variedades, mas também durante os filmes. O Grêmio Africano também organizava atividades nessa sala. A música ideal, durante o período colonial, para os colonizadores portugueses dos anos vinte e trinta, fora o fado e a música clássica ocidental, considerada "música civilizada". O *jazz* vinha do mundo anglo-saxão e tinha raízes africanas, não poderia ser apreciado como um elemento positivo na "civilização ocidental". Esta era a ideia colonial que dominava o contexto anterior à Segunda Guerra Mundial.

Já durante a época do cinema-mudo, as autoridades e os portugueses patriotas tinham problemas com a presença da cultura e língua inglesas. Os exibidores das salas apresentavam, na maioria dos casos, os filmes com legendas em português, mas a ausência delas irritava o público. A chegada do cinema sonoro agravou essa irritação.

Em 1929, essa nova tecnologia entrou no lazer urbano em Joanesburgo. Implicava que os distribuidores locais tivessem filmes do cinema sonoro para oferecerem aos exibidores que fossem, simultaneamente, acessíveis às salas de cinema em Moçambique. Em 1930, o cinema sonoro entrou em Moçambique. Nos primeiros anos, a música nos filmes americanos era, muitas vezes, o *jazz*. Em entrevista, o jornalista, escritor e poeta moçambicano José Craveirinha fez o seguinte comentário:

---

[8] GUERRA MANUEL, Fernando. "As Vias do Cinema". *O Brado Africano*. Lourenço Marques, 28/03/1970, p. 10.

> Nós nos emocionávamos com o que acontecia com os negros na América. (...), os seus valores culturais tocavam-nos muito. O drama do negro americano e suas formas de resistência nos impressionavam. A música de Billie Holiday, do Dizzie Gillespie... O cinema também contou bastante. Gostávamos de ver e ouvir Count Basie e Duke Ellington. Algumas vezes víamos esses filmes antes que chegassem a Lisboa. Algumas vezes, nem lá chegavam, porque eram uma espécie de tabu, como na África do Sul. Muitos sul-africanos vinham cá vê-los.[9]

Era certo que o cinema sonoro confrontava o colonizador com um novo problema na defesa de sua cultura e sua língua, sendo óbvio que o império português não podia concorrer financeira e tecnologicamente com o mundo anglo-saxão. Muitos destes primeiros fonofilmes que vieram dos Estados Unidos eram musicais. Sobretudo, os que incluíam o *jazz* tinham um grande sucesso mundial, principalmente entre a população africana em Moçambique, fruto da "idade do *jazz*", desde a Primeira Guerra Mundial.

No início dos anos trinta, as salas em Moçambique programavam muitos filmes de *jazz*, como o cinema Gil Vicente. O *jazz* fazia parte da cultura urbana. A presença dos músicos afro-americanos de *jazz* nos ecrãs não deixava indiferentes os "habitantes de cor" da colônia, conforme comentava José Craveirinha. Um outro escritor, Orlando Mendes, nascido na Ilha de Moçambique e residente em Lourenço Marques, também era fascinado pelo *jazz*. Mendes e seus amigos vestiam-se como seus heróis do mundo do *jazz swing*, vistos em filmes americanos. Não era, por isso, estranho ler no anúncio de um programa do cinema Scala que o "*All Talking-All Color*", comédia musical americana, *Whoopee*, com o célebre comediante Eddie Cantor (1892-1964), tinha um elenco de "*cowboys* e lindas *girls*".[10]

5.3 O cinema e as reflexões anticoloniais

O redator do jornal *Diário de Moçambique*, em fevereiro de 1953, abordou o assunto do tratamento do racismo no cinema, sabendo que a produção neste campo era ainda deficiente. Mencionou como exemplo *Crossfire*

---

[9] CRAVEIRINHA, José. Entrevista. *Scripta*. V.6, n. 12. Belo Horizonte, PUC/MG, 2003 (1. sem), p. 423.

[10] *Whoopee* era um "*western*" que falava de um "indígena" (indiano) que não podia casar-se com a sua amiga branca por causa das diferenças raciais. O filme de 1930 foi um dos primeiros em tecnicolor.

(1947), tratando o antissemitismo[11], e *O intruso* (*El Intruso*, 1944), do realizador mexicano Mauricio Magdaleno (1906-1986), filmes que se impuseram pelos moldes como o racismo era entendido na época. O jornalista citou ainda dois melodramas sociais americanos: *O poço* e *Ódio*, chamando atenção para o fato de que ambos criticavam o racismo.

Em 1955, dois filmes mexicanos provocaram em Lourenço Marques uma comoção pública e, também, nos círculos africanos. Esses filmes abordavam os preconceitos raciais e socais. Um dos filmes, *Negra é minha cor* (*Negra es mi color*, 1951), de Tito Davison (1912-1985), no Gil Vicente, tratava da segregação racial. Outro filme, *El Derecho de Nacer* (1952), de Zacarías Gómez Urquiza, esboçava a hipocrisia de uma sociedade, onde um branco da alta burguesia tivera uma criança com uma mulher preta, mas não a queria reconhecer oficialmente. O filme foi um grande sucesso em Lourenço Marques com lotações esgotadas.

Nessa época, filmes com atores pretos receberam atenção de *O Brado Africano*. Um desses filmes foi *Carmen Jones*, realizado por Otto Preminger, em cinemascópio e com som estereofônico de quatro bandas magnéticas.

Adivinha quem vem jantar (*Guess who's coming to dinner*, 1967), de Stanley Kramer, chegou às telas em Moçambique como um filme controverso, visto como um dos primeiros exemplos de transgressão aos preconceitos raciais, mostrando que uma convivência entre a população branca e negra nos Estados Unidos era possível. Contudo, para o crítico lisboeta José Vaz Pereira, o filme idealizava um caso amoroso entre etnias diferentes, um homem negro de alta posição social (Sidney Poitier) enamorado por uma mulher branca, apresentando o relacionamento inter-racial em termos românticos, discutíveis. Para o crítico, o filme passava uma visão lusotropicalista, insinuando que as relações amorosas inter-raciais não eram passíveis de preconceitos.

No início de 1972, o corpo redatorial da revista *Tempo* escolheu *Soldado azul* (*Soldier Blue*, 1970), do realizador americano Ralph Nelson (1916 – 1987), como melhor filme do ano anterior. A revista defendia sua escolha, justificando que um filme contra a guerra no Vietname expunha a ideologia criminosa do capitalismo e denunciava criticamente o exército e a sociedade americana. Implicitamente, o filme tomava, desse modo, uma posição também contra a guerra colonial portuguesa e, nesse sentido, o *western Soldado azul* era meritório e extraordinário.

Dois anos depois, *O Brado Africano* apresentava a atriz americana Jane Fonda como uma militante esquerdista lutando pelos direitos dos índios e

---

[11] *Crossfire*, de Edward Dmytryk (1908-1999), com a canção (*jazz*) *Shine*, cantada por Louis Armstrong (1901-1971), era desafinadamente antirracista. A palavra *shine* é um termo dos afro-americanos que indica "abuso racial extremo".

pelas minorias nos Estados Unidos. Fonda era uma das atrizes de cinema mais famosa que, desde 1967, se posicionava contra a guerra do Vietname, escolhendo abertamente o lado dos comunistas norte-vietnamitas. Claro que Jane Fonda, atriz branca, americana, não fora a primeira estrela do cinema conhecida pelos espectadores africanos. Desde os anos 1920, o público africano descobria no cinema as estrelas brancas, como Glória Swanson. O certo é que, a partir dos anos vinte, o estrelato fazia parte da cultura cinematográfica, em Moçambique. Era normal encontrar nos anúncios dos cartazes, nos jornais locais, não só os títulos dos filmes, mas também os nomes dos atores. Isso era uma indicação de que a cultura das estrelas americanas fazia já parte do imaginário dos espectadores moçambicanos.

O cômico mais conhecido, desde os anos da Primeira Guerra Mundial, era Chaplin, que não só comparecia em curtas-metragens, mas também em longas-metragens. Os filmes de Chaplin eram cômicos e pareciam politicamente "inofensivos", mas, observando de perto, eram o contrário. Havia muitos elementos na carreira de Chaplin que demonstravam a sua opinião crítica contra uma certa forma do capitalismo e do estilo de vida americano – "*american way of life*" –, o que era, para a maioria, o modelo econômico de sociedade apresentado pelos colonizadores aos colonizados. Através dos seus filmes, tratava de assuntos sérios e, também, reconhecíveis pelos "indígenas" em Moçambique, como o problema da fome, da exclusão, do desemprego, da exploração dos pobres pelos ricos, da adoração pelo consumo, do abuso de poder, da hipocrisia da burguesia, etc. De fato, na maioria dos seus filmes, Chaplin defendia os direitos humanos e a democracia.

5. 4. Os "assimilados" criticam o cinema português por ser falso, inumano e irreal!

Nem todos os filmes da Metrópole eram automaticamente bem acolhidos nas colônias e aclamados pelos críticos. Desde a Segunda Guerra Mundial até ao fim do Estado Novo, em geral, os críticos não consideravam os filmes portugueses como algo de "bom" para o público moçambicano. Em muitos casos não os consideravam como sendo sérios. Maria do Céu, crítica de *O Brado Africano*, ataca esses produtores (e políticos), observando que "popular" significava para eles "ordinário, grosseiro e baixo". Mas, para ela, a verdadeira arte popular era aquela que se inspirava no povo, interpretava suas aspirações, seu sentir, suas belas tradições. Indiretamente, a crítica de Maria do Céu devia também ser considerada um questionamento ao fascismo de Salazar e à opressão em Portugal e nas colônias.

A censura do Estado Novo existia e teve como objetivo evitar a divulgação de ideias, de políticas, de estéticas e de opiniões que pudessem prejudicar a imagem e a política do regime. As primeiras comissões de censura, em 1933, foram nomeadas pelo Governo. Nos anos seguintes, o Estado Novo continuou a aperfeiçoar os seus serviços de censura, o que teve também consequências nas colônias.

6. O cinema do México e o do Brasil chegam às telas

A censura e o governo colonial subestimaram o poder subversivo dos filmes, especialmente daqueles que não vinham do Ocidente, mas da América Latina e da Ásia. Eram filmes com os quais a população se identificava e dos quais se apropriava como reação contra a visão portuguesa de que o branco era a referência de tudo.

O cinema neorrealista italiano, ao lado de outros filmes da Europa, chegava nessa época a Moçambique e fascinava os cinéfilos. O *gran público* – em grande parte formado por africanos analfabetos – era atraído por filmes em que cada um se reconhecia socialmente, economicamente e até politicamente... E, em alguns casos, os filmes eram compreendidos, porque eram falados em português, ou, simplesmente, porque as histórias eram simples, as imagens e o som faziam com que os enredos fossem compreensíveis. Assim, as produções cinematográficas da América Latina, principalmente os filmes mexicanos e argentinos, falados em espanhol, e os brasileiros, em português, eram bem recebidos em Moçambique.

Em 1953, uma nova empresa moçambicana, a Somocine, previu a distribuição, no ano seguinte, de vinte filmes sul-americanos. Desse modo, figuras do cinema mexicano – como o personagem Cantinflas, os atores Maria Félix (1914-2002), Dolores del Rio (1905-1983) e Pedro Armendáriz (1912-1963) e o diretor de cinema Emílio "Índio" Fernández (1904-1986) – foram bem conhecidas pelos espectadores moçambicanos.

Em 1954, Alex André utiliza a programação do filme *Enamorado* (1946) no cine Manuel Rodrigues para explicar as obras de Emílio Fernández e Gabriel Figueroa (1907-1997), mostrando ao mundo um novo México. André observa que quase todos os filmes de Fernandez tratam das reivindicações de liberdade do povo oprimido.

Em 1955, *As aventuras de Robinson Crusoe* de Buñuel estreia em Moçambique. É um fato notável no contexto colonial, porque o filme criticava a civilização ocidental e a cultura colonial. Buñuel faz do seu filme uma reflexão sobre o homem perante a natureza, a escravidão e o racismo.

Em 1954, *O cangaceiro*, de Lima Barreto (1904-1982), chega às telas moçambicanas. O filme apresenta canções brasileiras, algumas já conhecidas em Lourenço Marques, como "Olá, mulher rendeira", "Lua Bonita", etc. Para o crítico Manuel Santareno, *O cangaceiro* testemunha um elaborado realismo. Na sua opinião, revela os elevados sentimentos de humanidade ocultos na alma do rude sertanejo conduzido ao crime por um lamentável determinismo social.

Moçambique conheceu o cinema Novo Brasileiro nos anos 1970. *O Brado Africano* considerou este acontecimento cultural tão importante para a história do cinema, quanto o aparecimento do neorrealismo italiano. Os nomes de Glauber Rocha, Joaquim Pedro Andrade, Carlos Diegues e Ruy Guerra não são estranhos para ows cinéfilos moçambicanos.

Em 1971, *O Brado Africano* falou do Primeiro Festival do Cinema Brasileiro, realizado em Lisboa, porque nele se exibiam filmes do moçambicano Ruy Guerra: *Os deuses e os mortos* e *Os cafajestes*. De fato, o realizador utilizava o gênero *western*, que era muito popular, para falar sobre a realidade brasileira.

7. Os filmes preferidos nas salas populares vinham da Ásia!

O cinema mais popular em Moçambique nos anos 1950 até o fim do colonialismo foi o cinema indiano e paquistanês. Moçambique, localizado na costa oriental africana, tinha tradicionalmente muitas relações, não apenas econômicas, mas também culturais, com o Oriente. A presença de um grupo importante de indianos explica a penetração desses filmes em Moçambique. Desde a chegada do cinema à colônia, os indianos frequentavam sem grandes problemas, contrariamente aos "indígenas", as sessões de cinema. Nos finais dos anos 1920, os filmes vindos da Índia, destinados especialmente ao público indiano, apareciam, de vez em quando, nos cartazes de alguns cinemas. Duas décadas depois, com mais regularidade, podiam ser vistos não só pela comunidade indiana, mas também africana. Eram importados de Dar-es-Salam e da África do Sul. Os indianos também se interessavam pelo negócio do cinema. Em Quelimane, por exemplo, a sala de festas do Sporting Clube, com 304 lugares, foi alugada em 1952 a uma empresa indiana, cujo gerente Karimo explorou o cinema Águia.

Nos finais dos anos 1940, o cinema popular hindu alcançou uma estrutura de produção estável com o primeiro filme de Raj Kappoor (1924-1988), *Awaara*. Em 1949, quase 300 filmes eram produzidos na Índia, dos quais

159, um pouco mais da metade, eram hindus. A produção encontrava-se concentrada em Bombaim, onde o cinema se transformara numa fábrica de sonhos, conhecida como Bollywood, nome que é a junção de Bombaim com Hollywood.

Durante aqueles anos, surgiu uma nova tendência nesse cinema, que queria ser mais do que um divertimento. Em geral, eram assuntos sociais que apareciam no fundo das histórias bollywoodianas. O cinema era visto como reflexo da sociedade, sem esquecer os elementos pedagógicos, essenciais, em um país com tantos analfabetos.

Nessa altura, os filmes atravessavam facilmente as fronteiras do país e eram vistos no mundo inteiro e não só pelos indianos da diáspora. Em 1952, *Prestígio real* (Aan), de Mehboob Khan (1907-1964), obteve um grande sucesso na Índia e, também, em Portugal e Moçambique. Por exemplo, na Beira, de 1 a 6 de março de 1954, o filme esteve em cartaz no Olympia. Era o primeiro filme indiano a cores (tecnicolor).

Há muitos outros filmes, além de *Prestígio real*, que são uma síntese das grandes produções de Bollywood da década de 1950, que apresentam uma *mise en scène* elaborada, com várias e fabulosas canções. *Prestígio real* é um melodrama sobre uma princesa enamorada por um camponês, cuja relação não é tolerada pela sociedade devido às diferenças de classe. Esse filme é a mais célebre das grandes produções de Bombaim, o equivalente do filme de Hollywood intitulado *E tudo o vento levou* (*Gone with the Wind*, 1939). Entre outros filmes, encontra-se o melodrama *Sheesh Mahal*, de Sohrab Modi Naseem (1897-1994), que aborda o declínio da aristocracia e a confrontação com a existência das diferentes classes na sociedade indiana.

Com os filmes indianos, melodias indianas entraram também na história cultural da música de Moçambique. O drama familiar *Filha adoptiva* (Bari Behen, 1949), de D.D. Kashyap, que chegou às telas em 1954, marcou, com sua trilha sonora, a história da música do cinema indiano. Este não trata só de dramas românticos ou sociais. *Hari Darshan* (1953), de Raman B. Desai, fala de uma fé total em Deus. É uma luta dramática pela supremacia entre o bem e o mal, entre a fé e o poder de um rei orgulhoso, que declara a guerra contra Deus e o seu poder.

Em 1958, duas empresas moçambicanas Amaschi Gokaldas Ltda. e Karmaly Amade & Cie pretendem começar a importar e distribuir filmes da Índia. Contudo, o pedido de importação foi indeferido pelo governo colonial, que julgava que os jovens indianos deviam identificar-se com a cultura portuguesa (e não com a cultura indiana). O governo não percebia que a maioria do público era africano!

Em 1961, o exército indiano invadiu as colónias portuguesas Goa, Damão e Diu. Portugal reagiu com diferentes medidas, uma das quais foi proibir a exibição dos filmes indianos.

Portugal preferiu aliar-se ao Paquistão – independente desde 1947 e muçulmano – contra o mundo hindu da Índia. Uma das consequências foi que os filmes paquistaneses chegaram às salas em Moçambique e substituíram Bollywood. Um deles entrou em cartaz no cinema Tivoli, em Lourenço Marques, a 1 de janeiro de 1965: *A dignidade de uma mulher* (Daaman, 1963), de Qadeer Ghori, com legendas em português.

Em breve, as produções cinematográficas do Paquistão, legendadas em português, começaram a chegar com alguma regularidade às telas moçambicanas. Muitas eram musicais, como *Dois destinos* (Doraha, 1967), que ficou em cartaz no Olímpia, na Beira, em fevereiro de 1970.

Mas existem outros filmes, além dos populares e musicais do Paquistão. Em janeiro 1971, o filme "artístico" e "experimental" *Akhri Station*, produzido em 1965, no Paquistão Oriental (o que hoje é o Bangladesh), chegou a Moçambique.

Não se sabe ao certo se os exibidores respeitavam sempre as medidas do Estado Novo, proibindo os filmes indianos. A cultura hindu não era totalmente proibida. No final da década sessenta, a comunidade indiana radicada em Moçambique organizou um filme musical indiano. Em 1970, a imprensa moçambicana continuava ainda a falar sobre "filmes indianos" que, de fato, pareciam ser filmes paquistaneses.

8. Epílogo

É um equívoco acreditar que os africanos – os "indígenas" – não tinham contato com o mundo do cinema durante os tempos coloniais. Havia sempre um "público africano", quando o cinema chegava nas colônias. Muitos africanos, nas cidades, mas também no campo, desenvolveram sua própria cultura cinematográfica, com seus heróis – mesmo com o estrelato branco e não só "preto" –, com a sua própria música (*jazz*), com a qual eles puderam se identificar e também se desligar da cultura musical portuguesa.

É claro que muitos consideravam a projeção de um filme mero divertimento; outros, entretanto, descobriram uma visão de mundo que era totalmente diferente da ideologia colonial portuguesa. Por exemplo, imagens de Nova York dos anos 50 ou de Lisboa deixaram claro que Portugal não era o centro do mundo.

O governo colonial estava certamente ciente de que o cinema era um meio que tinha efeitos emancipatórios para a população africana e, certamente, para os "assimilados". Por essa razão, fez muitas tentativas para controlar as imagens e para evitar que os africanos tivessem uma visão diferente de mundo, que os libertaria das propostas coloniais que os colonizadores queriam que eles tivessem. Apesar de toda a censura, isso não funcionou inteiramente. O filme foi (e é ainda) um meio muito poderoso que tinha, sem dúvida, uma influência sobre a mente dos espectadores africanos, provocando a transformação de sua cultura.

9. Referências

BOLETIM DA AGÊNCIA GERAL DAS COLÔNIAS. N° 50. Lisboa, agosto de 1929, p. 246-251.

BOLETIM DAS MISSÕES DE ANGOLA E CONGO. Lisboa: Edição das Missões de Angola e Congo, julho de 1935, p. 208.

CONVENTS, Guido. *Images et démocratie*. Les Congolais face au cinéma et à l'audiovisuel. Une histoire politico-culturelle du Congo des Belges jusqu à la république Démocratique du Congo (1896-2006). Kessel-Lo: Afrika Filmfestival, 2006, 487 p.

CONVENTS, Guido. *Imagens & realidade*: os moçambicanos perante o cinema e o audiovisual. Maputo: Edições Dockanema/Afrika Film Festival, 2011.

CRAVEIRINHA, José. "O Cinema, o menor e o africano". *O Brado Africano*. Lourenço Marques, 29/01/1955, p. 5.

CRAVEIRINHA, José. "Um teatro experimental negro e o seu valor em Moçambique". *O Brado Africano*. Lourenço Marques, 5/3/1956, p. 11.

CRAVEIRINHA, José. Entrevista. *Scripta*. v. 6, n. 12. Belo Horizonte: PUC/MG, 2003 (1. sem.), p. 415-425.

GUERRA MANUEL, Fernando. "As vias do cinema". *O Brado Africano*. Lourenço Marques, 28/03/1970, p. 10.

PALEKER, Gairoonisa. "The State, Citizens and Control: Film and African Audiences in South Africa 1910-1948". *Journal of Southern African Studies*. vol.40/2. Abingdon, 2014, p. 309-329.

TORGAL, Luís Reis (coord.). *O cinema sob o olhar de Salazar*. 2. ed. Lisboa: Temas e Debates, 2011.

Moçambique: do Cinema à Literatura – Sequências de um filme em progressão

Luís Carlos Patraquim

O Instituto Nacional de Cinema de Moçambique (INC), atual INAC (Instituto Nacional do Cinema e do Audiovisual) nasceu de uma conjugação de voluntarismos e determinações, numa informalidade paradoxalmente orgânica, em que acaso e necessidade se mesclaram. É preciso dizer que tal só foi possível por ter havido a independência, proclamada a 25 de Junho de 1975. Por essa altura, a palavra de ordem era o escangalhamento do Estado Colonial, a construção da "Sociedade Nova" a partir do que se designava por "estaca zero" e o modelo a seguir era o da organização política e organizacional dos "campos da Frelimo" nas "Zonas Libertadas", todos situados na Tanzânia, próximos da fronteira norte (rio Rovuma) com Moçambique. O espaço urbano, as cidades e vilas eram olhados com alguma suspeição ou, pelo menos, eram vistos como espaços conspurcados, lugares de "colaboracionismo" e de contaminação. Havia doença, culpa, os vícios e os vírus do colonial-fascismo, cujos malefícios exigiam, com urgência, um tratamento e uma profilaxia de largo espectro e várias medidas políticas.

É verdade que o levante colonial-racista de 7 de setembro de 1974 e os gravíssimos confrontos do 21 de outubro do mesmo ano criaram uma fronteira e um pretexto para a radicalização do projeto político. Projeto político, cujas linhas mestras vinham já definidas desde o II Congresso, realizado em Matchedge, Tanzânia, em 1968, ainda em vida de Eduardo Mondlane. Com o assassinato do líder, em 3 de fevereiro de 1969, impôs-se a linha marxizante, cujos protagonistas seriam Samora Machel e Marcelino dos Santos. As consequências das atribulações políticas então vividas, com cisões, fugas, acusações e escolhas diversas, far-se-ão sentir no pós-independência. Deste substrato político-ideológico, desta teleologia com laivos de messianismo, cuja aporia maior será a empenhada criação do "homem novo" e a redução da complexa realidade sociocultural do país a um denominador comum redutor, todas as consequências se irão projetar no futuro e no presente, com obscuro futuro que hoje se vive. A sua estrutura narrativa, as hierarquizações, fidelidades, pertenças e inclusões/exclusões cabem no que Giorgio Agamben define como dispositivo e João Paulo Borges Coelho, historiador e escritor moçambicano, desenvolverá como "fábula". O primeiro fato pós-25 de junho é a proclamação não só da independência, mas do Partido/Estado como sujeito em que se diluem todas as outras identidades, memórias, interesses e mesmo a produção autônoma, ou sua continuação, de simbologias próprias. No pulsar dinâmico de uma sociedade tão heterogênea, é verdade que sempre se constituirão resistências, não necessariamente de cariz político, que sabiam coexistir/negociar com esta mundividência oficial. A invenção do inimigo interno irá fundamentar e consolidar o dispositivo tendente à hegemonia do Partido/Estado, na verdade o autêntico soberano, iluminado, presciente e adivinhador/engenheiro do povo.

Não sou *scholar*. Constato, aqui e agora, que esta mescla de invocação/reflexão a que, como poeta e "*hacedor*", me abstenho de vestir com o aparato citacional dos verdadeiramente acadêmicos, me remete não para um passado-passado, mas para um presente já então futurável – ao menos para os videntes – e que hoje punge em mim e tantos outros moçambicanos em meio às suas contradições.

Designo, por comodidade, filme a este excurso. Uma declinação, na qual há filme, texto-filme, aproximações e correspondências literárias.

Fazendo *flashback* para o cinema, considero que há homologia entre a criação do INC e a cinematografia moçambicana se, por cinematografia, entendo uma pluralidade de vozes, opções estéticas, referências e desvios por dentro de uma tradição da sétima arte, delineamentos problematizantes da identidade plural de que o país é feito. O contrário do que vem acontecendo com a literatura moçambicana, fundacional do próprio projeto identitário. Da oralidade ao texto, a literatura moçambicana escrita em língua portuguesa é uma invenção recente. Francisco Noa (*Império, Mito e Miopia*) posiciona-se por oposição à literatura colonial e reinventa em simultâneo; considero um sujeito e um lugar de enunciação, cujos tropos remetem, e se rebelam, para e contra um cânone por dentro da historicidade da própria língua portuguesa. A um primeiro momento de deslocação do sujeito, segue-se agora um mergulhar na questionação da dimensão simbólica que produz, na visão de Hilário Matusse, os "efeitos de moçambicanidade" que a legitimam. As relações entre cinema moçambicano e literatura não se têm revelado profícuas. Vai o cinema buscar-lhe temário e narrativas, sobretudo na obra de Mia Couto, mas, por vicissitudes várias e com as inevitáveis exceções, os "resultados" não têm conseguido o que se possa designar por criação de um signo fílmico moçambicano. Talvez esteja a ser demasiado otimista com esta classificação e tudo ainda se mantenha em suspenso, não forçosamente ambíguo, mas necessitado de uma gramática plural que dilua os maniqueísmos herdados, da sua inscrição na problemática pós-independência, da "raça" às "raízes", dos impérios do interior da terra à transumância do espaço litorânico de que o país é feito e onde um *Tout-Monde* é mais praticável e praticado.

O imaginário moçambicano está fincado no chão, um chão de impérios, invasões e deslocações, tronos e dominações que o "enraízam" numa matriz banta, *tout-court*, mas sem atender à porção líquida que lhe umedece a pele e se entreabre em porosidades desafiantes. Já não há, atrevo-me a dizê-lo, culturas endógenas "puras", os enlaçamentos inscrevem-se, mesmo em nível dos sistemas e subsistemas linguísticos, simbólicos e religiosos, em todas, ou quase todas as entidades grupais tradicionalmente consideradas.

Uma estória/fábula cinematográfica: *l'arroseur arroseé*

Ainda havia o café Djambu e a sua esplanada, na esquina da 25 de Setembro com a Vladimir Lenine, na *down town* de Lourenço Marques. Ainda havia café, prego, cerveja, amendoim e tremoço. Camarão. Conversas, tertúlia e cine-clube nas tardes de sábado no cinema Dicca. O Dicca depois passou a Matchedje. Isso também foi mais tarde, quando Lourenço Marques passou a Maputo.

Chegado de Estocolmo, onde estivera como refugiado, depois da aventura jornalística em "*A Voz de Moçambique*", único jornal contra a "situação" colonial, silenciados ou domesticados "*O Brado Africano*", histórico jornal fundado pelos irmãos Albasini em 1919 (Lourenço Marques), "*A Tribuna*" (década de 60), o "*Diário de Moçambique*", o "*Notícias da Beira*" e *tutti quanti*, o autor desta curta-metragem palavrosa pertencia a um bando que, só não era dos quatro, porque as personagens se sucediam, entrando e saindo do palco.

O que era o palco? O palco era tudo: o país que ia nascer, os que partiam e os que estavam. O palco era uma ideia de futuro e o cinema era um dos atores dessa encenação.

Américo Soares – o fabuloso hemiplégico que atravessara a Europa na garupa de uma três-rodas com motor de 50cc – era um dos do bando. Haveria de ser, pouco depois, o diretor do Instituto Nacional de Cinema (1977), cuja designação primeira e efêmera (1976) fora a de Serviço Nacional de Cinema. Mário José Fernandes lia Deleuze e Guatarri e a circunstância do momento e do lugar criaram o desencontro (?) que foi o dele com o "tumulto" em curso.

Cada um com seu ofício, diversas responsabilidades, com posições divergentes muitos deles, jornalistas e intelectuais a maioria, proprietários de cinemas ou produtores e realizadores muito poucos, outros chegados com a Frente de Libertação de Moçambique, depois do Acordo de Lusaka (7 de setembro de 1974, entre a Frelimo e o governo português, estabelecendo as bases para a independência a 25 de junho do ano seguinte), responsáveis políticos alguns, com destaque para José Luís Cabaço, no que a este *flashback* diz respeito. Havia, sobretudo, o Secretário do DIP (Departamento de Informação e Propaganda) da Frelimo e Ministro da Informação, Jorge Rebelo. E uma Conferência político-partidária: a de Macomia (1975), na qual se definiram as linhas mestras para o que viria a denominar-se, em 1977, de Trabalho Ideológico, incluindo jornais, rádio, cinema, cultura moçambicana *tout court*.

Compagnons de route, havia uma série de outros nomes que faziam parte de um substrato urbano cultor de uma arraigada cinefilia, qualquer que fosse a sua particular atividade, e quase todos intervenientes, frequentadores, escreventes, espectadores, sócios do Cine-Clube de Lourenço Marques. Desde a saudosa *Objectiva*, revista do dito, que o cineclubismo extravasara o culto pelo cinema ele mesmo para refletir as contradições todas da sociedade moçambicana. Colonial e depois. Ficaram célebres as polêmicas em torno de alguns filmes – *Rocco e os seus Irmãos*, de Visconti (década de 60) –, ou, mais tarde, a grande peleja entre Eugénio Lisboa e Miguéis Lopes Jr. a propósito de *A Vergonha*, de Ingmar Bergman (anos 70). Baptista-Bastos, eXritor e jornalista luso, de visita à capital laurentina, nos idos de 60, haveria também de envolver-se de razões com os críticos locais: do esteticismo exacerbado e não, da alienação e/ou incapacidade de abordar o que política e culturalmente se impunha e que o poeta moçambicano José Craveirinha vinha proclamando metonimicamente: do "Massacre dos Índios no Cinema Império" (poema publicado na revista *Objectiva*) à "Epístola Maconde", a seguir ao massacre de Mueda (16 de junho de 1960, Cabo Delgado). Noutro registro, também Rui Knopfli fala do "país dos outros" e da "granada deflagrada no meio de nós".

A *malaise*, os sinais todos de uma moçambicanidade a afirmar-se começaram a dizer-se em literatura e vieram a desenvolver-se na pintura e na escultura. Na música também, com a marrabenta a exprimir um sincretismo que contaminava a cidade de cimento. Os *Cadernos Caliban* (1971/72), revista literária coordenada por Rui Knopfli e António Quadros (João Pedro Grabato Dias), foram o glorioso canto do cisne de um cosmopolitismo que a "força das coisas", decorrente do maniqueísmo do regime colonial, fez soçobrar, fosse no natural ufanismo do movimento libertador, de Frente a tender para partido único, ou em meio da complexa e diversa realidade interna e da geoestratégia regional e mundial de então.

INC & *KUXA KANEMA*, Lda.

Voltemos ao Djambu, deus e esplanada. Em *Post-Colonial Cinema and the Reconfiguration of Moçambicanidade* (Lusotopie, 2004), Marcus Power escreve: "*In a rare convergence of ego and talent*, Ruy Guerra (*Cinema Novo*), Jean Rouch (*Cinéma et Vérité*) *and* Jean-Luc Godard (*Nouvelle Vague*) *converged in the production of Mozambican cinema in 1978 creating a further degree of distinction in the specificity of Mozambican cinema and its origins*"[1].

O ensaio de Marcus Power é extenso, informado, conceitualmente balizado, interessante. Não mente, mas falha a realidade, porque nunca soube da existência da esplanada do Djambu, da gente toda em (des)conversa de mundos na "epifania" que lhe coube viver.

Houve INC a partir de uma estratégia simples que conjugou afinidades eletivas (José Luís Cabaço, Américo Soares/Fernando Almeida e Silva, Leite de Vasconcelos) com a presença do "tema" cinema nos jornais. Nas páginas do vespertino "*A Tribuna*" entrevistaram-se todos os que encarnavam um fazer cinema: os produtores/realizadores Eurico Ferreira e Courinha Ramos, Joaquim Lopes Barbosa (realizador de *Deixem-me ao menos subir às palmeiras*, longa-metragem de 72, P&B, a partir de um conto de Luís Bernardo Honwana, autor de *Nós matamos o Cão Tinhoso!*, conto esse inspirado no poema "Monangamba" do angolano António Jacinto). Courinha e Ferreira detinham *know how* e meios de produção: câmaras, nagras, laboratório, luzes, operadores como Ahmad Ali e o próprio Fernando Silva.

Américo Soares, a trabalhar temporariamente no CIT (Centro de Informação e Turismo), articulava com José Luís Cabaço, membro da Frelimo e Ministro dos Transportes e com o poeta Rui Nogar, Diretor Nacional da Cultura.

Sabia-se e não se desdenhava do cinema da luta armada (de Popovic a Bob van Lierop), mas pretendia-se a criação de um instituto que fosse estatal, não obstante a tensão permanente entre Partido/Estado decorrente do projeto político da altura.

À pala de uma Lei do direito administrativo português, não revogada por não colidir com a nova constituição moçambicana, cria-se, com o estatuto de serviço autônomo, o Serviço Nacional de Cinema, dependente do Ministério da Informação. As receitas próprias conseguem-se via nacionalização de alguns

---

[1] "*Numa rara convergência de ego e talento*", Ruy Guerra (*Cinema Novo*), Jean Rouch (*Cinéma et Vérité*) e Jean-Luc Godard (*Nouvelle Vague*) convergiram na produção do cinema moçambicano em 1978, criando um novo grau de distinção em relação à especificidade do cinema moçambicano e suas origens. (tradução livre)

cinemas. O país dispunha na altura de cerca de 35 salas. A distribuição consegue-se em parceria estratégica com a Animatógrafo, portuguesa, e Castello Lopes, sobretudo.

Não cabe aqui contar tudo, por manifesta falta de espaço. Ainda no chamado período de transição, antes de haver SNC ou sequer INC (surgido oficialmente em 1976), já Fernando Silva filmava o tudo frenético que acontecia, dos campos da Frelimo a Dar-es-Salam, dos Acordos de Lusaka à viagem de Samora Machel, do Rovuma ao Maputo. Revelação, montagem e som executados na produtora de Courinha Ramos, dono da Somar Filmes. Os textos e a locução de Leite de Vasconcelos, jornalista, radialista, poeta e tudo, ou Sérgio Vieira, importante personalidade da Frelimo.

Para o mal (caso da Associação Africana e Associação dos Naturais de Moçambique) e para o bem (?) – associações regionais portuguesas estilo Casa do Minho ou de Trás-os-Montes, etc. –, são extintas essas agremiações. Já institucionalizado como SNC, toma-se conta da então Casa das Beiras, na Avenida Agostinho Neto. José Forjaz, arquiteto, é o responsável pela adequação do edifício às suas novas funções. Eurico Ferreira, cineasta da velha guarda e homem dos sete ofícios, terá um papel decisivo na instalação de todos os equipamentos técnicos. Investe-se na compra de material: câmaras Arriflex 35 e 16 mm, estúdio de som, moviolas, etc.

Em jogo nem sempre muito limpo, manda hoje a distanciação histórica dizer: a verdade é que se nacionalizam também as salas do chamado império Manuel Rodrigues, pioneiro do cinema no país, estabelecido desde 1908. Consolida-se a receita própria, via distribuição e exibição. Estava criado o projeto impossível: espécie de empresa total e estatal aglutinando todas as atividades do "negócio" cinema. E para servir o povo, claro.

Alfobre de todos os que vão ser, mais tarde, os cineastas moçambicanos, o INC desdobra-se em múltiplas atividades: organização de mostras de cinema, produção de filmes (sobretudo documentários e atualidades), organiza debates e seminários, projeta-se mesmo para liderar uma *pool* de congêneres africanos tendo como finalidade a descolonização dos circuitos da distribuição, exibição e produção. Maputo chegará a acolher o encontro (1977), mas o esforço não terá resultados. A África anglófona ou francófona continuará subordinada aos circuitos que, mal ou bem, ainda hoje prevalecem.

Na construção de toda esta política terá um papel fundamental o sindicalista britânico Simon Hartog. Cada um a seu modo, Courinha Ramos, Eurico Ferreira, os irmãos Beja deixam o país. E nem tudo é edificante.

Aprendizes, nós todos, sem escolas nem de Lódz[2], nem ICAIC (Instituto

---

[2] Referência à escola de cinema na Universidade de Lódz, na Polônia.

Cubano de Arte e Indústria Cinematográfica), nem IDHEC (*Institut des Hautes Études Cinématographiques*), fazemos o cinema que nos deixam. A pulsão ficcional é reprimida. A tensão entre cinefilia, via cineclubismo, e o modelo do cinema da luta armada, visto como a origem do cinema moçambicano, manifestar-se-á a par e passo. Perde-se a oportunidade de uma primeira ficção, laudatória que fosse, com o projeto *Crossing the River*, hipotética coprodução entre Moçambique e a Tanzânia, para celebrar a amizade entre os dois países e contar um pouco da saga da luta de libertação. O rio era o Rovuma, mas, ao perder-se o filme, ganhou-se, paradoxalmente, um cineasta, Licínio Azevedo. Vejo-o magro, cabelo *hippie*, magríssimo, a entrar na sala onde se programava o *Kuxa Kanema*. Via Ruy Guerra e, depois de uma estadia na Guiné-Bissau, Licínio vinha para escrever o roteiro do referido filme. Correu o país inteiro e publicou, mais tarde, o livro *Relatos do povo armado*, primeiro registro jornalístico-literário da estória dos guerrilheiros moçambicanos.

O Instituto Nacional de Cinema enche-se, então, de vozes. Ruy Guerra, que aceitara logo desde o início emprestar o prestígio do seu nome ao cinema que ainda não havia, envolve-se sem interferir muito. Relembro um primeiro almoço, logo em 1975, na esplanada do velho restaurante da Costa do Sol. Sábio, cúmplice, mas realista, ouve-nos a divagar. Lembrará as contingências econômicas e políticas, os modelos a seguir e não, os instrumentos a criar, a reflexão estética a fazer-se, ciente de que, com um produtor-Estado, muitos seriam os melindres e as gramáticas a inventar. Mas trabalhará: festival nacional de canto e dança, *Mueda, memória e massacre*, projeto que assina (1978) e assumirá mesmo, nesse ano, a direção do Cinema Móvel, pedra de toque da política do INC.

O *Kuxa Kanema*, jornal de atualidades, nasce em 1978, em sua primeira fase. Dirige-o Fernando Silva que também é câmara e montador. Na redação, o autor destas linhas, com a malograda jornalista Graça Felner. Entram João Costa (Funcho) e José João, filho do pintor João Paulo. Já lá está Ahmad Ali. No som, José Baptista, Gabriel Mondlane depois. A montagem terá um Ismael Vuvo, outros. Ron Hallis, cineasta canadiano, assegura a eficácia do laboratório. Convidado por Américo Soares, José Cardoso deixa a Beira, e o seu modo de vida, para abraçar o cinema de que desde sempre fora cultor e amador. E realiza a obra.

Nas vivas reuniões de planeamento discute-se tudo. E há um sonho: mesmo fazendo um jornal cinematográfico, quer-se um tempo africano, uma dimensão narrativa, um protagonismo das gentes da terra, para lhes descobrir estórias e segredos. A lógica propagandística obstará a que tal desiderato se cumpra.

É quando chega, oriundo de Cabo Delgado, Camilo de Sousa. A sua obra mantém até hoje uma coerência própria, sempre na área do documentário. Moira Forjaz, fotógrafa zimbabweana/moçambicana, realiza o *Mineiro Moçambicano*. Isabel Noronha, cineasta em ascensão, fará o seu tirocínio no INC. Mendes de Oliveira, jornalista da revista *"Tempo"*, semanário de Maputo, envereda pela animação. O pintor Ídasse trabalha também nessa área, tanto com Mendes de Oliveira como com José Cardoso.

São muitos os nomes. O INC atrai. E chegam Med Hondo, Hailé Gerima, Jean Rouch, Jean-Luc Godard. Levas de técnicos brasileiros, convidados por Ruy Guerra, trabalham e partem. Murillo Sales chegará a realizar. Há cubanos também. Na produção emergirá aquele que é hoje o mais experimentado nome moçambicano, Pedro Pimenta. José Henrique Caldeira viajará do cinema móvel para a montagem. A escola é de todos.

Em 1978, o poder político, via partido Frelimo, faz uma inusitada intromissão no andar das coisas. Samuel Matola assume a direção do INC. Ele, que vinha desde o início, desde a comissão diretiva *ad hoc* de 1976, com Américo Soares, a jornalista Maria de Lurdes Torcato e o autor deste *flashback*, tenta manter o rumo que se estava a seguir. Mas surgem outras intempéries, o que seria fastidioso contar aqui.

Quando José Luís Cabaço assume a pasta da Informação, delineia uma estratégia para a imagem. Entra Sol de Carvalho, jornalista, produtor e realizador, hoje à frente dos destinos da Promarte, com João Carneiro, cineasta brasileiro. Sol de Carvalho acaba de assinar umas das últimas longa-metragens de ficção moçambicana, *O jardim do outro homem* (Maputo, 2006) e *O dia em que explodiu Mabata Bata* (2017).

Esta é a primeira fase do INC que vai, grosso modo, até 1979. A segunda fase do KK (*Kuxa Kanema*), já a designei como a do discurso revolucionário institucionalizado.

A designada Nova Estratégia para a Imagem comportava um programa ideológico que refletia as necessidades de informação e propaganda do Partido/Estado. Em paralelo, consignava um conjunto de preocupações de índole financeira e de gestão. Mas era a primeira componente, a ideológica, a mais importante. Moçambique via intensificar-se a guerra de desestabilização, protagonizada pelos então "bandidos armados", depois Renamo, que tinha nas aldeias comunais um dos seus principais alvos. Os famigerados "Campos de Reeducação" começavam a ser fonte de fornecimento de homens para o inimigo. Os grandes empreendimentos agrícolas, todos coletivizados, eram a pedra de toque da política do regime, de par com a interface dos Caminhos de Ferro, os portos, as rodovias nacionais e regionais, tudo sob pressão e ataque dos revoltosos. A crise do abastecimento alastra nas cidades. Há racionamento de tudo.

Com o cerco do *apartheid* e o seu propósito de constituição de uma "constelação de Estados", econômica e financeiramente submetidos, Moçambique e Samora Machel envidam exitosos esforços que levam à constituição política dos Estados da Linha da Frente, criada que já estava a SAADC, atual SADC (Comunidade de Desenvolvimento da África Austral). Teimosamente socialista, o governo fazia da ligação ao então bloco do Leste, sob hegemonia da ex-URSS, uma das suas pedras de toque. Eram os "Aliados Naturais", num quadro diplomático que o regime sabia dirigir com grande flexibilidade, incluindo os EUA, a Europa Ocidental e a China.

Estes *KK* refletem esse contexto. A estrutura é quase de noticiário televisivo, embora sem o leque alargado de possibilidades que este outro meio propicia em termos de eficácia comunicacional. Há em muitos deles uma tensão do não-dito. A pulsão de um dirigismo de sentido único, as palavras-alavanca do discurso revolucionário conflituam com a "evidência" de uma realidade só sugerida, ou desvelada e logo submergida na retórica de então. Ao lado, a empresa Kanemo, ensaiava outras experiências. O espectro da televisão pairava, depois da primeira emissão experimental de 1979. A ficção era um desejo latente só realizável mais tarde: "*O tempo dos leopardos*" (1985), coprodução Moçambique-Jugoslávia, e "*O vento sopra do Norte*", de José Cardoso, a preto e branco e produzido integralmente com meios moçambicanos. "*Mueda, memória e massacre*", de Ruy Guerra, em que Camilo de Sousa, José Cabral, Fernando Silva e outros trabalharam, jazia como experiência singular, anterior aos títulos citados.

O realizador Sol de Carvalho, convidado para a reestruturação do *KK*, nesta nova fase, retira-se do projeto. Não obstante se inscreverem no mesmo cadinho cultural urbano, cosmopolita, eivados dessa cinefilia que é parte importante da história do cinema em Moçambique, os *KK* que se apresentam trazem a assinatura de Camilo de Sousa, realizador e produtor consagrado, e de João Costa, operador de câmara, diretor de fotografia e destacado fotógrafo. Reintegrado no INC, por convite de Camilo de Sousa, o autor destas linhas, voltará à redação e locução do *KK*.

Em 1987 dá-se o incêndio nas instalações, comprometendo toda a produção.

Mas o modelo já estava esgotado sem que se soubesse. Em 1979 surgira a primeira emissão da televisão experimental. O PRE (Programa de Reabilitação Econômica) com o receituário FMI e quejandos instala-se logo em 1987, depois da morte de Samora Machel. A guerra civil continua interminável. O esgotamento econômico acentua-se. Há incêndio no INC. A capacidade de produção diminui. A televisão rouba quadros. A paixão pelo cinema só subsiste em alguns. Serão esses os nomes que até hoje mantêm viva a produção no país.

Para amostra de um tempo, nas suas limitações, no seu maniqueísmo, mas também na sua afogueada e agônica poética, ficam as longas-metragens de ficção "*O tempo dos leopardos*", coprodução moçambicana-jugoslava, e "*O vento sopra do Norte*", de José Cardoso.

Lá para trás, logo no início desta aventura que vai de Nachingwea (campo de treino da Frelimo, na Tanzânia, durante a luta armada) à esplanada do Djambu, do cineclube à *kalash*, do sentido único a uma poética de múltiplas pertenças e identidades, todas a inventarem-se moçambicanas, um último e doloroso plano-sequência para este já longo *flashback*. Refiro-me à inaugural contenda, logo nos primórdios, com a equipe de José Celso Martinez Correia (encenador brasileiro) e Celso Lucas (operador de câmara), a propósito do belo filme-festa, ritual, encenação, candomblé, que é o "*25*". Título a celebrar o 25 de junho de 1975, data da independência.

Não há cabimento de reedição dela, a contenda, aqui e neste agora de prosa. Nacionalismo exacerbado (?), peso institucional, orientação estratégica para o INC, *versus* exuberância e o que foi visto como intromissão levaram a conflito insanável. Todo o peso ideológico do jargão da altura se imisciuiu poluindo o debate. Mas ficou o filme. Do referencial encenador brasileiro que é José Celso Martinez Correia, ficaram ideias como a de um jornal do povo que seria mais tarde o *Kuxa Kanema*.

Margarida Cardoso percebeu-lhe o sentido no importante documentário que realizou resgatando parte da memória de um tempo e de um país.

E a aventura prossegue. Licínio Azevedo, Orlando Mesquita, Camilo de Sousa, Isabel Noronha, Sol de Carvalho, João Ribeiro, Karl de Sousa, alguns mais, vêm porfiando numa cinematografia que, salvo algumas exceções, se subordina, sobretudo na área do documentário, à agenda internacional: luta contra o HIV/SIDA, processos eleitorais, libertação da mulher, capacitação dos agrupamentos rurais, etc. Seria injusto não reconhecer o grande investimento de criatividade que muitos destes cineastas inscrevem nas suas obras, preocupados com formulações e olhares e problematizações endógenas.

As outras Áfricas

Volto ao passado/futuro. Reescrevo sobre reflexões e vivências. No ambiente revolucionário de Partido único, com o fim da noção de Frente de Libertação de Moçambique e a sua constituição em Partido Marxista-Leninista em que a base legitimadora era a aliança operário-camponesa, todos os dispositivos, se eficazes no sentido da lógica do poder, tiveram como efeito a invisibilidade sobre a realidade e as suas contradições. Parte da guerra da Renamo reflete uma desobediência contra o Estado, Estado/Nação mais o seu despotismo esclarecido, ou supondo-se como tal. A porosidade de relações, a reconstituição de laços, alguns considerados "tradicionais", vão aparecer no que podemos designar como infrapolítica. Um grande território de informalidades vai ocupar o vazio. Os conceitos não criam a realidade, a retórica esboroa-se de sentido. Ululantemente acompanhados os muitos esforços de uma geopolítica regional e numa diplomacia continental e global, a sensação interna era a de um país "ex-cêntrico", no sentido literal da expressão.

Na literatura, abominava-se a Negritude – Senghor era visto como um ilustre senhor dos franceses. A produção poética moçambicana, mesmo com os "belos cabelos crespos", de José Craveirinha" ou o "Sangue Negro", de Noémia de Sousa, não "alinhara" nesse movimento. Mesmo no espaço das literaturas africanas de língua portuguesa, a antologia de Mário Pinto de Andrade, da Casa dos Estudantes do Império, de finais da década de cinquenta do século passado – *Antologia da Poesia Negra de Expressão Portuguesa* (1958) – incluía, para grande escândalo dos mais "ortodoxos" poetas brancos e mestiços, António Jacinto (Angola) ou Craveirinha (Moçambique), por exemplo. Singularidade do colonialismo português? Pergunta armadilhada. Não isso, mas o seu caráter periférico.

Presente: um passado futuro

A Carta da União Africana é uma refundação da antiga OUA, Organização de Unidade Africana, fundada na década das independências, os anos 60. É certo que Gana proclamara-a em 1958, com um Kwame N'Krumah visionário – "*A África deve unir-se*", título do seu famoso livro –, e um *corpus* ideológico mais ou menos revolucionário, numa síntese de marxismos, socialismos ditos africanos e uma óbvia suspeição de manobras neocoloniais. Princípio acordado e inviolável: o respeito pelas fronteiras herdadas da presença europeia. Por essa altura, René Dumond, agrônomo francês, escreveria o seu polêmico quase manifesto "*A África Começa Mal*", mas poucos lhe deram ouvidos.

Das vicissitudes destes Estados, herdeiros de um conceito de Estado-Nação, qualquer que fosse a sua organização política interna, federal ou não; das antinomias erguidas como paradigmas – tradição *versus* modernidade –; dos desenvolvimentismos experimentais, com muitos deles a esconderem a mão subterrânea dos interesses das ex-metrópoles; da incapacidade de passarem de uma estrutura de renda à criação de produtos com valor acrescentado; de uma ajuda ao desenvolvimento que se prolonga até hoje com perigosos mecanismos de reprodução de múltiplas dependências; amplo e não muito auspicioso é o balanço destas cinco décadas. A que acresce, ou disso decorre, o "mau comportamento" de muitas das elites políticas dos novos países e as muitas armadilhas da chamada Guerra Fria. Como frase para reflexão fica o desabafo-denúncia do primeiro presidente queniano: "Quando os europeus chegaram, nós tínhamos a terra e eles tinham a Bíblia; a seguir, eles ficaram com a terra e nós com a Bíblia".

Do movimento "Mau Mau", no pais de Jomo Kenyata, ao socialismo "Ujamaa" de Julius Nyerere, na Tanzânia; da "gloriosa" recusa de Sékou Touré em aceitar o abraço francês, logo defraudada pelo percurso ditatorial do seu regime, à *autenticité* de um Mobutu marioneta de todo os interesses e predador-mor dos recursos do seu país, ao messianismo revolucionário e afirmação de dignidade de figuras como Patrice Lumumba ou, mais tarde, Marien N'Gouabi (Congo Brazzaville) e Thomas Sankara (Burkina Fasso), todos assassinados pelos seus opositores; da dimensão cultural e universal de personalidades como Senghor (Senegal), poeta e presidente, a promover Dacar como capital das culturas negro-africanas, "indígenas" ou da diáspora, os ventos africanos tentaram soprar de feição, ao menos na assunção de alguns dos pressupostos, de um renascimento proclamado desde o início do século XX e de uma "entrada" na História – História-Mundo – a que o continente pertencia e que sempre lhe fora negada.

Renascimento negro e diáspora

Bill T. Jones, proeminente coreógrafo e bailarino afro-americano; Martin Luther King, que dispensa apresentações e cujo contributo para a assunção dos direitos civis nos Estados Unidos antecipa o "fato" Obama; William du Bois, lá mais para trás, um dos ideólogos do pan-africanismo, mas também Marcus Garvey ou, literalmente, as vozes de um Paul Robeson e Mariane Anderson; o renascimento negro de que falavam poetas como Langston Hughes (Harlem, Nova Iorque, década de 20 do século passado); Aimé Césaire, Léon Damas, Léopold Sédar Senghor, Cheik Anta Diop, nomes proeminentes da cultura e da política no chamado "mundo francófono" que vai inventar a negritude, numa simbiose em que personalidades da diáspora e "originais" do continente se unem em um projeto comum, de matriz político-identitária que alicerçará a criação, em 1963, da OUA (Organização de Unidade África); a Dokumenta de Kassel, na Alemanha, em 2002, tendo como seu diretor artístico o poeta e crítico nigeriano Okwui Enwezor; o senegalês M'Bow, antigo Diretor-Geral da UNESCO e grande patrocinador da *História Geral de África*, com coordenação geral de Joseph Ki-Zerbo; os Nobel da Literatura Wole Soiynka (Nigéria), Nadine Gordimer e Cootzee (África do Sul) e Derek Walcott, Caraíbas, os Nobel da Paz Albert Luthuli, Nelson Mandela, F. De Klerk e Desmond Tutu, sintomaticamente todos sul-africanos; eis uma lista algo aleatória da projeção de África, das várias Áfricas e do que se reconstituiu noutros espaços geográficos (sobretudo nas Américas) interrompida que estava a "Rota dos Escravos".

Nada mau para um continente marcado a ferrete pela gesta, melhor, pela delinquência colonial. Na sua *"Filosofia da História"*, Hegel tece interessantes considerações sobre o vasto continente. O grande filósofo alemão começa por o delimitar: "A África deve ser dividida em três partes: a primeira fica ao sul do deserto do Sahara – a África propriamente dita – as Terras Altas praticamente desconhecidas para nós, com reduzidas áreas costeiras em relação ao mar; a segunda é aquela ao norte do deserto – a África europeia (se podemos chamá-la assim) – as terras da costa; a terceira é a região fluvial do Nilo, a única terra de vales da África, que está em conexão com a Ásia". À parte esta divagação mais ao menos imprecisa, já de si eivada daquilo que era olhar europeu, antes ou depois da Conferência de Berlim, atentemos nesta sentença do grande filósofo germânico: "O caráter peculiar do africano é difícil de compreender, pela absoluta razão que em relação a ele nós devemos desistir do princípio que naturalmente acompanha todas as nossas ideias – a categoria de Universalidade. (...) O negro, como já observado, exibe o homem natural no seu completo estado selvagem e indomado. Devemos deixar de lado todo o pensamento de reverência e de moralidade – tudo aquilo que chamamos de sentimento – se desejarmos compreendê-lo, não há nada em harmonia com humanidade a ser encontrado neste tipo de caráter". Um juízo esmagador!

Muitos anos mais tarde, em 1948, o "Orfeu Negro", de Jean-Paul Sartre, prefácio à *"L'Anthologie de la Nouvelle Poésie Nègre et Malgache"*, era a resposta contundente, tal como a antologia em si, organizada por Senghor, às insuportáveis afirmações de Hegel *et tutti quanti*. Acabava-se o tempo da famosa frase nos livros escolares coloniais franceses, nos quais sobressaía a terrível frase *"les gualois, nos ancêtres"*. A lista, na qual o construtor da dialética avulta, seria profusa e de espantação, juntando Gobineau e o seu ensaio sobre a desigualdade das raças ao português Oliveira Martins – inquietem-se os sonhadores/defensores de um colonialismo português brando e singular –, do cândido Renan, da *"Vida de Jesus"*, ao Mathew Arnold, do progressismo oitocentista britânico ao ambíguo Joseph Conrad, do *"O Coração das Trevas"*.

Seria preciso esperar por um grande sobressalto, a publicação na década de trinta, em Paris, do *"Cahier d'un Retour au Pays Natal"*, de Aimé Cesaire e da sua famosa e posterior *"Carta sobre o Colonialismo"*, comparando a empresa escravagista de longa duração, no Atlântico negro, ao holocausto nazi; seria preciso ler Franz Fanon, indignado, talvez preconceituoso, mas implacável desconstrutor de uma espécie de fenomenologia da dominação.

E, no entanto, a negritude nasce na diáspora. A palavra surge importada do francês. Escreve o investigador brasileiro Waldir Freitas Oliveira, da Academia de Letras da Bahia, que "a negritude, considerada em sua essência, não nasceu, contudo, na Europa, mas em terras da América, talvez sob a inspiração do movimento New Negro, surgido nos Estados Unidos em começos deste século (século XX), do qual participaram grandes poetas negros norte-americanos como Langston Hughes, Countee Lee, Jean Toomer e Claude McKay, todos com grande influência sobre a obra dos poetas francófonos das regiões das Antilhas e do Caribe, em especial sobre a de Aimé Césaire, da Martinica, e a de Léon-Gontran Damas, da Guiana".

Não se trata aqui de, mais uma vez, discorrer sobre o que significou esse importante movimento, ironicamente nascido em berço descentrado, nem sobre a "genuinidade" dos seus protagonistas, continentais ou diaspóricos. O que, de alguma maneira, se esconde até hoje é o contributo africano para a cultura global. São evidências só agora assumidas em nível de políticas de Estado, em países como o Brasil – passem alguns equívocos –, a presença oculta em manifestações que vão da pintura à dança, da música à escultura, da componente matricial de sincretismos tão presentes no novo continente e matizando de novos comportamentos e poses as geografias urbanas da velha Europa, cuja solução multicultural não consegue velar a tendencial circunscrição em *guethos*. Do Tango ao Blues e ao Jazz, do Cubismo às peças de um Giacometi, do geometrismo abstratizante ao esplendor da cor, deduzidas as reflexões românticas de um Goethe, de Stravinski a Leonard Bernstein, ou dos novos movimentos, cujos pressupostos, alguns, assentam na estética da relação de um Glissant, poeta, pensador e tudo; do manifesto crioulo da Martinica ao hercúleo edifício verbal que é o "Omero's" de Derek Walcott, há um mercadejar cultural que se vai entrelaçando e subvertendo o jogo do centro e das periferias, criando hegemonias discursivas e estéticas que se instilam nas estruturas rígidas das ideias feitas.

Obama, nem sequer um "autêntico" afro-americano, na narrativa própria dessa identificação, intramuros, ou Nelson Mandela, atestam um oscilar de "lugares-onde".

Na ordem do dia, hoje, como no início do século XX, a questão do renascimento africano. Um apelo antigo que, com o fim do *apartheid*, depois da libertação das colônias portuguesas, e, sobretudo, com Thabo Mbeki como presidente sul-africano, tomou um lugar central no discurso político-cultural.

De raspão, e aproveitando o excelente ensaio de Pathé Diagne "*Renascimento e Problemas Culturais em África*", cuja edição portuguesa, antiga de 1977, se recomenda, vale citar a menos um precursor que Diagne enaltece, E. W. Blyden, também de origem afro-americana e que faz da Libéria a sua casa. Da exegese acerca da igualdade do homem, da sua unidade adquirida "de uma vez para sempre", Blyden, segundo Diagne, "prolonga consciente ou inconscientemente uma ideia negro-africana que postula, na construção imperial, a irredutibilidade imperial. O Estado e o pensamento indo-europeus são tão centralizadores e destruidores da diferença quanto o poder pré-colonial africano, pouco ou muito islamizado ou cristianizado, que limita o esforço de unificação à instância política. Blyden não assume necessariamente esta visão e a herança que ela exprime. A sua tese nem por isso deixa de ser extraordinariamente afim. O renascimento negro e africano é para ele uma exigência da diferença. A diferença como expressão da especificidade não conota a concepção de uma cultura fechada."

Mongo Beti, escritor camaronês, dirá, passada a exaltação independentista e na ressaca das experiências pós-coloniais, algo de parecido ou "outrado". Em "*A França contra África – Regresso aos Camarões*", o autor de "*Remember Ruben*" invectivará todas as subserviências e jogos da dependência neocolonial, da "traição das elites", do regresso à aldeia, com a sua rede de relações culturais e econômicas e o seu humanismo inclusivo, não contraditório com as modernidades a expandir. Algo que vai na esteira do que postulam novos antropólogos e outros estudiosos da "coisa" africana. Uma África plural, osmótica, ciosa de uma troca que, pressupondo as regras do dom, o exige em igualdade de valor.

O rio das vozes

Na encruzilhada de tantas interferências e interdependências, um sinal dessa pulsão "renascentista", quaisquer que venham sendo as suas formulações, encontra na Declaração de Asmara sobre as Línguas Africanas uma das suas preocupações fundamentais. Subjaz a ela que, mais do que ser francófona, anglófona ou lusófona – noções de justificada crispação –, a consciência de um patrimônio linguístico e uma mundividência riquíssimos que urge não esportular.

Da sua organização maior, a União Africana, se esperam passos decisivos. Esgotada a OUA (Organização da Unidade Africana), mas não o seu ideal pan-africanista que, em N'Krumah, implicava a constituição dos Estados Unidos da África –, a UA surge um pouco na esteira do que vem sendo o percurso da União Europeia. Critica-se-lhe o mimetismo, a construção a partir do teto e não dos seus alicerces. Não obstante tais óbices de peso. A que acrescem múltiplos défices democráticos, seja na organização supranacional, seja em muitos dos países que a integram, a EU não se coíbe de anunciar as suas Quatro Diretivas Estratégicas para 2009-2012. Define-os como pilares e enumera-os: Paz e Segurança; Desenvolvimento, Integração e Cooperação; Partilha de Valores e Instituição e Criação de Capacidades. É com eles que a Comissão da União Africana pretende trabalhar.

A Carta dos Direitos Humanos integra, no respeito pelos valores comunitários de matriz banto, os direitos dos Povos.

Vista como periférica na mundialização atual, África, integra-a desde o seu primeiro momento, trágica e epicamente. Modelou sociedades e mundos cuja (in)visibilidade urge perceber e está preparada para os "desencobrimentos", como escreveu Mia Couto, que se impõem.

A África deve definitivamente unir-se, como apaixonadamente advogou N'Krumah, e ultrapassar as dependências com o exterior, os patrimonialismos que minam os seus Estados, a parcimônia ou fatalidade com que, como continente, aceita Cimeiras desiguais: África/China, Japão/África, França/África, etc. Mesmo o exemplar discurso de Accra, do ano de 2009, proferido por Barak Obama, só colhe por "erros próprios, má fortuna" e desamor ardente de muitas das suas elites. Se não, o mais certo era ser acolhido como um insuportável paternalismo. Mas que emerge, constituídas as nações, em equilíbrio mais ou menos estável os Estados, percebida a mobilidade, forçada ou não dos grupos humanos, como prova da dadivosa troca de África ao mundo.

Urge dar atenção ao desabafo de Franz Fanon: "Será que não tenho outra coisa para fazer do que vingar os Negros do XVIII? Não há missão negra; não há fardo branco[3]."

---

[3] FANON, Franz. *Pele negra, máscaras brancas*. Trad. Renato da Silveira. Salvador: EdUFBA, 2008, p. 189.

ENTREVISTAS

Conversa com Ruy Guerra[1]

Um olhar de cineasta atento às relações de poder

Ruy Guerra: Você sabe como o filme *Os cafajestes* (*La Plage du désir*) foi descoberto na França? Por causa do Godard. Começou a passar no "Après Minuit" (Depois da meia-noite), um cinema pornô parisiense. Eu imagino Godard indo assistir a filmes pornôs, se encaixa bem nele; viu o filme, achou muito interessante e falou sobre isso. Assim é que foi descoberto na França, apesar de já ter passado no festival de Berlim completamente despercebido. Foi Godard quem chamou a atenção para o filme.

As relações de poder sempre me interessam. É algo que marcou minha infância. Desde muito jovem estou interessado em relacionamentos de poder, no amor, na sociedade..., é como uma base, uma espécie de constante, mesmo que nem sempre fique muito visível. Tais questões estão ligadas a meu percurso de vida; durante a minha infância e juventude fui confrontado em Moçambique com os problemas coloniais da época. Lá eu tive essa experiência de, em uma colônia, ser filho de um pai que para lá migrou para trabalhar, ou seja, um colono. Além disso, na metrópole, a ditadura era muito rígida, o que tornava as coisas mais visíveis; deixava tudo muito claro. Meu olhar era muito crítico em relação a esse problema. Obviamente, não era o ponto de vista de um Jean Rouch ou de um antropólogo. Eu não vi os filmes de Jean Rouch filmados em Moçambique, mas assisti a outros de seus filmes, como *Eu, um negro*, no qual há um olhar muito crítico, um olhar etnográfico, uma espécie de "nós e os costumes dos bantos". Nós então tínhamos um olhar patriarcal, bastante paternalista, "simpático", amigável frente a outras culturas, mas sempre um olhar um pouco superior, de cima, observando esses "primitivos", esses denominados "bárbaros". Um bom olhar, mas muito paternalista, o que me deixa eriçado, crispado.

---

[1] Entrevista realizada em francês por Olivier Hadouchi com a colaboração da Profa. Vavy Pacheco Borges, em Paris, em fevereiro de 2012. Transcrição: Olivier Hadouchi. Tradução: Vavy Pacheco Borges.

Os fuzis

Olivier Hadouchi: Vamos falar sobre *Os fuzis*.

Ruy Guerra: Eu comecei filmando *Os cafajestes* (*A praia do desejo*). Foi um *boom* no Brasil. Foi associado com a *Nouvelle Vague*, o que é normal, porque eu morava em Paris na época desse movimento. Conhecia as pessoas, fiz parte não fazendo filmes mas participando das discussões teóricas que se davam. Por isso, é normal que se encontrem elementos relacionados à *Nouvelle Vague* em *Os cafajestes*. Quanto a *Os fuzis*, eu primeiro quis filmar na Espanha, mas não foi possível; tentei realizá-lo com um produtor grego, mas houve um problema de censura, o roteiro não foi aprovado. Era uma história com lobos, chamava-se *Os lobos*. Tirei a inspiração de um fato real que lera em uma notícia: na Espanha, um pequeno grupo de soldados durante a guerra permaneceu em uma região campestre isolada, onde os lobos desciam no inverno e os soldados defendiam a população com suas armas contra os animais.

Escrevi um primeiro rascunho com Pierre Pelegri, ex-colega do IDHEC (*Institut des Hautes Études Cinématographiques*), e Philippe Dumarçay. Quando cheguei ao Brasil, tive um grande sucesso comercial e crítico com *Os cafajestes*. Um produtor que entrara ao final da produção do filme me pediu para fazer um outro filme. O que se passou não é muito a meu favor, já contei isso muitas vezes. O produtor veio com um bom romance que estava fazendo sucesso no Rio. Uma história de prostituição, que não me interessava; mas ele tinha dinheiro, o que me interessava. Eu tentei oferecer a ele *Os fuzis*, ele não queria, queria um filme que parecesse com o primeiro, para ter outro sucesso de vendas. Felizmente, ele me disse que os direitos do filme pertenciam a um dos meus amigos, autor do romance, e acrescentou: "Se ele souber que é para você, vai ceder os direitos mais facilmente". Estávamos em um café por volta da meia-noite, uma da manhã e eu lhe perguntei: "Vamos admitir que ele não desista dos direitos... O que fazemos, se ele não ceder? "Ele respondeu: "mas ele vai desistir"... E eu insisti: "Caso contrário, nós faremos *Os fuzis*, ok?" E fui às três da manhã para a casa desse amigo, o autor do romance *Um buquê para Luísa*. Disse a ele para, quando o produtor lhe pedisse e insistisse, não desistir dos direitos. No dia seguinte, o produtor me ligou para me dizer que ele não entendia, que o escritor não tinha querido ceder. E eu: "Então, vamos fazer Os *fuzis*?". "Sim, de acordo"... E foi assim que eu fiz *Os Fuzis*. Eu adaptei, mudei... Os lobos se tornaram camponeses, etc.

E há outra coisa, da qual falei muito pouco, acho que nunca foi gravado. Há um grande estudo *Os Sertões* (traduzido para o francês sob o título de *Hautes Terres: La Guerre de Canudos*), escrito por Euclides da Cunha, que se tornou um grande escritor brasileiro. Já proclamada a República, Canudos era o grupo que se reunia em torno de Antônio Conselheiro, numa república ideal e mística, que criava igrejas por todo o sertão. Como ele era favorável ao destituído Império, não queria que a República brasileira e seu dinheiro circulassem na região. O governo decidiu derrotar esse movimento revolucionário e enviou uma primeira expedição, com um sargento e soldados que foram massacrados, depois uma segunda mais consistente; apenas a quarta expedição repressiva foi capaz de esmagar a rebelião. O autor participou como repórter desses eventos. Há uma primeira parte do livro que estuda a mentalidade, as características dos habitantes do sertão. E a partir daí, projetei um documentário para o filme e depois uma parte fictícia. Na minha inspiração, a partir do olhar de Euclides da Cunha, encontrei uma estrutura cinematográfica, segundo a qual eu começava com o homem e a terra, e, pouco a pouco, a ficção se enxertava na história.

Foi graças a *Os Sertões* que encontrei essa estrutura que mistura o lado documental – o lado místico, o boi santo – e depois o lado da ficção. A história do boi santo vem de um fato real que aconteceu em 1924; mas o boi não foi comido como no filme, isso foi uma invenção minha; mas o animal era visto como sagrado. Eu misturei tudo isso com aquela história que aconteceu com os lobos e na neve, em uma história ambientada em um país quente, a partir do olhar de um homem que tinha muito bem estudado aquela região. E tive ainda uma sorte incrível: fui a Salvador da Bahia e lá encontrei um grande escultor, Mario Cravo, que conhecia muito bem a mentalidade do sertão, especialmente a diferença entre a parte costeira e a outra parte da região. Ia todas as noites na casa deste escultor, nos tornamos amigos, e ele me ajudou muito. Acabei com um olhar muito agudo, inspirado pelo olhar de Euclides da Cunha e pelas longas conversas de todas as noites com Mário Cravo que me deu informações valiosas para eu entender a mentalidade dos soldados da costa, diferente dos habitantes do sertão. Com tudo isso eu consegui fazer *Os fuzis*. E as pessoas ficaram muito surpresas porque eu estava no Brasil fazia pouco tempo. Cheguei no final de 1958 e o filme é de 1963; como eu poderia conhecer tanto a região do sertão e sua mentalidade? Eu tive também colaboradores anônimos que me ajudaram a conseguir uma imagem mais nítida da região.

O filme terminou apenas na época do golpe de 1964. Os diplomatas escolhiam os filmes a serem lançados no exterior em festivais. Um amigo da Cinemateca me informou que meu filme não passaria por causa do golpe;

o filme foi rapidamente enviado para a Comissão em andamento, mesmo sem a mixagem terminada. Em Cannes, Glauber Rocha e Nelson Pereira dos Santos tinham se pronunciado contra o golpe; o regime decidiu ficar vigilante. Será que o regime aceitaria que *Os fuzis* fossem enviados para o festival de Berlim? O filme foi para Berlim. Meu produtor me contou. Durante a projeção para a Comissão composta por militares, um deles declarou que era um filme do "macho". Os outros ficaram em silêncio, provavelmente não querendo ser considerados "bichas"; ou sei lá o que se passou (Ruy Guerra sorri) em suas cabeças. O filme foi lançado por causa disso. Estas são coisas que acontecem, pequenas histórias engraçadas.

Vavy Pacheco Borges: Existem duas versões do filme *Os fuzis*.

RG: A versão mais curta é a do meu produtor, Abelardo Barbosa. Em um livro de memórias, ele alegou que seu maior arrependimento foi cortar o filme. Até a sua morte, cerca de dez anos atrás, permanecemos amigos. Ele também produziu *Deus e o Diabo na Terra do Sol* e tinha uma maneira de reconciliar os dois diretores que mais amava. Gostava de dizer: "Meus diretores favoritos são Glauber no céu e Ruy na terra".

No seu livro conta que todo mundo previa que o filme seria um fracasso, então ele cortou algumas imagens. Da parte documental, a mais inspirada em Euclides da Cunha, com as paisagens humanas do sertão e a menor intriga e ação. Acabamos chegando a um entendimento: no Brasil, ele poderia mostrar a versão reduzida sem minha assinatura como diretor nos créditos, e a versão mais longa assinada poderia circular no exterior, no festival de Berlim e em outros lugares. Expliquei que não assinaria a versão cortada porque fizera um filme *Os fuzis* e não dois. Eu tinha esquecido que tinha assinado o filme como diretor, mas também como roteirista e editor; a versão do corte não tem o nome de diretor, mas meu nome aparece como editor e roteirista. O produtor respeitou isso, e como não tinha dinheiro, cortou o negativo e não o internegativo. Por acaso, Claude Antoine que cuidava da distribuição de filmes brasileiros na França pegou o filme. Eu não sei como, mas quando a equipe estava trabalhando nas legendas em francês do filme, eu estava em Paris e não sei bem porque fui contatado. Eu indiquei que era a versão cortada, que não era para mostrar aquela, que havia sido cortada no negativo. O distribuidor Claude Antoine informou-me que existia uma cópia completa na Checoslováquia e utilizamos os negativos completos desta cópia. A cópia cortada ainda está circulando. Eu tenho uma cópia de 16 mm, que era a original. A versão do corte tem vinte minutos a menos e meu nome não aparece como diretor nos créditos.

A cadeia Arte restaurou o filme, mas o fez na versão cortada.

OH: Você não tem falado muito sobre a referência a Euclides da Cunha no filme *Os fuzis*.

RG: Falei, porque você me pediu para contar a gênese do filme. Em geral se fala de talento como uma coisa inerente, nascemos com e assim por diante. Isso me incomoda muito. Não é nada disso. É um trabalho longo, acumulando informações, olhares, estudos, pesquisas. E então você mistura tudo isso conscientemente e, às vezes, vêm elementos inconscientes, um conhecimento que nós tínhamos sem estarmos cientes disso. Odeio que se pense que eu chego ao Brasil e que logo tive uma boa percepção graças ao meu talento que me teria permitido ir muito longe na realidade do país. Tem o papel do acaso sim, mas é trabalho, pesquisa, estudo, você sabe.

OH: O artista cria as condições para isso? Não é uma história de talento?

RG: Não, não é uma questão de talento. Existem pessoas talentosas que não fizeram nada na vida porque acham que podem tirar um monte de coisas de dentro de si mesmas. Por trás do que se chama de talento, há trabalho, pesquisa, perseverança.

Ao redor de *Loin du Vietnam*

RG: Chris Marker gostava muito de *Os fuzis*. Ele me ligou, durante uma minha estada em Paris, e propôs que eu participasse de seu *Longe do Vietnã*, que já estava quase terminado. Era uma coisa muito improvisada. Não me lembro se ele me mostrou trechos que já haviam sido filmados por outros, passagens de Godard, Agnès Varda... Surpreendeu-me que um filme, feito na França sobre o Vietnã, chamado *Longe do Vietnã*, não falasse da presença francesa na Indochina. Os franceses tinham acabado de sair da Indochina naquela época; tinha havido a famosa batalha de Dien Bien Phu. Como é que os franceses faziam um filme sobre o Vietnã, mas não tocam na presença e colonização francesas?

Eu improvisei uma história com Philippe Dumarçay, muito rapidamente, não bem uma história, mais um rascunho. Era sobre o encontro de um oficial francês que chegava da Indochina, que tinha tido essa experiência e que cruzava com um soldado americano que estava indo para a Indochina. Os dois se conheceram na Bretanha, uma noite conversaram muito, discutiram, acabaram bêbados. E tudo terminava de uma maneira ridícula, com o americano se afogando e segurando uma alcachofra na mão, fazendo um gesto como se fosse a Estátua da Liberdade. (Ruy Guerra faz o gesto, levanta o braço, fingindo segurar uma alcachofra.) E o filme não agradou. Devo dizer que, do ponto de vista estético, não foi muito bem feito, não foi uma joia cinematográfica, mas dava o seu recado. Enfim... cineastas franceses ou cineastas que expressassem um olhar da França deveriam dizer: "Nós estávamos na Indochina antes dos norte-americanos e, se nós fizemos um papel que não foi muito simpático, são coisas que acontecem."

VPB: Ruy é sempre muito político, mas nunca didático. Não faz um cinema militante, na minha opinião. Fiquei surpresa em não ver o episódio dele em *Longe do Vietnã*. Uma das explicações dessa recusa foi porque era muito longo. Eu entrei em contato pelo telefone com Chris Marker, que começou por me dizer que ele considerava *Os fuzis* um dos melhores filmes que tinha visto. E sobre o episódio de Ruy, afirmou: "Foi a senhora que não quis mantê-lo na edição final". Anos mais tarde, depois da morte de Chris, Noel Burch me explicou que essa senhora era Jacqueline Meppiel, que fora secretária do Partido Comunista Francês.

RG: Este filme (*Longe do Vietnã*) é um álibi para a consciência francesa. Tenho simpatia pelo Partido Comunista e pelos comunistas, mas nunca entrei no Partido Comunista, embora tenha tido muitas propostas. Trabalhando com arte, não quero me submeter a imperativos táticos e partidários, quero manter um olhar aberto, não posso me submeter. Quando *Longe do Vietnã* saiu, vi que meu filme não estava lá. Chris Marker não teve a gentileza de me ligar, de dizer qualquer coisa.

VPB: Outra vez ao telefone, Marker me disse que até agora aquilo lhe causava muita pena; repetiu que fora por causa da senhora (a editora Jacqueline Meppiel) que o filme de Ruy Guerra não tinha sido incluído.

Os Deuses e os Mortos

RG: É, sem dúvida, o filme que fiz mais livremente do ponto de vista estético. Eu não tinha um roteiro, tinha uma história. Entre o momento que decidimos fazer o filme e aquele em que foi terminado, quatro meses se passaram. Decidimos fazer o filme Paulo José, Dina Sfat – sua esposa na época, uma ótima atriz – e eu. Estávamos em Paris naquela época, voltei no avião com eles, decidimos fazer um filme em torno do cacau, a partir de reportagens sobre isso. Era 1970, a época da mais severa repressão, época do General Médici, da luta armada. Então eu não poderia ter uma linguagem muito clara. Os filmes desse período são muito alegóricos, era o momento em que não se podia dizer nada, era necessário esconder tudo com subentendidos, etc. Eu fiz uma lista de sequências, o roteiro consistia em uma página. Fui ao sul da Bahia, na zona de produção de cacau, fiz explorações locais, traçando um círculo para tudo que estava a 40 minutos do carro. Encontrei um produtor e planejamos filmar em sete semanas; voltei para o Rio, mas não tive tempo de procurar dinheiro. Nós tínhamos uma data de filmagem fixada e dez mil metros de filme, e no local uma equipe à qual eu deveria me juntar. Eu me atrasei procurando levantar dinheiro, apesar de ter sido Paulo José quem realmente cuidou disso. Aí fui ter com a equipe. Todos os dias eu me levantava às quatro horas da manhã, ia para o local de filmagem. Não tínhamos computadores na época; eu pegava minha máquina de escrever, começava a escrever a cena do dia: tac tac tac. Eram sempre planos longos. Lá pelas sete horas/oito horas, eu dizia: "Vamos filmar tal cena". Os atores perguntavam sobre o texto, respondia que mais tarde eu daria. Após o almoço, passava o texto para eles. Aquelas palavras eram importantíssimas para mim, impregnadas de um espírito shakespeariano; tudo um pouco épico. Nós filmávamos planos-sequências. No dia seguinte, tudo a mesma coisa. Foi assim que o filme foi feito. Tive apenas que fazer algumas marcas, estabelecer uma linha... e tudo saiu facilmente. Porque naquela altura eu tinha muita facilidade para escrever este tipo de texto inspirado nas minhas leituras de clássicos portugueses. Como eu sabia o que eu queria dizer, saía facilmente. Mas me tomava das cinco da manhã até o meio-dia, sete horas para escrever. Eu preparava a cena e me calava. Os atores não tinham tempo de aprender de cor; mesmo quando eu tinha aprontado o texto antes, não lhes dava. Uma assistente sussurrava as palavras para eles, pois nós filmávamos sem som.

Eu tinha um câmera-*man* extraordinário, Dib Lutfi. Ele era incrível e eu podia filmar tudo com a câmera na mão. O filme foi inteiramente feito à mão, menos um dos planos: uma espécie de foto de família. Plano que não ficou bom. Um tiro virou um pé... como se eu não soubesse mais como trabalhar com um pé (risos). O único plano que não foi feito à mão não ficou muito correto.

Uma das coisas mais difíceis para os atores, mesmo no teatro, mas especialmente no cinema, é escutar a si mesmo. Eu gosto de ter tido a experiência de ator para saber como direcionar um ator enquanto diretor. Eu acabei de fazer um pequeno filme, onde interpreto um pequeno personagem. O mais difícil é ouvir o outro. Não é só esperar para dizer o seu texto, mas escutar o outro falando. Como os atores não conheciam o texto, eles tinham que ouvir uns ao outros e apresentavam certa angústia para ver se seriam capazes de dizer um texto que haviam lido apenas duas ou três vezes e que ainda não sabiam de cor. Eu acho que no nível da interpretação existiu e transparece certa inquietação, o que foi muito bom, caiu bem na história. Os atores não podiam pensar no texto que iam falar porque não o conheciam, mas precisavam se ouvir dizendo o texto. Aos poucos eles foram conhecendo melhor os textos. E eu gosto muito do resultado disso no nível da interpretação. Quando você conhece o seu texto de cor, você não escuta o outro, você só espera o momento de dizer o seu texto. Eu exagero, mas há um pouco disso de qualquer maneira.

A Queda

RG: É a continuação de *Os fuzis*. Há trechos deste filme em *A queda*, cenas que estão na memória dos personagens. Eu peguei personagens do grupo militar de *Os fuzis*, que têm a mentalidade do litoral, os personagens interpretados por Nelson Xavier e Hugo Carvana. Os mesmos personagens soldados transpostos para o Rio, em outra situação. O personagem principal Mário é casado com a filha de um empreiteiro, espécie de contramestre de trecho do metrô carioca. Aproveitei a construção do metrô na parte central do Rio. O empresário responsável pela construção do metrô tem a visão ambiciosa dos militares da época. Um dos amigos de Mário, interpretado por Carvana, sofre um acidente, uma queda. O filme começa com isso: ele cai e morre. Mário tenta cuidar de sua viúva, mas não dá certo, não consegue. Era a época do "Brasil Grande", quando se queria ver as coisas grandes; os militares pensaram em criar um *boom* no Brasil.

Eu gosto deste filme porque misturo diferentes elementos de linguagem. Desde *Os cafajestes*, sempre insiro pequenos trechos documentais. Para a parte dos grandes empresários, uso fotos congeladas, com diálogos. Uma parte documental e uma parte fictícia. Havia um cara jovem que está no filme, com um rosto sorridente, com um sorriso sincero... Ele não se colocava dúvidas ou perguntas. Ele me dizia: nós aqui nesta cidade não temos nada para contar, nada a dizer, com um sorriso cândido, era surpreendente... Misturei esse jeito de filmar sem demarcações, sem diálogos escritos...

Há uma das cenas que talvez seja, penso eu, uma das mais bonitas que já filmei, um plano-sequência. Uma casa que eles estão construindo em um domingo, com a ajuda de amigos. A mulher tem uma expressão de raiva, porque o marido ainda está sujeito ao pai dela. Uma interpretação extraordinária que não se deve a mim, mas à motivação que estava lá. A câmera se deslocava e filmava.... É uma cena esplêndida. Essa cena, para mim, vale o filme. Mas eu gosto muito desse filme.

VPB: Existem dois planos-sequências de filmes de Ruy que são muito mostrados no Brasil. O que ele acabou de descrever e outro em *Os deuses e os mortos*.

RG: Um plano-sequência que começa na praça e continua em uma grande casa, uma cena bem longa. E eu tento escapar dos planos-sequências, mas como o escorpião diz: é da minha natureza!

Ópera do Malandro

RG: Em geral se dizem coisas que são somente meias verdades, eu sempre falo o que acho básico... não a verdade total. Descobri o lado maravilhoso do cinema com os musicais dos anos 40, quando estava em Moçambique. Ontem, com Paul Seban, meu colega no IDHEC, estava me lembrando sobre o que eu tinha visto lá, alguns musicais portugueses e especialmente norte-americanos. Também filmes europeus, um ou dois filmes do neorrealismo italiano, um filme francês, um filme brasileiro (*Pureza*), isso tudo antes de vir para a França para estudar no IDHEC. Eu via principalmente filmes norte-americanos. Eu sempre conto como vi muitos musicais americanos na época da guerra, com o soldado, a jovenzinha, essas coisas e também alguns clássicos americanos. Quando eu queria fazer *Ópera do malandro*, eu sabia que seria difícil escapar do cinema americano, porque, naquela época, esse era um gênero tipicamente americano, havia alguns filmes de comédia musical aqui e ali, por exemplo, Jacques Demy tem dois. O cinema americano tinha essa tradição com a Broadway.

Comecei com um conceito muito simples: fazer um filme baseado na visão do espectador que tinha visto musicais americanos, aproveitando esse olhar. Tentei filmar como uma meia que se veste virada do avesso. Decidi fazer um filme sombrio, negro no sentido da imagem, com lugares que não são nobres, por exemplo, há uma cena que acontece num mictório. Sem iluminação direta nas cenas. Uma coisa que ninguém percebe: todos os conjuntos foram projetados em preto e branco, como gravuras. Eu queria fazer um filme que contradissesse as imagens americanas – sempre, com lugares luxuosos, belos parques, salões, luzes bonitas – escolhendo iluminações muito sombrias, muito escuras.

O diretor Bob Fosse começou a fazer cortes, caso contrário, o musical teria o ponto de vista da cena da Broadway, com planos-sequências. Eu tinha uma equipe bastante boa e grande e um orçamento muito bom para o cinema brasileiro, o mais caro da época, com a ajuda de Marin Karmitz.

Tudo foi filmado em cenários construídos e reconstruídos, exceto por uma cena de futebol em um estádio real. Nós não tínhamos experiência com filmes musicais, então foi muito artesanal desse ponto de vista. 14 semanas de filmagem, divididas em um grupo para os atores, outro para os dançarinos... As músicas foram escritas por Chico Buarque, e os arranjos foram feitos durante a filmagem. Como adaptar as imagens aos arranjos? Cada vez era uma surpresa. Eu havia preparado esboços, pequenas ideias para as cenas, que foram desenvolvidas sucessivamente. A última cena que filmamos foi a que se passa no mictório e nós estávamos muito orgulhosos dela. Mostrava jogos de espelho, era necessário construir dois conjuntos para fazer um cruzamento dos espelhos. É uma bela canção de amor dentro de um mictório.

Trabalhar com romancistas

Eu trabalhei com Chico Buarque e Gabriel García Márquez. O trabalho com cada um deles foi muito diferente. Chico Buarque não queria saber nada sobre o lado cinematográfico, ficou totalmente de fora em *Estorvo*. Na *Ópera do Malandro* esteve mais presente, escreveu os diálogos, trabalhamos os dois com Orlando Senna. Durante seis meses, trabalhamos na escrita, mas também discutíamos muitas outras coisas. Eu ia à casa dele às duas da tarde e trabalhávamos falando de muitas coisas.

Com García Márquez (Gabo, como Ruy o chama) foi diferente. Eu peguei uma novela do seu conjunto *Amor nos tempos do cólera* (filme *A Fábula da Bela Palomera*). Trabalhamos juntos e, depois, eu no Rio, ele ia escrever os diálogos e me mandar, mas não chegavam. Lembrei-lhe que tinha que começar a filmar em 15 dias e que estava esperando pelos diálogos. Ele me respondeu: "Existem três soluções; escolha uma das três: ou você escreve os diálogos você mesmo; ou adia o seu início para mais tarde; ou você pega um avião e nós escrevemos juntos os diálogos". Eu decidi ir vê-lo. E nós escrevemos os diálogos em quatro dias em sua casa de campo. Escrevi uma passagem sobre a qual ele me disse: "Ninguém acreditará que foi você, dirá que foi García Márquez", e ele tinha razão...

Quando ele viu o filme, disse: "Em uma cena, a cama estava à direita, mas eu pensei que deveria estar à esquerda, como eu tinha imaginado". E ele nunca vira um cenário!

Quando fiz *O veneno da madrugada*, virei a história toda de cabeça para baixo, fiquei imaginando qual seria a reação dele, porque ele confiara totalmente em mim. Enviei-lhe algumas fotos durante as filmagens, mas não lhe dei o roteiro para ler. Soube que ele tinha gostado, porque ele disse a Eric Nepomuceno: "Ruy destroçou minha história, mas fez um filme muito bom". No dia seguinte, quando Gabo me telefonou, me disse que tinha gostado muito do filme e que, se tivéssemos escrito o roteiro juntos, teria sido exatamente assim. Eu mudei alguns relatos familiares, a história acontece de uma só vez... Entretanto, ele disse que, se escrevêssemos juntos, seria exatamente isso, o que me deu um enorme prazer. É uma pena que ele esteja tão doente.

Cinema & Política

RG: Sou muito ligado nesse tema. Muito ligado no concreto, a matéria tem que estar viva. Submeter ideias abstratas à vida cotidiana. Às vezes você escreve um diálogo, você tem uma ideia importante. Você escreve e soa errado porque aquele personagem não diria aquilo; mesmo se fosse um personagem professor, pareceria forçado. O que é um filme didático? Eu não sou contra filmes didáticos. O didatismo é pegar as linhas mais claras para expressar uma ideia. Esse é o didatismo: remover as contradições internas para que o objetivo fique claro. Mas não queremos remover contradições internas. Corre-se o risco de ser menos claros, porque as contradições internas que o personagem e as situações trazem podem tornar o assunto mais difuso. Mas "nós trabalhamos bem", expressão portuguesa, brasileira. Não renunciamos a uma certa qualidade de pensamento, a algo do real e do concreto. E assim as contradições internas têm que estar presentes.

Os autores didáticos têm uma coisa a dizer e vão ao essencial. É muito mais claro, mas não mostram a coisa viva como ela é. O cinema militante nunca diz nada que seja contra seu discurso e propósito central. O cinema político vem com algumas contradições nos personagens, o que os torna vivos. O cinema militante é mais didático. Nós apresentamos as contradições internas, isso é importante. Para o cinema militante, a verdade é uma, aquela determinada, e o que vai contra essa verdade deve ser ou combatido ou deixado de lado. Claro, eu também quero que meu propósito fique bem claro, mas não escondo os dados que são contra um discurso militante e que acho que devem ser apresentados.

Eu não acredito que filme algum possa causar uma transformação política. Pensei e ainda acho que o cinema é um meio de transformação do ser humano, de uma forma muito forte. Mas eu não tenho mais as ilusões da década de 1960. Nem sei se realmente um dia as tive... talvez um pouquinho. Mas eu acredito que o cinema é um meio de transformação cultural, de uma transformação muito forte do indivíduo. Eu vejo um filme, eu guardo uma imagem, um comentário, que me marca para a vida. Por exemplo, acabei de ver *A noite do caçador*, de Charles Laughton, que eu adoro. Já fazia mais de trinta anos desde que eu tinha visto, mas tinha algumas imagens na minha cabeça, que vi que eram exatamente como as guardei em minha memória. O enredo, eu não me lembrava muito bem ou como o filme acabava; mas havia cinco ou seis imagens que permaneceram muito claras para mim e também um quadro geral um pouco abstrato. Você não precisa ser ingênuo acreditando na capacidade do cinema de intervir, mas um filme pode ter uma grande influência em um determinado momento. Por que você gosta de uma pintura de Van Gogh e mantém a imagem por toda a vida? Ou a letra de uma canção, o verso de um poeta? Por exemplo, Rimbaud: "Por delicadeza, perdi a minha vida". Para mim, essa frase foi um guia para toda minha vida. Existem coisas assim. Não me lembro de outros trechos desse poema de Rimbaud, apenas este verso. Pode ser uma imagem em um filme. Algo que te toca, que te marca, que te transforma para a vida.

Quando faço um filme, penso primeiro no prazer que me dá. Eu adoro filmar, gosto de criar imagens.

Agradecimentos: Ruy Guerra, Vavy Pacheco Borges, Raquel Schefer e Jorge Flores.

Entrevista com Camilo de Sousa[1]

Ana Mafalda Leite: Camilo, eu gostaria que começasses por falar um pouco da tua relação com a Noémia e com teu irmão Guilherme Ismael, que trabalhou na BBC e era poeta. A Noémia tem um poema sobre a Catembe que é tão bonito...

Camilo de Sousa: Sim, o "Poema da Infância Distante". É um poema que sempre foi muito importante para mim.

A minha mãe era irmã da Noémia. A mãe delas, minha avó, era filha de um alemão exilado em Moçambique e de uma princesa ronga, da região junto à fronteira com a África do Sul, no sul de Moçambique. Era uma família ronga, com uma grande relação com os zulus, da região da Zululândia. Chamava-se Clara Bruheim Abranches de Sousa e tinha como nome tradicional Milidansa.

Esta minha avó, casou-se com um goês que veio para Moçambique trabalhar no Banco Nacional Ultramarino e foram viver na Catembe, numa casa junto à praia, onde nasceu a minha mãe, a Noémia e todos os meus tios. Quando o meu avô morreu, depois do início do Estado Novo, a minha avó decidiu mudar-se com a família para Lourenço Marques, hoje Maputo. Saiu com os filhos da Catembe e foram para o Bairro da Mafalala, onde a minha avó mandou construir uma casa de madeira e zinco, exatamente na fronteira entre a "cidade de cimento" e a Mafalala, que era um bairro de casas de madeira e zinco e casas maticadas, ou de caniço. A casa tinha duas entradas. Uma, em que se podia adentrar pela cidade dos brancos, a cidade de cimento, e outra, pela Mafalala, bairro de pretos, mulatos, assimilados, brancos pobres e gentes vindas dos *dhow countries* que se haviam estabelecido no bairro. E foi ali onde nasci e cresci, nessa fronteira entre esses dois mundos... e desde cedo aprendi a lidar com esses dois mundos.

A casa recebia gente de muitos lugares, pessoas que vinham da Catembe para visitar a minha mãe e, às vezes, passavam lá a noite, contando as suas histórias. Umas vinham do trabalho forçado; outras vinham das plantações de cana de açúcar; outras eram fugidas simplesmente, estavam, na cidade, clandestinas. E eu fui ouvindo essas histórias, desde miúdo, desse outro mundo para mim ainda desconhecido.

Depois havia também a Noémia, que estava exilada na Europa. A minha mãe falava muito dela e dos outros irmãos que estudavam em Portugal.

---

[1] Entrevista realizada por Ana Mafalda Leite, em Lisboa, em abril de 2018.

Falava sobre a sua detenção pela PIDE na "casa grande". Um episódio em que foram presos todos os adultos da família, exceto a minha mãe, porque estava grávida. Portanto, a violência colonial era algo que fazia parte da história familiar e de que tive sempre consciência. Também comecei a ler logo muito cedo e uma das primeiras coisas que li foi, precisamente, o "Poema da Infância Distante", da Noémia. Quando eu nasci, em 1953, ela já estava exilada, mas tinham ficado lá em casa muitos dos escritos dela.

AML: A Noémia veio em 1950?

CS: Ela foi embora de Moçambique em 1952, creio. Mas havia muita gente que circulava ali: o Craveirinha, o Ricardo Rangel, os Albasini... passavam muitas vezes pela casa da minha mãe, onde as pessoas se juntavam e onde se conversava. Isto já vinha do tempo da Noémia, quando faziam reuniões com o João Mendes, o Craveirinha, o Ricardo Rangel, o Rui Nogar e outros. Passavam todos por aquela casa...

AML: Tem um nome a casa?

CS: Chamavam "a casa grande". Foi o nome que lhe deram, lá na Mafalala, porque era, na altura, a maior casa de madeira e zinco que havia naquele bairro.

Então eu fui crescendo ali, no meio de gente intelectual, ligada a essa vontade de libertação, de independência. Não imediatamente de independência política, isso foi uma ideia que se foi consolidando mais tarde, mas desde sempre eu me lembro de estar muito presente na nossa vida essa vontade de libertação da violência, do racismo, da brutalidade dos portugueses que estavam a ocupar o nosso País.

Depois havia também o meu tio Nuno, artista gráfico e professor de ginástica na Associação Africana que tinha uma classe que foi campeã de ginástica do Império Colonial. E aquele ambiente era também marcado por formas de afirmação identitária através da valorização do corpo – como o culturismo, o halterofilismo – e da preparação do corpo para resistir à dominação social e racial portuguesa. Todos treinavam para se defender, para bater nos "brancos", defender o bairro e as pessoas do bairro, sobretudo as mulheres, dos abusos dos portugueses, civis e militares, que vinham para ali para os bares, sobretudo de noite.

Eu cresci por ali e fui conhecendo, então, essas duas cidades. A cidade dos habitantes da Mafalala e a cidade de cimento, dos brancos. Depois, fui estudar para um liceu, o antigo Liceu Salazar, onde éramos menos de dez não-brancos, em todo o liceu. Ali, fiz alguns amigos.

AML: Só havia uma professora negra, a Eulália Maximiano?

CS: Era a única. Quando ela chegou, vinda de Portugal, para leccionar História, eu já estava no terceiro ou quarto ano e, no seu primeiro dia de aulas no Liceu, um estudante da minha turma queimou jornais na sala de aula, enquanto ela lecionava. A sala foi evacuada, porque ficou cheia de fumo e a aula abortada. Era um protesto contra a presença de uma professora negra num liceu de brancos. Uma coisa horrível. Aquele Liceu era um pouco assim. Mas, apesar de tudo, fiz lá grandes amigos, como o poeta Afonso dos Santos e o dramaturgo Fernando Mora Ramos.

AML: Fala um pouco mais de ti, da tua trajetória.

CS: Aos 12 anos, comecei a aprender fotografia. Era um autodidata de fotografia e fui aperfeiçoando a minha técnica com ensinamentos do Ricardo Rangel. Na altura, comecei também a trabalhar em Arte Gráfica, com o meu tio Nuno e, um pouco mais tarde, como repórter fotográfico de um jornal diário publicado em Lourenço Marques, "O Jornal", que era dirigido pelo João Reis e cujo chefe de redação era o José Craveirinha. Escrevi também algumas crônicas nesse jornal.

Parti de Moçambique em finais de 1972.

AML: Para onde foste?

CS: Para a Bélgica. Saí de Moçambique pela primeira vez em 1969. Estive em Portugal e em França. Foi quando conheci a minha tia Noémia e estive com o meu irmão. Foi quando, na realidade, o conheci. Ele tinha saído de Moçambique para Portugal quando eu tinha cinco anos. Eu não tinha memória nenhuma dele. Conhecemo-nos, encontramo-nos pela primeira vez em Portugal nessa altura, eu tinha quinze anos, ele tinha dezoito. E nunca mais nos largamos. Tornamo-nos muito amigos, estabelecemos uma relação bastante forte. Depois fui a Paris, estive com a Noémia e o Gualter Soares, também poeta, moçambicano, que era casado com a Noémia, nessa época. Voltei para Moçambique e, em 1972, saí de vez, fui para Bruxelas. O Guilherme, meu irmão, já estava lá. Ele tinha-se refugiado na Bélgica, em 1970.

AML: Mas por que razões saíste de Lourenço Marques? De trabalho? Políticas?

CS: Políticas. O estado colonial era cada vez mais repressivo. Era preciso lutar de forma enérgica contra ele. Parti sozinho para a Bélgica e a única pessoa que conhecia lá era o meu irmão que já estava lá em Bruxelas. Na verdade, eu não iria para a Bélgica. Queria ir para a Holanda. Mas, quando cheguei a Bruxelas, soube que havia muitos conflitos com imigrantes árabes, em Amesterdão, muitos confrontos. Então, decidi ficar em Bruxelas, onde trabalhei como limpador de casas de banho, *cirreur*, motorista de pre-metro e de autocarro. Quando fui para a Bélgica, o meu sonho era matricular-me numa escola de cinema, mas era caríssima e o dinheiro que eu recebia das Nações Unidas como refugiado político era pouco, não chegava. Daria para pagar a escola, mas depois não chegaria para viver, por isso optei por ir trabalhar, em vez de estudar cinema. Era o único daquele grande grupo de exilados moçambicanos que tinha emprego fixo, comecei a trabalhar logo que cheguei e em pouco tempo consegui o estatuto de refugiado das Nações Unidas, coisa que outros que estavam lá já há anos ainda não tinham conseguido.

Ali entrei em contato com a FRELIMO e um tempo depois fui para a Tanzânia, via Argel. Fiz o treino militar em Nachingwea e, durante a luta de libertação, fui enviado para Cabo Delgado, onde trabalhei como comissário político nas "zonas libertadas". Estava lá no último ataque da guerrilha moçambicana contra o exército português, a 01 de agosto de 1974, em Omar Nambiriau. Em 1974, na altura do 7 de setembro (assinatura do acordo de Lusaka que pôs fim à guerra), fui para Pemba e fiquei lá até 1979. Era chefe Provincial do Departamento de Informação e Propaganda, que depois passou a ser o Departamento do Trabalho Ideológico da FRELIMO.

AML: Como conheceste o Ruy Guerra?

CS: O Ruy Guerra era amigo da Noémia. Ela até dedica ao Ruy o seu primeiro poema, o "Poema da Infância Distante". Era, portanto, uma pessoa que era muitas vezes referida lá em casa, pelo seu trabalho como cineasta. Havia um outro moçambicano que também era muitas vezes falado em casa, o Ruy Polanah, que se notabilizou na área de cinema (principalmente como ator) no Brasil.

Quando fui para Bruxelas tive a oportunidade de ver três filmes do Ruy Guerra: *Os fuzis*, *Os deuses* e *os mortos* e *Tendres Chasseurs*. Fiquei maravilhado com o trabalho dele e muito motivado para o papel que o cinema poderia jogar na denúncia do colonialismo português.

Na proclamação da Independência de Moçambique, quer o Ruy Guerra quer o Ruy Polanah estiveram em Moçambique, para assistir a esse momento único da nossa História.

Nessa altura eu estava em Pemba, em Cabo Delgado, trabalhando no Departamento de Informação e Propaganda. O governo moçambicano proporcionou uma visita do Ruy Guerra às zonas libertadas e eu fui indicado para o acompanhar. Assim, fizemos uma visita aos distritos de Mueda e Nangade, onde lhe fui mostrando os lugares onde vivíamos durante a luta de libertação e fomos conversando sobre cinema e projetos futuros. E claro, falamos sobre a possibilidade de fazermos um filme juntos sobre as zonas libertadas, sobre os meus amigos escultores macondes etc...

Eu nunca tinha feito cinema, mas tinha uma grande paixão pela arte. Tinha visto muito cinema em Moçambique, principalmente no Cine-Clube de Lourenço Marques. Depois, quando em 1976 foi criado o Instituto Nacional de Cinema com o Ruy Guerra, apesar de eu não ter qualquer vínculo com esse Instituto, mantinha uma forte relação com o Ruy e com algumas das pessoas que lá trabalhavam.

Uns anos depois, estando eu ainda em Cabo Delgado, os alunos do Centro Piloto de Nairoto na região de Mueda organizaram uma peça teatral sobre o massacre de Mueda. Aí surgiu a ideia de se fazer um filme sobre essa peça. Eu montei a produção em Cabo Delgado, preparei tudo e o Ruy veio com uma equipe do Instituto Nacional de Cinema e filmamos o "*Mueda, memória e massacre*".

Esta foi, na verdade, a minha primeira experiência profissional de cinema. Aprendi muito, principalmente de fotografia de cinema. Foi uma experiência bastante boa.

AML: Então, quando ingressas no Instituto Nacional de Cinema?

CS: Em 1980. Já tinha havido a primeira fase do *Kuxa Kanema*, com o Luís Carlos Patraquim e outros. Mas não era ainda regular. Era um projeto muito bonito e que punha os espectadores moçambicanos fascinados por se estarem a ver pela primeira vez no ecrã como pessoas independentes e não como serviçais do colonialismo.

Quando cheguei em 1980, já não se fazia o *Kuxa Kanema*, apenas se filmava para arquivo. As equipes continuavam a funcionar, viajavam com o presidente, filmavam o que se ia passando pelo país, mas era tudo arquivado. Eu cheguei e disse: "mas filmamos para arquivar? Por quê?" "Ah, porque são as ordens que temos." "Sim, mas por que é que não se edita?" "Porque não há ninguém para fazer isso." "Mas tem montadores moçambicanos aqui, pessoas que já aprenderam a fazer montagem. Então vamos montar." "Ah, mas não há ninguém para dirigir isso". Então, eu comecei a ver alguns materiais já filmados e decidi fazer um filme. Não podia, mas disse: "vou fazer um filme". E fiz o filme, com as pessoas que trabalhavam lá.

AML: Quem eram?

CS: O Ismael Vuvo, que foi o editor, o João Costa e o Juca Vicente, que fizeram a fotografia, o Gabriel Mondlane, o Valente Dimande que fizeram o som e os técnicos do laboratório que revelaram e fizerem as cópias. O Patraquim fez o texto e a locução.

AML: Era um *Kuxa Kanema*?

CS: Não, não, era um documentário. Sobre a Ofensiva Política e Organizacional promovida pelo presidente Samora Machel, no sentido de moralizar o Estado e os seus trabalhadores para o serviço público e contra a corrupção, que começava a generalizar-se, naquela altura.

AML: Como é que se chama o filme?

CS: *"Ofensiva"*. Foi o meu primeiro filme. Em 1980. O filme estreou, todos ficaram contentes: afinal, podemos fazer cinema com o que há! Então, a partir daí, viu-se que era possível e eu comecei a empurrar os outros colegas: "vamos lá fazer, não podemos ter medo". Cada um foi, então, aparecendo com ideias. Foi assim que começamos a produzir pequenos documentários. Paralelamente, surgiu a ideia de retomar o *Kuxa Kanema*, fazer um jornal de atualidades, periódico, um *Kuxa Kanema* semanal. Era como um telejornal, mas para ser passado nas salas de cinema, na altura ainda não havia televisão em Moçambique.

AML: Você fez produção e realização?

CS: Sim. E edição. Fiz uma formação em edição, com uma editora italiana, Cristiana Altan, pessoa extraordinária, que me deu uma formação de alta qualidade. Editei filmes meus e para outras pessoas. Depois fiz produção, mas comecei como editor, depois como realizador.

AML: E qual foi, digamos, a obra que mais gostou de fazer?

CS: Ah, o *Ofensiva*, o meu primeiro filme. O filme do Ruy Guerra *Mueda, memória e massacre* é um filme que me diz muito, mas eu na altura não estava dentro do processo de produção. O *Ofensiva*, não. Eu fiz, lutei para que se fizesse, porque havia assim uma certa relutância.

AML: Você chegou a fazer algum documentário sobre a sua tia Noémia?

CS: Não, temos filmadas várias coisas, mas nunca conseguimos arranjar dinheiro para finalizar. Temos bastante material, em película. E há também material que nós fizemos, mais tarde, em vídeo. Filmamos a chegada da Noémia, a ida da Noémia e do Craveirinha para votar nas primeiras eleições gerais de Moçambique, na escola primária da Mafalala. E também filmamos com a Noémia na Catembe, na casa onde ela nasceu e viveu, a "casa à beira-mar", do " Poema da infância distante". Temos, inclusive, a Noémia declamando (coisa que ela sempre se recusou a fazer) o seu próprio poema, na ponte-cais, com a casa ao fundo.

AML: Se tivesse que escolher uma obra que realizou e produziu, além de *Ofensiva*, qual seria? Uma mais recente que o tenha marcado e que seja um caminho que está a tomar.

CS: Eu gosto do filme "*Ondas comunitárias*", que é um filme que fiz sobre o país e as rádios comunitárias. E gosto também do "*Junod*".

AML: "*Junod*" é um filme de quanto tempo?

CS: Cinquenta minutos.

AML: Há alguns poemas do Patraquim sobre o "*Junod*" que têm a ver com este teu filme "*Junod*". O Patraquim tem um belíssimo poema sobre ele, em que o refere abundantemente. Seria interessante um trabalho comparado entre o filme e esses poemas...

Camilo, depois de conhecer a Isabel, vocês se casaram e têm muitos projetos em comum. Você tem sido produtor da Isabel, em sua produtora e co-realizam também.

Vocês são um casal realmente muito interessante. Completam-se muito em termos de trabalho, camaradagem, cumplicidade, afetiva e profissional.

Isabel Noronha: É um processo.

AML: Vocês têm uma filha que também faz cinema, não é?

IN: Sim, a Lara. Ela está a terminar o curso de cinema em Cuba, na EICTV (*Escuela Internacional de Cine y Television*).

AML: E como é que ela se chama? Ela fez *Mafalala Blues*?

CS: Essa é a outra, a Camila.

AML: Quantas filhas são?

IN: Nós temos uma filha juntos, mas antes o Camilo já tinha um filho e uma filha: o Karl e a Camila, de anteriores casamentos.

CS: Todos trabalham em cinema ou arte.

AML: Então, fala-me um bocadinho dos teus filhos.

CS: O Karl, o mais velho, nasceu em Pemba, em 1976. Veio pequeno aqui para Portugal, com a mãe e viveu aqui grande parte da infância e da adolescência. Quando fez dezessete anos, decidiu que queria ir viver comigo e foi para Moçambique. Passou a viver conosco e também a fazer cinema.

Começou, na realidade, a fazer algumas coisas conosco na época das primeiras eleições multipartidárias, quando foi assinado o acordo geral de paz. Trabalhava conosco, fazendo imagem para todos os programas institucionais que fazíamos na altura. Por outro lado, éramos correspondentes da SIC (Televisão Portuguesa) e ele veio para cá um tempo, para fazer formação na SIC.

AML: E o que ele faz atualmente?

CS: É diretor de fotografia. Trabalha numa agência de publicidade.

AML: E as duas filhas?

CS: A Camila estudou Antropologia, no Brasil. Quando acabou o curso, foi a Moçambique e fez uma pesquisa sobre o Bairro da Mafalala que culminou com a exposição/ instalação *Mafalala Blues*. Fez o filme com o mesmo nome, com o Karl. Está agora a fazer doutoramento na Universidade Nova de Lisboa, em Antropologia da Arte.

AML: E ela vive onde?

IN: Neste momento, em Lisboa.

AML: E a vossa filha?

IN: A Lara está, neste momento, em Cuba. Fez a licenciatura em Antropologia no ISCTE (Instituto Universitário de Lisboa) aqui em Lisboa. Voltou para Maputo e trabalhou como consultora júnior durante uns anos, numa empresa nórdica. Juntou o seu dinheiro e decidiu ir estudar cinema em Cuba, na Escola Internacional de Cinema e Televisão (EICTV).

AML: E está lá em Cuba ainda?

IN: Acabando o curso, no terceiro ano. Em junho estará em Lisboa. Ela e o Karl estão a trabalhar neste filme que estamos a fazer agora.

AML: Que bonito! A família junta nos afetos e no trabalho. Isso é o que se chama a nação em progresso.

Entrevista com Licínio Azevedo[1]

Entrevistadores: Qual a relação entre o nascimento de Moçambique como país e o nascimento do cinema?

Licínio Azevedo: Durante a guerra pela independência, várias equipes estrangeiras fizeram filmes de apoio à causa e que serviram para a divulgação da mesma. Samora Machel, nosso primeiro presidente, sabia da importância do cinema como instrumento de apoio à construção da nova nação, do reforço da identidade nacional. O Instituto Nacional de Cinema foi o primeiro instituto cultural criado em Moçambique, logo após a independência. A sua importância foi realmente grande, principalmente se levarmos em consideração que mais de noventa por cento da população era analfabeta. E a opção de gênero cinematográfico prioritário foi o documentário, por ser mais barato e mais efetivo para os objetivos. Na época não havia televisão no país e então o cinema foi algo fundamental.

E: Que tipo de cinema fez até hoje?

LA: Basicamente filmes relacionados com a nossa realidade, com o que foi acontecendo nos diversos momentos após a independência, até hoje. A guerra civil, a paz, a volta dos refugiados que se encontravam nos países vizinhos, a reconstrução do país... Tanto nos meus documentários como nas ficções e em tudo que está entre os dois gêneros que constitui grande parte do meu trabalho.

E: O século XXI trouxe novas propostas?

LA: Acho que não, tudo é uma continuidade. É assim que é a vida.

E: Como fazer cinema sem grandes recursos?

LA: Fazendo, simplesmente, contra tudo e contra todos. No país, depois de um certo momento que coincide com a destruição causada pela guerra civil, deixou de haver meios de produção, recursos financeiros para o cinema. A solução, como o nosso trabalho já tinha tido um grande desenvolvimento e um certo reconhecimento internacional, foi procurar financiamentos fora do país. E isso continua acontecendo até hoje. Em Moçambique é possível conseguir apoio de certas entidades, como dos Caminhos de Ferro para o

---

[1] Entrevista realizada por Carmen Tindó Secco, Ana Mafalda Leite e Luís Carlos Patraquim, por escrito, em 31/12/2017.

meu último filme, "*Comboio de sal e açúcar*" ("*Trem de sal e açúcar*"), que nos cedeu para as filmagens, gratuitamente, um comboio, estações ferroviárias, linhas férreas, mas não se consegue dinheiro.

E: O cinema é uma prática nacional e/ou transnacional? Há um cinema africano?

LA: O cinema é nacional e transnacional. Meu último filme, "*Comboio de sal e açúcar*" é um filme claramente moçambicano, mas inspirado em *western*, que é o meu gênero preferido.

Existe cinema africano como existe cinema europeu, latino-americano, asiático. Fala-se em cinema brasileiro, cinema chileno... Fala-se em cinema polaco, cinema italiano ou francês... Da mesma maneira é o cinema africano. Há filmes moçambicanos e filmes sul-africanos, nigerianos... A divisão ainda é mais radical em África, pois existe uma África do Norte, árabe, e uma África subsaariana, negra. E também países com muitas línguas diferentes.

E: Que filmes mais gostou de fazer? Que filmes ainda gostaria de fazer?

LA: Gosto muito de fazer documentários, principalmente aqueles que propiciam conhecer novas comunidades, situações diferentes, ou passar algumas semanas em contato total com a natureza, acampado à margem de um rio, ou na encosta de uma montanha. Mas também tive grande prazer em fazer ficções, enfrentar desafios maiores, como "*Desobediência*", "*Virgem Margarida*", "*Comboio de sal e açúcar*".

Tenho guiões para dois novos longas de ficção. Um inspirado num episódio da guerra colonial, o desaparecimento misterioso de toda a tripulação de um navio que transportava armas pro exército português. Outro, uma história de amor, trágica, que se passa em Maputo, cidade cercada durante a guerra civil, de onde só se podia sair em coluna militar. Projetos de documentários não faltam, em Moçambique estão sempre a acontecer coisas fortes.

E: Acha que há diferença entre ficção e documentário?

LA: Claro que há diferenças. A começar pelo tipo de pesquisa necessária e pela escrita do roteiro, que é completamente diferente. O roteiro de um documentário pode conter tudo em dez páginas, na ficção são cem páginas, há diálogos. No documentário há o que se pode chamar de intervenientes, na ficção são personagens. Mas entre os dois gêneros há um espaço enorme para a liberdade criativa, para a ousadia, para a inovação, que pode ser usado para ligá-los, aproximando o documentário da ficção e a ficção do documentário, até torná-los praticamente indistinguíveis um do outro.

E: Que relação há entre cinema, história e literatura?

LA: Cada realizador faz a ligação que julgar apropriada. Nos trabalhos de alguns não há ligação alguma e até acham que é inapropriada. Para mim, de uma forma geral, estão ligados, em uns dos meus trabalhos mais, noutros menos.

E: Acha que há um cinema moçambicano? Qual o seu papel na descolonização do olhar?

LA: Todos os países têm o seu cinema. E cada país tem o cinema que merece, que construiu ou desconstruiu. Mesmo nos países em que o cinema é proibido, por ser obra de infiéis, o cinema existe no olhar das pessoas. Neles, mais do que nos outros, o cinema é o próprio país, a sua realidade proibitiva. Moçambique é um exemplo perfeito. O cinema, o documentário, como instrumento ideológico, educativo e informativo fundamental para a descolonização e construção de uma identidade nacional na primeira década após a independência do país. E, depois, o cinema possível, de resistência, que continuou a existir por força própria no país destruído pela guerra civil, por insistência dos nossos poucos realizadores, por amor ao que fazem e que é o resultado do que Moçambique é hoje: a nação que o cinema ajudou a construir.

Entrevista com Isabel Noronha e Camilo de Sousa[1]

Ana Mafalda Leite: Isabel, fala-me sobre o teu percurso no cinema moçambicano. Gostaria de que fizesses uma reflexão sobre a existência de um cinema moçambicano e a relação deste com o nascimento do país, da nação.

Isabel Noronha: A meu ver, o cinema moçambicano aparece como algo importante para refletir a nação que nascia e aquilo que se queria na altura como país, ou projeto de país.

As pessoas da minha geração tiveram contato com ele desde o seu início, nas salas de cinema. Começou por ser um jornal cinematográfico de atualidades, um cinema documental que pretendia trazer o país até às pessoas; e de fato, para mim, era uma forma de descobrir cada semana um pouco desse país que queríamos construir, mas que, na verdade, mal conhecíamos. E que, quando nos era dado a conhecer pelo cinema, era algo em que nos revíamos, com o qual nos identificávamos. Mesmo nós, que vivíamos na cidade e éramos nessa altura ainda adolescentes, nos sentíamos refletidos nos *Kuxa Kanemas*. Aprendíamos a conhecer os vários lugares e culturas do nosso país e observávamos as experiências de um novo modelo social em que acreditávamos e que se iam fazendo por esse novo país afora. Crescemos vendo cinema, era uma das poucas diversões que havia para os jovens nesse período socialista, para lá do estudo e do desporto. Íamos todas as semanas ao cinema, sempre em grupo. Havia sempre um filme de ficção novo, antecedido por um *Kuxa Kanema* ou por um documentário. Depois, ficávamos durante todo o resto da semana a discutir o filme, cada vez que nos encontrávamos na escola, ou para estudar em grupo, era em torno dos conteúdos dos filmes que víamos que debatíamos a nossa realidade quotidiana, o que se passava no nosso país e no mundo. Mesmo quando não mudava o filme de ficção em cartaz ao fim de uma semana, nós íamos na mesma ao cinema, só para ver o novo *Kuxa Kanema*. Portanto, o cinema moçambicano, para as pessoas da minha geração, era uma coisa concreta e importante, esteve presente nas nossas vidas desde 1978, todas as semanas.

Nove anos depois da Independência, em 1984, quando eu comecei a trabalhar no Instituto Nacional de Cinema, já existia um cinema moçambicano

---

[1] Entrevista realizada por Ana Mafalda Leite, em Lisboa, em abril de 2018.

consolidado. Já se fazia um *Kuxa Kanema* semanal, um documentário por mês e já se preparava, em coprodução com a Jugoslávia, *O tempo dos leopardos*, o primeiro filme de ficção moçambicano. Isto se não considerarmos o *Mueda, memória e massacre*, como um filme de ficção; há uma polêmica em torno disso: uns consideram-no ficção; outros, documentário. Eu, pessoalmente, considero-o um gênero híbrido, e talvez tenha dado origem àquilo que mais tarde se chamou docudrama e que tem sido tão utilizado no cinema moçambicano, uma encenação de uma realidade vivida pelas próprias pessoas, de uma forma bastante livre e espontânea, que não deixa de constituir uma ficção. Mas para mim, aquilo que nós chamamos cinema de ficção no sentido estrito, um filme com um roteiro pré-definido, pensado dramaticamente, desenhado esteticamente como uma narrativa de ficção e posto em cena por atores profissionais, é feito a partir de 1984. É nesse ano que eu entro no Instituto de Cinema e encontro, portanto, uma máquina de produção de cinema já funcionando, com técnicos e realizadores moçambicanos. Os brasileiros, italianos, ingleses, cubanos que tinham estado ali a formar pessoas, já tinham ido quase todos embora. Eu já não encontrei praticamente nenhum técnico estrangeiro no Instituto de Cinema, à exceção de um técnico de laboratório sueco e um cubano, que pouco depois se foram embora. Em contrapartida, já havia estagiários que vinham de países africanos, três santomenses que estavam distribuídos pelos diferentes setores técnicos (câmara, montagem e som) e eram orientados por técnicos moçambicanos. Em seguida, chegou uma estagiária tanzaniana. Portanto, a fase da aprendizagem dos primeiros cineastas moçambicanos já tinha passado; já eram eles que dirigiam e trabalhavam em todas as áreas de produção de cinema e, inclusivamente, já estavam aptos a formar uma nova geração de técnicos, estavam a dar cursos de formação a novos assistentes no departamento de câmara, som, laboratório e produção.

Quando eu cheguei ali, vinha de um processo muito complicado. Tinha ido para a Faculdade de Educação, obrigatoriamente, depois da 11ª classe, porque tinha sido colocada contra a minha vontade na lista dos alunos que iriam fazer a licenciatura em História na Checoslováquia. Eu não gostava de História e também não queria passar 6 anos fora do país, o meu pai nessa altura já tinha 81 anos e a minha mãe estava muito envolvida nas tarefas da construção do país, era diretora pedagógica do Ministério da Saúde, responsável pela concepção e implementação dos cursos que estavam a formar novos técnicos e agentes de saúde, para integrarem o Sistema Nacional de Saúde então em construção, num cenário em que quase todos os funcionários de saúde portugueses tinham regressado a Portugal. E eu tinha três irmãos mais novos, uma das quais bem pequena ainda. Então, disse que não aceitava "a tarefa". Mas nessa altura recusar uma "tarefa" era algo muito incorreto, numa perspectiva de estado totalitário, em que cada pessoa não era dona do seu destino, mas sim um "quadro" do país, que tinha a obrigação de ir para onde fosse considerado prioritário. Então, como castigo, fui colocada na recém-aberta Faculdade de Educação, para fazer o curso de formação de professores de Português e Inglês. Eu já estava até conformada com a ideia de ir dar aulas de português, de que sempre gostei. Mas no último semestre, não havia professor de didática do português e decidiram que todos os alunos teriam de ir dar aulas de Inglês. E eu sabia muito pouco de inglês, porque, no novo *curriculum* secundário pós-independência, só se aprendia inglês da 7ª à 9ª classe. E não podia aceitar ir dar aulas de uma coisa que eu não sabia, nem sequer para mim. Então, novamente tive que rejeitar uma "tarefa" do Estado. Fiquei praticamente em suspenso, numa situação de impasse: não podia mais ser estudante ali, não aceitaram que me matriculasse no ano seguinte para fazer a disciplina de didática do português (que então já tinha professor), porque não tinha cumprido as "orientações" de ir dar aulas de Inglês. Decidi então procurar trabalho na *Rádio Moçambique*, no jornal *Notícias*, na revista *Tempo*, trabalho ligado ao jornalismo, à escrita, à locução, ao teatro radiofônico, alguma coisa desse tipo. Mas a resposta era sempre a mesma: "Bom, nós gostaríamos muito de admiti-la, até precisamos de quadros com nível de bacharelado que ainda são raros, mas... não podemos correr o risco de ter problemas com o Ministério de Educação". Fiquei, durante todo ano de 1983, sem estudar e sem conseguir trabalho. Portanto, já sem ter cartão de estudante e ainda sem ter cartão de trabalho. E isso era particularmente complicado, porque 1983 foi o ano da "Operação Produção", em que havia rusgas na rua e quem não tivesse cartão de trabalho era imediatamente levado para o campo, para "produzir". Era um desespero, eu vivia quase na clandestinidade, o simples fato de sair da casa onde vivia para ir a algum lugar comer (e tinha de sair necessariamente, porque o meu "abastecimento" ainda estava contado no "cartão de abastecimento" da casa dos meus pais; como não tinha ainda trabalho, não podia ter o meu próprio "cartão de abastecimento") já constituía um risco. E eu já estava nessa situação bastante desesperada há quase um ano, quando um dia encontrei por acaso o Camilo, o Licínio, o Pedro Pimenta e o Patraquim na rua, na Julius Nyerere, em frente à casa do Pedro, onde eles estavam a escrever o roteiro do filme "*O tempo dos leopardos*". E conversando com eles, ali na rua, expliquei-lhes a minha situação. Eles disseram-me que podia tentar candidatar-me para trabalhar no Instituto Nacional de Cinema. Também ali, a entrada não foi simples, pela mesma razão, mas o diretor Samuel Matola foi uma pessoa espetacular. Eu nunca me esqueço da cena em que entro no gabinete dele, ele me escuta serenamente, me deixa expor toda a minha situação e depois diz-me com um sorriso: "Olhe, eu também, tal como os outros, não posso arriscar-me a ter problemas com a Educação. Mas acho que vale a pena nós tentarmos, de alguma forma, contornar esse problema, porque o Instituto de Cinema está a crescer, estamos a admitir novos quadros e precisamos de quadros como você. Então, a menina – eu tinha 19 anos, na altura – desça lá ao Setor de Recursos Humanos, que o chefe vai lhe explicar como fazer". Quem me recebeu foi o Arnaldo Covane: "A menina vai fazer assim: vai à consulta de psiquiatria no Hospital Central e pede um atestado médico, dizendo que teve um "esgotamento" (na altura essa situação era muito frequente) e não está em condição de continuar a estudar. Então, eu guardo esse papel aqui, só para o caso de o Ministério de Educação querer saber alguma coisa. Se eles perguntarem, eu digo que, de fato, a menina não estava em condições de continuar a estudar, por isso nós lhe demos uma oportunidade de trabalho". E lá fui eu ao Hospital Central, à procura do meu "atestado de esgotamento". Felizmente, encontrei uma psicóloga argentina muito simpática, Ana Maria Cano. Contei-lhe a minha situação, no maior desespero, e ela disse: "Olha Isabel, você está de fato doente, está com nível de ansiedade tal, que, só por isso, eu já posso lhe passar um atestado e dizer que você não está em condições de estudar". Aí eu finalmente relaxei e, pela primeira vez em muito tempo, consegui até rir. E foi assim que eu entrei no Instituto de Cinema. Quando me perguntaram em que área é que eu queria trabalhar, eu nem acreditava que tinha opção de escolha. Em todo esse processo violento de ser forçosamente "quadro" do país, já me tinha desabituado da ideia de poder escolher fosse o que fosse. Na verdade, o processo que eu tinha vivido tinha sido tão complicado e desqualificante, que eu não me achava com grandes capacidades, não conseguia dizer "eu quero ser realizadora ou eu quero ser produtora". E disse: "olha, eu quero ser qualquer coisa, desde que possa trabalhar todos os dias (na minha cabeça, eu tinha que trabalhar muito para compensar o ter estado quase um ano "improdutiva") e aprender a fazer cinema". Então, disseram: "o melhor é começar a trabalhar como assistente de produção, assim vai passar por todas as áreas técnicas, para conhecer som, montagem, laboratório, câmera; e, daqui a um tempo, você decide qual é a área para onde quer ir". E assim foi, comecei a trabalhar no *Kuxa Kanema* como assistente de produção. Era uma época em que tudo era controlado: tal como a Educação que era controlada e as pessoas que iam para a Educação eram controladas, também o Instituto de Cinema e os filmes que eram feitos obedeciam a uma pauta pré-determinada para todos os órgãos de informação. O *Kuxa Kanema* tinha que ter quatro notícias: uma nacional, uma internacional, uma sobre desporto ou cultura e outra sobre as visitas de Samora Machel, por exemplo. Mas, fora as notícias "de Estado", havia certa margem de liberdade de decidir o que era mais interessante realizar, no panorama nacional. E dentro da equipe do *Kuxa Kanema*, cada realizador podia escolher em qual das notícias da pauta queria trabalhar e com que equipe. Para mim era uma verdadeira festa poder trabalhar em equipe, poder estar sempre a andar de um lado para o outro, a conhecer gente, a aprender novas coisas todos os dias, conhecer finalmente "ao vivo e a cores" o meu país, era um processo de descoberta e de aprendizagem prática fascinante, aprendia sem me dar conta, com pessoas alegres, divertidas e descomplicadas, como eram quase todos aqueles cineastas. Acompanhei e aprendi imenso em todo o processo de feitura do documentário "*A terceira margem do Nkomati*", do Camilo de Sousa". Aprendi muitíssimo com o Ismael Vuvo e o João Costa (Funcho) no *Kuxa Kanema* e nos vários documentários que iam fazendo. E, assim, trabalhando com toda a gente e em tudo o que havia para fazer, em poucos meses, já era uma boa assistente de produção, de tal forma que fui escolhida para trabalhar na preparação de "*O tempo dos leopardos*", em julho do mesmo ano. Quando acabou "*O tempo dos leopardos*", voltei para o *Kuxa Kanema* e trabalhei como diretora de produção do documentário "*Frutos de nossa Colheita*", de José Cardoso. Depois (não sei exatamente o porquê), fui mandada estagiar na TVM e, em seguida, na RTP, em Lisboa, como continuísta de uma série sobre poetas portugueses. Aí comecei a aproximar-me mais da área de realização e, quando regressei, trabalhei na preparação e filmagem de "*O vento sopra do Norte*", como assistente de realização do José Cardoso. E, a seguir, como assistente também do João Costa (Funcho) no documentário: "*Eu queria poder voltar à minha terra*" e com o Camilo de Sousa numa longa-metragem documental que ele estava a filmar sobre a retirada voluntária de Julius Nyerere do poder. Fui aprendendo, na prática, trabalhando como assistente de vários realizadores e trabalhando simultaneamente no *Kuxa Kanema*. Na altura, a guerra civil estava no seu auge e o *Kuxa Kanema* era essencialmente cinema de guerra, o que fez com que as minhas inseguranças pessoais parecessem muito pequenas em relação ao grande terror que era ter de trabalhar em zonas de guerra, filmar massacres, aldeias destruídas, pessoas mutiladas, crianças-soldado acabadas de capturar. E foi nesse contexto que, três anos depois de entrar no INC, realizei o meu primeiro documentário.

AML: Qual foi, Isabel?

IN: Chamava-se *"Hosi Katekissa Moçambique"*, um documentário sobre a visita do Papa a Moçambique. Na altura, a guerra era o nosso quotidiano e a necessidade de paz era uma coisa muito premente, de modo que essa visita se revestiu de um significado que ia muito para além da questão da religião. Então, embora eu não fosse muito ligada às questões da religião e muito menos da Igreja, uma vez que fui destacada para fazer a cobertura da visita do Papa, decidi montar com esse material um documentário. Depois, fiz um outro documentário sobre o massacre de Manjacaze.

AML: Isso foi em que ano?

IN: 1987. Entre uma coisa e outra, continuei a realizar o *Kuxa Kanema* e a trabalhar como assistente de produção e realização de praticamente todos os realizadores do Instituto de Cinema. Essa foi a minha verdadeira escola de cinema, a de trabalhar com Ismael Vuvo, João Costa, José Cardoso, Camilo de Sousa. Seguia a preparação do roteiro, a preparação da produção, a filmagem, a edição de todos os filmes que ali se faziam. Foi uma aprendizagem prática. Da mesma maneira que eles tinham aprendido com os brasileiros e os italianos antes, a minha geração – a Fátima Albuquerque, eu, o João Ribeiro, o Faustino Daniel (na área de realização), o Fernando Matavele (na área de montagem), o Victor Marrão, o Paulino Samussone (na área de câmara), o Rogério Saia, o Alfredo Nhambe, o António, o Aquilino Sitoe, a Irene (na área de som), a Lina Eduardo e a Filomena Salvador (na área de Produção) – fez parte de uma segunda geração, que aprendeu com a geração anterior que já estava a fazer cinema. Alguns depois foram para Cuba (para a EICTV) e para a União Soviética, mas eu, a única aprendizagem mais formal que fiz foram três meses de estágio nos *Ateliers Varan* em Paris e cinco meses de estágio na RTP, quando comecei a trabalhar na televisão. Não tenho formação de escola de cinema.

AML: Em que ano começaste a trabalhar na televisão?

IN: 1986. Houve um protocolo de cooperação entre o INC e a TVE, em que o INC emprestava alguns realizadores e alguns técnicos que fariam programas culturais e, ao mesmo tempo que passavam os seus conhecimentos de cinema para os jovens técnicos de televisão que estavam a ser formados, aprenderiam técnicas de vídeo e de televisão. Fizemos sobre os principais artistas moçambicanos um programa maravilhoso que se chamou "Variações sobre o Verde", que passou nas semanas do Natal e fim do ano. O programa que mais me marcou foi o que fizemos com o Fanny Pfumo, pouco antes de ele falecer, em que ele dizia: "vivo como um passarinho". Não tinha casa, não tinha lugar certo de morar, não tinha nem guitarra para tocar.

AML: E trabalhaste até quando?

IN: Trabalhei um ano, até 1987, quando fui para França.

AML: Na França estiveste quanto tempo?

IN: Três meses, só. Era um curso de Cinema Direto, nos *Ateliers Varan*. Uma escola dirigida pelo Jacques D'Artuí, que tinha estado em Moçambique como adido cultural da França, na altura em que esteve em Moçambique o Jean-Luc Godard e o Jean Rouch. Era um curso também essencialmente prático, em que aprendíamos a fazer Cinema Direto, em 16 mm. Fomos eu, a Fátima Albuquerque e o Aquilino Sitoe. A Fátima fez realização; eu, câmara; o Aquilino, som. Fizemos um filme muito bonito e delicado, em 16 mm, cor, chamado *"Le Son c'est la Vie"*, sobre um velho relojoeiro que vivia em Saint-German-de-Prés, cuja casa era um pequeno cubículo cheio de relógios de pêndulo de diferentes épocas, no meio dos quais ele vivia, sem saber já de que tempo era: ele e as suas histórias sobre a Primeira Guerra Mundial, em que tinha combatido no deserto do Egito, no meio de tempestades de areia.

Antes, no Instituto de Cinema, só tinha realizado dois filmes, muito empurrada pela vontade de mostrar o que estava realmente a acontecer naquela guerra e apontar a necessidade de encontrar uma solução de paz. Quando voltei da França, já me sentia capaz de fazer documentários mais conceituais, mais trabalhados do ponto de vista narrativo e cinematográfico. E tinha iniciado, quando fiz o filme *"Manjacaze"*, toda uma pesquisa sobre crianças-soldado, seguindo a trajetória de uma dessas crianças que tinha sido capturada nesse massacre e com quem eu conversei e filmei no quartel de Chibuto. Depois, em Maputo, durante três meses, frequentei diariamente o centro de Lhanguene, onde estavam centenas de crianças-soldado em processo de reabilitação e reintegração, de quem escutei as histórias, individualmente. Ainda acompanhei a primeira ação de reintegração da *"Save The Children"* em Gaza. E quando cheguei da França, vinha disposta a retomar essa pesquisa e fazer um filme sobre essa questão. Mas logo que chego, dizem-me que tenho "um processo disciplinar", pela razão mais absurda. Quando parti para Paris, eu tinha sido informada, numa quarta-feira, que no sábado seguinte ia partir. E no meio de toda a burocracia necessária para essa inesperada viagem, não me lembrei de devolver ao arquivo o material com que estava a montar o filme da primeira visita do Presidente Joaquim Chissano ao País, que eu acompanhei. Ou seja, o montador com quem eu estava a trabalhar, em vez de devolver o material ao arquivo, porque eu ia ficar fora três meses, fez queixa de mim, não à direção, mas à célula do partido, onde eu fui chamada para responder quando cheguei. Só não chegou a ser-me aberto o tal processo, porque o próprio secretário do partido se deu conta do absurdo daquilo. Ao tentar perceber os reais motivos de tudo aquilo, fui tomando consciência de que tinha de fato começado uma nova era e a perceber o que era o neoliberalismo: com a instituição das "carreiras profissionais", o que antes era um ambiente são, de camaradagem profissional, tinha-se tornado um palco de rivalidades, de guerra por melhores posições, salários, prestígio. Já pouco se fazia o *Kuxa Kanema* e já não se faziam praticamente documentários. Ainda trabalhei na escrita do guião de preparação de um filme de ficção chamado "A Babalaica", com base num conto do Ungulani Ba Ka Kossa com o mesmo nome, que era para ser coproduzido com Cuba; já estavam a trabalhar conosco nesse sentido um guionista e um assistente de realização do ICAIC. Mas esse filme nunca chegou a ser realizado.

E eu só voltei a fazer cinema em 1990, quando nós criamos a *Coopimagem*, depois do "incêndio" do Instituto de Cinema.

AML: Quem criou a *Coopimagem*? Quem trabalhou na *Coopimagem*?

IN: O José Cardoso, o Leite Vasconcelos, o José Catorze, o Camilo de Sousa, o Funcho, o Orlando Mesquita, o João e o Luís Cardoso, o Paulo de Sousa e eu. Quase todas pessoas postas fora do aparelho do Estado, quando começou aquela questão dos "originários – não originários", a partir de 1989.

AML: Mas isso não tem relação direta com o incêndio que houve?

IN: Sim e não. Tem a ver com o incêndio, porque ele foi o culminar de toda essa crise que referi, que começou em 1987 com a instauração das carreiras profissionais. Antes disso, no Instituto de Cinema todos ganhávamos praticamente a mesma coisa, independentemente da nossa formação acadêmica. Um realizador ganhava o mesmo que qualquer outro realizador. A questão da formação acadêmica não entrava em linha de conta para a atribuição do salário. Consideravam-se o tempo de trabalho e o posto que a pessoa ocupava. Mas quando se instauram as carreiras profissionais, volta-se um pouco a uma situação que, no fundo, era ainda decorrente do contexto colonial: a valorização de quem tinha estudado mais. E quem eram essas pessoas? As pessoas que tinham tido acesso à escola durante o período colonial que eram, na sua maioria, aquelas que não eram abrangidas pela Lei do Indigenato. Ou seja, uma pessoa como eu, que vinha da Faculdade de Educação e tinha entrado em 1984 no Instituto de Cinema, passava a ganhar o mesmo que o chefe do departamento de montagem, que tinha entrado em 1978, mas que tinha menos habilitações. E, claro, o que é que salta à vista? É que são as pessoas mais claras que ganham mais. É daí que aparece o conceito de "originário" *versus* "não-originário" e se gera um conflito que, no fundo, era herdeiro de uma situação colonial em que classe e raça eram equivalentes. E como não se queria falar de classes, porque não se queria dar a entender que era inerente ao neoliberalismo a reedição das diferenças de classe, usou-se a questão racial, que é a que ódios mais antigos despertava, para afastar do aparelho de Estado pessoas que se tinham tornado indesejáveis, fosse porque ocupavam postos que se tinham tornado "apetecíveis" com os novos salários, fosse porque politicamente questionavam o projeto neoliberal então instaurado. Isto aconteceu em todos os órgãos de informação.

O Leite Vasconcelos foi demitido de diretor da Rádio e o José Catorze, de diretor do jornal "*Notícias*". O Paulo de Sousa, que era chefe do setor de produção da CEGRAF (Centro Editorial e Gráfico), foi também demitido. O João Cardoso do Ministério da Saúde, onde chefiava o setor audiovisual. O Luís Cardoso do INDE (Instituto Nacional de Desenvolvimento da Educação). O Camilo do INC, por se ter recusado a aceitar a tarefa de "fiscal de videoclube", que consistia em colocar o selo do INC em cassetes-pirata, pelas quais os videoclubes não pagavam quaisquer direitos.

Portanto, em 1987 começa a haver estas clivagens no INC, em resultado direto da viragem do sistema para um capitalismo selvagem. Por um lado, já não havia interesse em manter aquela máquina de produção voltada para difusão de mensagens do Estado e, por outro, havia interesses de privatização das salas de cinema, da distribuição de filmes, da abertura de videoclubes privados. Mais tarde, os cinemas começaram a fechar. As salas de cinema foram vendidas à Igreja Universal do Reino de Deus, sobretudo. Não foram fechadas por não serem viáveis como cinemas. Foram fechadas, porque havia outros interesses, mais imediatos e ferozes, de fazer dinheiro rápido com aquelas salas.

AML: É o início da televisão?

IN: Não. Essa relação direta que sempre se faz entre o fecho do INC e a emergência da Televisão, que teria tornado obsoleto o cinema, não é exata. A televisão já tinha começado antes, em 1983. E, entre 1983 e 1987, que é exatamente a época que eu acabei de descrever, a produção do INC não só não decresceu, como cresceu em termos de quantidade, qualidade dos seus filmes, com resultados financeiros muito evidentes e promissores, sobretudo no que tocou aos três filmes de ficção produzidos: "*O tempo dos leopardos*" (1985); "*O vento sopra do Norte*" (1987) e "*A colheita do diabo*" (1987). Estava provado que, através das coproduções de ficção, ia ser possível manter o projeto de cinema moçambicano viável, mesmo que a sua função inicial de divulgação de mensagens do Estado deixasse de ter sentido num contexto em que já havia televisão e se imaginava que passaríamos a ter um estado menos centralizador do ponto de vista da informação. Mas, inesperadamente, nesta altura é demitida a direção do Instituto de Cinema, cujo diretor era o Samuel Matola e o diretor de produção o Camilo de Sousa. E é nomeada uma nova direção, composta por funcionários do Ministério da Segurança.

AML: Isso aconteceu em muitas áreas, não foi?

IN: Sim. E ninguém escondeu que eles estavam ali para fechar aquela casa.

AML: Era para fechar, não era para vigiar?

IN: Não era só para vigiar; isso já vinham fazendo há muito tempo; nós sabíamos até quem eram as pessoas da segurança no nosso seio. Mas nessa altura era diferente, era mesmo para fechar. Mas era preciso primeiro dividir aquele grupo de cineastas moçambicanos, que era um grupo muito coeso, éramos muito amigos, uma amizade forjada na luta de muitos anos por fazer cinema, nas mais incríveis condições. E a coisa mais simples que encontraram para criar ali um conflito foi a questão racial, incentivada com encontros, inclusive aos sábados, com barril de cerveja na *Kanemo*, para onde eram convidadas apenas algumas pessoas e se instigavam ódios contra os outros que não estavam. Ou com visitas à casa deste e daquele, sempre com esse intuito de criar intrigas, gerar desconfianças, instigar rivalidades, plantar invejas. Um esquema absolutamente perverso e pensado para nos dividir. Hoje, eu penso que havia interesse também político nisso, porque constituíamos uma classe intelectual que juntava, de fato, pessoas oriundas de diferentes estratos sociais. Havia as tais pessoas operário-camponesas, formadas para serem os primeiros intelectuais orgânicos, havia pessoas oriundas de famílias portuguesas, havia pessoas goesas, havia mulatos; mas era um lugar, onde, de fato, apesar dessas diferenças, havia uma convergência de ideias e as pessoas tinham uma unidade em torno do que queriam do cinema moçambicano. Nenhuma daquelas pessoas queria fazer cinema comercial. Todas tinham uma forte ligação com Moçambique e com o projeto de construção do país, quer defendessem o socialismo, quer não.

Havia diferentes tendências políticas. Mas todos nós achávamos que o cinema que queríamos fazer, o tal cinema moçambicano, era um cinema fundamentalmente voltado para a realidade social moçambicana e ao projeto de país que se queria construir. E era isso que nós queríamos continuar a fazer.

AML: Então o Estado deixou de subsidiar e vocês criaram a *Coopimagem*?

IN: Isso também é a versão oficial da história da morte do Instituto Nacional de Cinema, mas, uma vez mais, não é exata. O Estado não subsidiava completamente. O Estado subsidiava o *Kuxa Kanema*, a importação de película, de magnético de som, de químicos, e componentes básicos do laboratório, peças de reposição das máquinas, etc. Mas o Instituto de Cinema era uma instituição do Estado que, do ponto de vista financeiro, era autônoma. Isso era outro problema. Tínhamos um modelo, próximo ao modelo cubano, em que a bilheteria tinha um imposto que revertia em favor da produção. Era um imposto que se chamava "imposto adicional" e dele era retirado dinheiro suficiente para fazer os filmes, o *Kuxa Kanema* e os documentários. Mas, paralelamente, havia encomendas dos ministérios, institucionais, campanhas disto e daquilo como sobre cárie dentária, sobre as florestas, sobre a operação búfalo, e outras coisas desse tipo, que eram pagas pelos ministérios ao Instituto de Cinema e também revertiam para a produção de filmes. A partir de 1984, com "*O tempo dos leopardos*", começam-se a fazer filmes de ficção. E foi um lucro de bilheteria completamente inacreditável, aquele filme, sozinho, foi considerado, nesse ano, a terceira "empresa" mais lucrativa do país, depois das cervejas e dos cigarros. De tal maneira, que o lucro foi retirado do Instituto de Cinema e passou a ser gerido diretamente pelo Ministério das Finanças.

AML: É o chamado "golpe de Estado".

IN: Exatamente. Portanto, na nossa visão de cineastas, o Instituto de Cinema não tinha nenhuma necessidade de ser privatizado, nem desmontado como instituição, porque ele era e podia continuar a ser, do ponto de vista financeiro, altamente lucrativo. Autônomo e altamente lucrativo. Então, na "virada capitalista", havia ali um problema: o Instituto de Cinema era uma instituição do Estado, autônoma, lucrativa e, portanto, sem necessidade de ser privatizada.

AML: Então, acabariam com ela e se cortaria o mal pela raiz?

IN: Primeiro, tentaram, acionando estes conflitos e foram conflitos graves. Houve greves e uma série de outras coisas, mas, mesmo assim, não foi suficiente. Não tenho elementos, provas, evidências, mas é o que eu acredito que tenha acontecido.

AML: Vocês fundaram a *Coopimagem* em que altura?

IN: Em 1990. Foi a primeira cooperativa independente no país, de alguma coisa que não fosse agricultura. De tal maneira, que não havia lei que regulasse aquilo que íamos fazer. Tivemos que ir buscar o estatuto da União Geral das Cooperativas agrícolas para usar como base para escrever os nossos estatutos. Nunca tinha sido feita uma experiência desse tipo. Fizemos um requerimento ao Ministro da Informação, que nunca foi respondido e abrimos a *Coopimagem* ao abrigo de uma lei que dizia que, quando não recai um despacho sobre um pedido, ao fim de um determinado tempo, o requerente pode considerar o despacho favorável. E não tivemos nenhum problema, juntamos forças e os poucos recursos técnicos que tínhamos e, como éramos pessoas conhecidas pela competência e honestidade, rapidamente ganhamos mercado. Trabalhamos duro no primeiro ano, passamos algumas dificuldades, mas isso não era nada de novo para nós, de forma que, no segundo ano, já estava tudo a correr melhor até do que imaginávamos.

AML: É a partir daí que tu começas a fazer cinema diferente, não ligado ao Estado?

IN: Sim. No primeiro ano, todos fizemos publicidade e institucionais. Tudo o que aparecia. Fazíamos a imagem do BPD, o Banco Popular do Desenvolvimento, antes de ele também ser "detonado" da maneira como foi. Era o maior banco do país. Tinha dois milhões de clientes, naquela época e também era altamente lucrativo. Não tinha *déficit* nenhum. E fazia crédito agrícola, que nunca mais nenhum banco privado voltou a fazer. Nós fizemos nesse ano a "imagem" do BPD e uma série de outras coisas institucionais. Como nós éramos uma cooperativa, no fim do primeiro ano, ainda em 1991, era suposto haver uma distribuição desse primeiro lucro. Mas nós todos éramos comunistas e decidimos que, em vez de cada um ficar com uma parte do lucro – que, a ser dividido por tantas pessoas, seria muito pouco –, o dinheiro seria investido no nosso primeiro filme, um documentário. E escolheram-me a mim, por ser a mais nova, para fazer o meu primeiro filme de autora. Uma coisa muito bonita, incrível! E que indica que nós, primeiro, não queríamos acumular dinheiro; segundo, conseguíamos viver da nossa profissão; terceiro, acreditávamos que, assim, seria no futuro. E fizemos o filme "*Assim na cidade*". Um filme sobre crianças vindas do campo, que vendiam jornais na cidade. Estávamos em 1991 e ainda não tinha acabado a guerra. Aquelas crianças que chegavam do campo não tinham lugar nas escolas, nem as famílias tinham dinheiro para eles estudarem; portanto, tinham de ir trabalhar precocemente. E só encontravam aquele emprego de vender um jornal que falava de coisas de que eles não faziam ideia nenhuma. Iam tentando, de alguma maneira, perceber o que era aquilo que estava nos jornais. Havia aquele imaginário e a relação com a cidade, onde elas haviam acabado de chegar e que estava no maior caos, também, por efeito da guerra. Apesar do neoliberalismo, assistia-se a coisas do mesmo autoritarismo de antes, como o recrutamento compulsivo de jovens para integrar o exército, manifestações de estudantes pedindo aulas porque os professores estavam em greve há imenso tempo, muita gente dormindo nas ruas, miséria e fome sem precedentes. De novo, a urgência da paz, que tardava em chegar.

Fizemos as filmagens e depois viemos editar o filme em Lisboa, porque não havia ainda sistema de edição de vídeo independente em Maputo. Havia na televisão pública, no setor comercial, mas era caríssimo e não havia qualquer apoio do estado aos nossos projetos. Então, viemos eu, o Camilo, o Leite Vasconcelos e o Nordino Daúde (um assistente de produção que, por ser esposo de uma hospedeira da LAM – Linhas Aéreas Moçambicanas, tinha passagem de borla). Ficamos todos em casa da minha família. Conseguimos arranjar um estúdio (o "Alturas Vídeo", que ficava no cimo de uma ladeira; o Leite Vasconcelos tinha de respirar fundo vinte vezes antes de subir), através do irmão do Camilo, o Guilherme Ismael, que nos fez um preço de camarada. E montamos o filme assim, durante um mês.

AML: Depois dessa aventura, regressaram a Moçambique?

IN: Sim, ficamos em Lisboa apenas um mês, só para fazer a edição do filme. Também não dava para ficar mais do que isso, o dinheiro não dava e eu tinha deixado a Lara. A Lara tinha, nesta altura, onze meses. Ela ficou com a irmã do Camilo e a família, que se mudaram durante esse mês para nossa casa para ficarem com ela, mas era sempre uma preocupação para mim tê-la deixado. E, de fato, quando voltei, ela estava muito zangada e acho que levou muito tempo para nos perdoar não a termos levado conosco. Voltamos e continuamos a fazer pequenas coisas. E, nos anos seguintes, fizemos toda a "imagem" da ONUMOZ[2].

AML: Em que ano?

---

[2] A Operação das Nações Unidas em Moçambique (ONUMOZ) foi uma missão de paz da ONU, em Moçambique, em 7 de dezembro de 1992, nos termos da Resolução 797 do Conselho de Segurança das Nações Unidas, com uma tarefa de monitorar a implementação, fazer o Acordo Geral de Paz entre o presidente moçambicano, na época, Joaquim Chissano (FRELIMO), e Afonso Dhlakama, da RENAMO.

IN: Entre 1992 e 1994. Filmamos todo trabalho da ONUMOZ e depois começamos a fazer um programa para as primeiras eleições, que se chamava *ABC das Eleições*. Era um programa semanal televisivo, de educação cívica para as eleições. E trabalhamos nesse registro institucional e de publicidade, durante uns anos. Entretanto, eu já estava a sentir que esse tipo de trabalho, apesar de ser financeiramente compensador, não me trazia a realização e o crescimento profissional, intelectual e pessoal que eu desejava. E, quando a minha filha entrou para a escola primária, eu senti vontade de voltar a estudar. Por coincidência, abriu em 1996 o Instituto Superior Politécnico e Universitário que oferecia, pela primeira vez em Moçambique, um curso de Psicologia Clínica, que era aquilo que eu sempre tinha querido estudar. Em 1997, eu comecei a licenciatura. A partir de 2000, comecei a trabalhar como monitora nessa universidade. Em 2002 terminei a licenciatura em Psicologia Clínica e Aconselhamento.

Não fiz mais nenhum filme até 2003, quando filmamos "*Sonhos guardados*". Em 2002, nós sentíamos a necessidade de criar a Associação Moçambicana de Cineastas, porque a situação de trabalho para todos os cineastas estava ficando muito precária. Alguns tinham sido transferidos para a Televisão, mas havia muita gente que não tinha qualquer espécie de trabalho. Houve, inclusive, um colega nosso que morreu de fome, era muito orgulhoso, tinha vergonha de ter de pedir esmola e foi definhando, até morrer. Isso foi o ponto de alarme, em que sentimos que tínhamos de fazer alguma coisa, de nos voltarmos a unir, de criar uma Associação com o objetivo, sobretudo, de constituir um fundo para voltar a fazer cinema. E conseguimos, com apoio da Embaixada da França. Organizamos um concurso em 2003 e eu fui uma das três pessoas que ganhou o fundo. Com ele, fiz "*Sonhos guardados*". Nesta altura, já estava a dar aulas na Universidade Politécnica, onde me formei. Daí para frente, eu fui sempre dando aulas, fazendo filmes e, quando era possível, dando consultas.

AML: Então, quando é que vocês, como realizadores, como profissionais do cinema, começam a sentir que não há condições de trabalho, que não têm apoio?

IN: Naquela altura de 1987, começamos a sentir que não havia interesse do Estado em que se fizesse um cinema moçambicano, cujo suporte ideológico fosse definido pelos moçambicanos. Não havia interesse em que os moçambicanos, por si mesmos, decidissem quais eram as pautas cinematográficas que lhes interessavam seguir. Nós tentamos sempre fazer, criando essas cooperativas, essas empresas. Mas os projetos tinham de ser feitos com recurso a fundos estrangeiros, fossem eles fundos estrangeiros que nós conseguíamos em Moçambique através das embaixadas, fossem fundos de concursos de fora, a que nós submetíamos projetos. Nunca houve qualquer apoio do Estado ao cinema moçambicano, depois de fechar o Instituto de Cinema. Nunca. Em situação nenhuma. Foi criado o FUNDAC (Fundo para o Desenvolvimento Artístico Cultural de Moçambique), que, num determinado momento, teve um prêmio para cinema, que era o prêmio *Kuxa Kanema*, mas, mesmo esse prêmio, que era irrisório para pensar em produção de qualquer filme, já não existe. Existe para a literatura, para o teatro, para a música e não mais para o cinema. Portanto, houve, desde essa altura, muito claramente, indicações de que o Estado não estava interessado em que se fizesse cinema moçambicano. Mas, por outro lado, havia um conjunto de profissionais de boa qualidade e dispostos a continuar a fazer cinema, mesmo que fosse à custa de esforço, sacrifício, trabalho gratuito etc. E fomos realizando. Num certo momento, até aos anos 2000 e tal, foi possível filmar com esses fundos das embaixadas, mas, por exemplo, o fundo de apoio ao cinema da AMOCINE (Associação Moçambicana de Cinema), da Embaixada da França, foi suspenso da maneira mais incrível. Nós já produzíamos quatro, cinco documentários por ano. Fizemos duas, três edições do fundo, sem nenhum problema. De repente, houve uma exigência da própria Embaixada da França de que o fundo fosse aberto para todas as pessoas, mesmo que não pertencessem à nossa Associação. Pessoas que se inscreveram na Associação só para terem acesso ao fundo e também pessoas estrangeiras que vieram para o concurso ganharam financiamentos, pegaram no dinheiro, foram embora e simplesmente não fizeram os filmes. E como elas não pertenciam à Associação, esta não tinha meios legais para exigir que lhe prestassem contas dos filmes. Assim, não pode prestar contas à Embaixada da França, que deixou assim de receber os filmes e os relatórios financeiros. Isso fez com que o fundo fosse inviabilizado. O porquê dessa exigência que acabou com aquilo a que nós chamávamos "central de oxigênio" é o que nós ainda hoje nos perguntamos. Quer dizer, uma coisa que estava a correr tão bem, de repente, exigem que seja aberta para toda a gente, inclusive a pessoas estrangeiras residentes em Maputo, que buscavam o dinheiro e desapareciam. E ao mesmo tempo, nós começamos a verificar que todas as embaixadas começavam a ter dificuldade em atribuir-nos fundos, porque havia uma posição do governo que dizia: "como é que vocês estão a atribuir fundos diretamente a Associações, que não passam pelo Ministério da Cultura?" Isso foi-nos dito diversas vezes; os suecos, por exemplo, diziam: – "Nós já demos dinheiro para o cinema". "Deram dinheiro para o cinema?" "Demos três milhões de euros. Vão perguntar ao Ministério da Cultura". E quando íamos perguntar ao Ministério da Cultura, respondiam-nos: "Sim,

sim, eles deram, mas foram aplicados em outras coisas. Nós tínhamos outras prioridades, como, por exemplo, reabilitar as casas dos diretores distritais da cultura." Ou seja, depois do estrangulamento político, houve um claro estrangulamento financeiro.

AML: O filme que tu fizeste sobre a obra do Malangatana Valente, de certa maneira, é um expoente de viragem também na tua obra. Como é que definiria aquilo que desejava que fosse seu cinema, para além dessa implicação política de determinados objetivos, necessária à construção do país? O que é que você deseja do seu cinema? O que é que este filme sobre o Malangatana representa no seu percurso?

IN: O filme sobre o Malangatana representa o que realmente eu desejo fazer como cinema. Não representou uma viragem, representou uma nova etapa de crescimento meu, como pessoa e como cineasta. Uma possibilidade de refletir, nos meus próprios termos, e usando o cinema que eu já sabia fazer, sobre questões existenciais profundas, que haviam atravessado toda minha vida, que na altura levava já mais de 40 anos. O projeto do filme do Malangatana, na minha cabeça, existia há já muito tempo. E tem a ver com a moçambicanidade, basicamente, vista numa perspectiva da Arte, da Cultura, da Antropologia.

AML: É um filme antropológico?

IN: Acho que é um filme de tudo. É um filme antropológico, é um filme sobre a arte, essencialmente é um filme sobre a cultura moçambicana e de como a cultura pode ser simultaneamente tradicional e moderna, pois não há realmente uma oposição entre essas duas coisas, como se tenta fazer crer muitas vezes. Mas é um filme, essencialmente, sobre a moçambicanidade, sobre a maneira de estar e de ser moçambicano, em Moçambique. É um filme sobre Moçambique. No fundo, o que eu quero trazer como cinema resume-se nas seguintes questões: O que há de específico em ser moçambicano, dentro do mundo? Quer dizer, o que há nesse "ser moçambicano" que nos apaixona tanto e que nos faz tanto querer ser moçambicanos, mais do que cidadãos do mundo?

AML: É uma forma de te descobrires também, não é?

IN: De me descobrir na relação com a cultura do meu país. Minha mãe era portuguesa de origem, meu pai goês. Eu cresci numa cidade onde convivia quotidianamente com uma cultura ronga, mas não sou ronga de origem. E não conheço a cultura ronga como sempre tive vontade de conhecer.

Quando eu fui para Matalana, com o Malangatana, era a cultura ronga dele que eu queria conhecer. E foi todo esse percurso de descoberta dessa cultura que eu fiz, durante o tempo em que estive lá, com ele. Portanto, foi uma enorme aprendizagem, no sentido existencial, filosófico e espiritual do termo. Há também, no filme, o questionamento do que é conhecimento. Por que é que só se pensa o conhecimento a partir da matriz do conhecimento ocidental e a pintura a partir dos marcos da História da Arte europeia? Tu vês aquele filme e, ao fim de 90 minutos, é indiscutivelmente um sábio que tu tens ali, na figura do Malangatana. Então, por que nós estamos sempre à procura de um modelo de conhecimento no que está fora? Por que nós não olhamos para aquilo que nós já sabemos, para o que faz parte do que sempre soubemos, do que revisitamos, do que descobrimos, do que redescobrimos, do que inventamos, do que podemos e temos a capacidade de inventar, de reinventar?

AML: Uma forma de descolonização do pensamento?

IN: É uma forma de descolonização do pensamento, da percepção, do nosso olhar, da forma de ser e estar no mundo, do nosso sentimento sobre ele.

AML: Um olhar do cinema. Temos que manter a característica do cinema africano?

IN: Não creio que tenhamos que manter ou fazer nada, obrigatoriamente. Eu não acredito em categorias estáticas das coisas, muito menos em características identitárias que nos definam a priori. E não sei se há um cinema africano, se há cinemas africanos. Não entro nessas discussões teóricas, porque não me interessa o rótulo das coisas, interessa-me o que elas são, o que podemos conhecer delas, de que formas nos reconhecemos nelas, de que forma elas podem ser tomadas como matéria para nos reinventarmos a nós como pessoas, como povos, como países, como mundo. Mas fora desses debates (que eu penso que respondem mais a questões de afirmação de poder do que a questões culturais), que eu reconheço que possam ser importantes num determinado contexto histórico, político, social e cultural, sobretudo no atual contexto da globalização, uma característica que está presente em muito do cinema africano (mas também em muito dos cinemas daquilo que antes se chamava "terceiro mundo" e, hoje, se chama mais de "sul") é entregar o filme aos seus protagonistas. Esta é uma práxis que a mim me interessa, particularmente. *"Ngwenya, o crocodilo"* é um filme que é tanto do Malangatana, como meu. Nós discutíamos todos os dias – eu, o Malangatana e o Camilo – sobre o que é que ia ser o filme: como faríamos as coisas, o que tínhamos que filmar, porque não ali, porque esta paisagem e não a outra, porque de noite e não de dia, porque esta luz e não outra. O Malangatana fez parte de toda essa discussão. Foi um protagonista no seu verdadeiro sentido. Quer dizer, se eu vou fazer um filme sobre ele, que direito tenho eu de lhe dizer o que é que ele tem que fazer? Tenho que dizer: "olha, Malangatana, a minha ideia é esta. Qual é a tua ideia sobre isto?" "A minha ideia é esta." "Então, vamos lá ver, entre a minha ideia e a tua, como é que a gente faz a coisa, para que resulte naquilo que eu quero mostrar de ti e na forma como tu te queres mostrar." Isto eu também considero que é uma forma de descolonização do cinema. É tu dialogares, partilhares o projeto com as pessoas que o fazem, sejam atores, sejam protagonistas, sejam técnicos, sejam o que forem. Qualquer simples criança, em frente de quem tu colocas a câmara, sabe como se quer mostrar. Tu não tens que dirigi-la. Tens que perceber primeiro o que ela quer mostrar e, depois, tentar adequar aquilo à história que tu queres contar. Ou modificar a história em função do que ela quer contar de si mesma. Que direito é que alguém tem de contar de uma pessoa mais do que ela quer contar de si mesma? Isto é uma característica que eu considero fundamental do cinema moçambicano e do cinema africano em geral. É preciso – e a gente faz – descolonizar com o olhar a maneira de estar no campo, a história que nós estamos contando e, sobretudo, a relação com as pessoas. É preciso partilhar, é preciso democratizar, é preciso descer a câmara ao nível da pessoa e perceber que a câmara quer ver a pessoa e a pessoa quer ser vista de uma determinada maneira. E nós temos que respeitar isso. Mas respeitar a todos os níveis, dos protagonistas mais reconhecidos, como o Malangatana, até a criança de seis anos, em frente de quem colocamos a câmara. Eu acho que essa é a grande diferença entre o nosso cinema e muitos outros. É um cinema feito de escutas e partilhas, em vez de um cinema de imposições. De solidariedades e afetos, em vez de relações de poder e subordinações. E, às vezes, verificamos que a importância de um filme está mais na sua capacidade de mudar a vida do protagonista que colocamos no centro do mundo por alguns instantes, do que na sua importância como criação nossa. E sempre que conseguimos essa sintonia, invariavelmente, o filme se torna mais humano e, como tudo que transparece humanidade, mais belo como criação.

AML: Qual é o seu próximo projeto? O que é que tem em mente? Qual seria o seu maior desejo?

IN: O meu maior desejo é conseguir fazer alguma coisa que junte a Psicologia, a Antropologia e o Cinema, trabalhar numa coisa a que eu chamaria – e algumas outras pessoas também chamam – cinedrama. Fazer projetos de cinema que ajudem as pessoas a lidar com seus próprios conflitos e as suas próprias questões. Isto vai das questões políticas às questões da memória, das questões identitárias às questões pessoais de cada um, das questões da relação com o lugar às questões da diáspora, da forma como cada pessoa vive, procura estar no mundo, procura construir o seu mundo, procura encontrar nele um lugar que lhe corresponda. Acho que é preciso criar outra maneira, mais humana, mais próxima, mais íntima de fazer cinema, que parta desta relação que eu descrevi entre ti e a pessoa que quer contar uma história. Essa pessoa quer contar a SUA HISTÓRIA e tu estás ali para escutar essa história e torná-la "cinematável" ou "academicável", se assim se pode dizer. Eu estou fazendo isto, quando faço uma tese sobre o Camilo.

AML: Qual é o título desta tese?

IN: *"Tateando o Indizível"*. E é um pouco isto, tatear o indizível, quer dizer, as histórias de que nós todos estamos cheios, em Moçambique, mas que temos muita dificuldade de contar. Muito, porque nós passamos por este processo terrível de viver a história aceleradamente, num espaço de tempo muito curto e com uma enorme densidade factual e emocional. Cada pessoa com quem nos encontramos, com quem falamos, está cheia de histórias, de conflitos e de informações contraditórias, cheia disto e daquilo. Mas, ao mesmo tempo, há um silenciamento sobre tudo o que se passou desde a Independência até agora em Moçambique. Um silêncio gigante, que atravessa os tempos desde o colonialismo até agora e que raramente as pessoas se atrevem a quebrar, para contar as suas versões daquilo que aconteceu. E isto, ao mesmo tempo que é uma riqueza completamente incrível, é um enorme desafio: de encontrar formas, dispositivos, estratégias, mas, sobretudo, enquadramentos, que permitam às pessoas falarem, sem se sentirem expostas, violentadas, amedrontadas, ameaçadas. Que as faça sentir seguras e sem medo de serem perseguidas, banidas, perderem o seu direito ao trabalho, a uma vida digna, a um lugar e a uma imagem social de respeito.

AML: Vocês vieram agora de Moçambique. Fizeram algum filme?

IN: Sim, mas exatamente por causa dessas questões que acabei de referir, ainda não podemos falar dele. Tem a ver com todas essas questões e com a tentativa de buscar as narrativas das pessoas que estão por baixo da "grande história" oficial que foi construída desde a luta da libertação, das grandes histórias heroicas da Nação, em que as pessoas praticamente não existem. Mas não acredito nessa coisa de "dar voz" a alguém. As pessoas têm voz, nunca deixaram de tê-la, apenas escolheram, num determinado momento e pressionadas pelas circunstâncias, não falar em voz alta, mas sempre falaram no seu espaço privado, na intimidade. Mas começam a sentir que o tempo passa e essas histórias, que narram as suas vidas, e, ao mesmo tempo, também narram o país, têm valor, são a sua maior riqueza e, muitas vezes, querem contá-las, deixá-las registradas. Mas para trazer para o espaço público essas histórias privadas, é preciso encontrar o dispositivo certo para contornar ou quebrar a questão do silêncio político, que foi sendo e ainda é imposto por diversas estratégias de silenciamento.

AML: Isso foi um projeto universitário ou foi um projeto de cinema de vocês?

IN: Foi um projeto nosso, levado nos meios universitários e cinematográficos, mas feito num registro de solidariedade, entre familiares e amigos.

AML: Muito bonito. É, no fundo, narrar a nação.

IN: Sim. Conseguimos alguns apoios iniciais, de uma universidade, de três produtoras. Mas tem sido, sobretudo, um projeto muito pessoal e muito familiar, entendendo família como filhos, irmãos, amigos, colegas. Solidariedade, afeto: essa foi a fórmula que sempre encontramos para não deixarmos de fazer, sempre, mesmo nas piores circunstâncias, nas situações-limite, alguma coisa.

Entrevista com Sol de Carvalho[1]

Entrevistadores: Que tipo de cinema fez até hoje?

Sol de Carvalho: Comecei no *Kuxa Kanema*, que era basicamente o jornalismo no cinema. Fui, inicialmente, jornalista na Rádio e depois falhei a entrada no cinema, porque naquela altura a gente não escolhia livremente para onde queria ir... Mas, finalmente consegui fazer parte do grupo que pensou o *Kuxa Kanema* na sua segunda fase (anos 1980) e que entrou em edição regular semanal. Tudo feito em Moçambique e em película e por isso correspondeu a um grande aprendizado do "*craft*". Imaginem: rodar, revelar, copiar para positivo, montar, misturar, revelar de novo e fazer 13 cópias em 35mm e 3 em 16mm... tudo numa semana!

Era uma máquina de produção boa e essa será uma das razões pela qual o *Kuxa Kanema* é tão importante na história do cinema moçambicano. É ali onde se aprendeu o trabalho duro, programado, disciplinado e essencialmente de "equipe oleada". Do ponto de vista da "mensagem", estávamos num regime de partido único com a nuance de que nós acreditávamos num projeto que se referenciava no povo. Conteúdos alinhados, portanto. Já do ponto de vista estético, eu considero que a ideia original nunca chegou a ser alcançada, porque o modelo formal da composição da informação, em uma nova relação com uma audiência praticamente virgem para com a imagem em movimento, nunca foi devidamente estudado e acabou por se cair numa fórmula cinzenta e pouco criativa. Talvez porque os cineastas nunca olharam o *Kuxa Kanema* como desafio estético, mas mais como um desafio de produção (que é o grande problema que os africanos têm sempre de enfrentar: mostrar que são capazes). O resultado foi o uso do modelo dos antigos jornais de atualidades: chegada do dirigente aproximando-se da câmera, plano médio ou aberto das atividades culturais, câmera à mão de acompanhamento da visita, contrapicado do descerramento da placa, contrapicado do discurso com plano aberto da audiência e, finalmente, plano aberto do carro com a personalidade saindo, enquanto a voz *off* faz as considerações finais. Claro, o que anteriormente eram brancos colonialistas, agora eram os dirigentes revolucionários.

De qualquer dos modos entrei em conflito e fui afastado até que reentrei como 3º assistente de direção do primeiro longa-metragem a cores do

---

[1] Entrevista concedida a Carmen Tindó Secco, Ana Mafalda Leite e Luís Carlos Patraquim, por escrito. Maputo, 15 set. 2018.

cinema moçambicano, "*O tempo dos leopardos*". Foi feito com profissionais da então Jugoslávia. Este é o aprendizado da construção da história em imagem, do *set* de filmagem numa ilha, do grande mapa da rodagem etc. etc. e, nesse sentido, foi de fato uma "cachoeira" de aprendizado. Regressei ao *Kuxa Kanema* para cumprir com a minha promessa de que teria de fazer o *Kuxa Kanema* pelo menos durante um ano... e fiz 52 edições.

Saí então para experimentar a fotografia numa cooperativa, com uma pequena seção de vídeo, onde me dediquei a fazer filmes educacionais para os camponeses, algo que me marcou, dada a relação dos materiais produzidos com a audiência, o que eu diria ser uma segunda "cachoeira". Especialmente me fez decidir que o meu cinema deveria ter sempre em vista a audiência, num diálogo dinâmico sem concessões da minha parte, mas mantendo sempre o laço comunicacional.

Fiquei de *freelance* algum tempo, experimentando o documentário ligado à arte, quer no nível do teatro, das artes plásticas, dos temas culturais e históricos. O período é marcado por uma série de 5 pequenos documentários sobre artes plásticas e de 10 documentários dedicados ao ambiente.

Depois fui sócio fundador da Ébano, com o Licínio Azevedo, o Pedro Pimenta e – imagine-se – com o próprio anterior ministro da Informação, o mesmo que me castigou, José Luís Cabaço. Fiz aí alguns dos meus primeiros filmes de autor.

Mas ficando lá, estaria destinado a apanhar com as "sobras". Decidi, com um grupo de amigos, criar a PROMARTE, a empresa que tenho até hoje. Correspondeu à realização de mais alguns institucionais e de alguns pequenos filmes de autor em que experimentei o trabalho com atores, até que me iniciei com um telefilme sobre o histórico do repúdio de uma viúva pela sua própria família: "*A herança da viúva*". Tema social, portanto. Acho que essa temática nunca mais me abandonou, nem eu quis abandoná-la. Mas marca algumas linhas constantes na minha criação cinematográfica depois repetida. Excetua-se "*A janela*", curta de ficção, que é basicamente uma história de amor e o meu mais recente filme "*Monólogos com a história*". Mas vai em sequência: "*Muapithi Alima*" (a mulher que se separa para estudar), "*Contos tradicionais*" (baseados em contos de Henry Junod), "*Quando o mar bate na rocha*" (o pescador tradicional que morre por pescar no defeso), "*Jardim do outro homem*" (a menina, vítima de assédio sexual), "*Pregos na cabeça*" (trabalhador expulso por ter HIV), "*Garras e dentes*" (conflito entre pescadores e consumidores do caranguejo de mangal), "*Teias da aranha*" (uma separação provocada pela infecção), "*Impunidades criminosas*" (o fantasma de um marido morto pela mulher, vítima de violência), "*Caminhos da paz*" (documentário histórico sobre a guerra em Moçambique) e, finalmente,

"*O dia em que explodiu Mabata Bata*" (a partir de uma história original do Mia Couto e que trata de um menino pastor impedido de estudar para ter de tomar conta dos bois do tio para o lobolo).

Admito que com essas referências temáticas será fácil me classificarem como um cineasta pedagógico e social. Assumo uma particular atenção ao relacionamento com o destinatário dos filmes, já fiz mesmo filmes pedagógicos, mas a classificação revolta-me, porque pressupõe uma atitude de desprezo atirada do pedestal do que eu chamo "criadores umbilicais". Prefiro que me digam se faço bons ou maus filmes. Isso me basta e me inquieta o suficiente para tentar me superar a cada momento de criação.

E: O século XXI trouxe novas propostas?

SC: Não acho que a passagem do século XX para o século XXI tenha algo de especial ou de ruptura, uma vez que, tirando o medo de que iria haver um *bug* na internet, as coisas seguiram o rumo que era suposto seguirem.

Na verdade, se algo de novo trouxe e se implantou foi a tecnologia digital, o digital em vez da película, o que permitiu uma maior democratização da produção de cinema, mais apostas radicais em termos de estética e de produção, redução das equipes etc.

Para Moçambique, como eu acho que para muitas outras partes do mundo, houve uma espécie de paranoia da formação quantitativa. Houve mesmo um País Europeu que, com o consenso dos seus pares e a anuência dos destinatários, entendeu que a África, a grande pátria do analfabetismo, deveria ter muitos doutores. Muitos e muitos... Vai então de reduzir o tempo dos cursos, de transformar a educação em ensino de decorar números. O problema é bem mais fundo e na minha opinião reside na essência da perpetuação do poder tão caro à África, mas o resultado concreto é que, quando dei a primeira aula aos alunos que acabam de entrar numa universidade de cinema, entre 34 apenas dois tinham visto cinema em sala e, alguns dias depois, a maioria chumbou num teste que era o da quarta classe do meu pai. Mas, quando chegou o momento de fazer exercícios, todos discutiam com entusiasmo a marca da última câmera digital acabada de chegar ao mercado.

Resumindo, o século XXI não me trouxe mais do que a minha própria consolidação e afirmação enquanto cineasta. Ao cinema moçambicano trouxe um cavar de fosso e uma dúvida para o futuro. Infelizmente.

Orgulho-me, no entanto, de, depois de 20 anos de "*O tempo dos leopardos*", ter feito uma longa-metragem de ficção em película ("*O jardim do outro homem*") com um financiamento de perto de um milhão de dólares. E a velha geração, tal como eu, também se afirmou, especialmente na produção dos longas. Falo do Licínio Azevedo e do João Ribeiro, especialmente o primeiro. O Camilo infelizmente não entrou no comboio da realização, sendo um dos que mais prometia inicialmente. Alguns do primeiro grupo desapareceram nas TVs, outros, como a Isabel, apareceram com obras interessantes.

Há que referir também que é um período em que se começam a realizar longas-metragens em Moçambique financiadas por Portugal.

E, finalmente, o século XXI foi o palco de uma "visita" de Hollywood a Moçambique. Com *Ali* e Will Smith, começou uma euforia de produção de Hollywood para Moçambique num balão que se insuflou tão rapidamente como desapareceu. Não fomos capazes de evitar o "suicídio da galinha dos ovos de ouro". Mas deixou um rastro no poder que continua a acreditar que o cinema moçambicano "é muito importante para a economia tal como aconteceu com o *Ali* ou com os *Diamantes de sangue*", sem que ninguém pergunte porque é que há mais de boa dezena de anos não aparece mais nenhum filme de Hollywood para ser realizado em Moçambique.

E: Que filmes mais gostou de fazer? Que filmes ainda gostaria de fazer?

SC: "*O dia em que explodiu Mabata Bata*", sem dúvida. Pela primeira vez, com recursos bastante limitados, para um longa-metragem, eu tive uma equipe que lutou pelo "filme" em vez de se perder em idiossincrasias de afirmação. Não senti que tinha de demonstrar nada, a não ser superar os desafios que eu próprio me impus. As discordâncias que existiram eram sempre para melhorar, apenas melhorar. Depois, filmamos numa pequena cidade da qual passamos a ser parte. Trabalhamos com pessoas locais que responderam admiravelmente, apesar de não saberem nada do que é cinema.

O meu filme de eleição seria "*O ladrão e a bailarina*" que é também uma homenagem às artes. É um filme fortemente conceptual na abordagem, todo passado dentro de uma oficina, com os cenários construídos em ferro, mas também inovador no método de produção, pois eu pretenderia fazê-lo em "residência artística". Acabei de ser vencedor de um concurso à escrita do roteiro de um romance do Mia Couto, "*A varanda do frangipani*", para o qual ele será também co-guionista, o que é um desafio enorme. Espero que a saúde e a lucidez me permitam o sonho.

E: Qual a relação entre o nascimento de Moçambique como país e o nascimento do cinema?

SC: Indexar o nascimento do cinema em Moçambique ao nascimento do País parece um pouco pretensioso e historicamente errado. Claro que ficamos sempre com o velho debate sobre se devemos assumir como "nosso" aquilo que foi a produção artística do ocupante. A tendência é de assumir como nosso o que foi de "esquerda" e deixar para eles (os colonialistas) o que foi de "direita". Parece-me muito redutor e prefiro assumir que o que foi produzido sobre a nossa vida (como nação e, outrora, como colônia) seja assumido como "também nosso", independentemente do posicionamento político. Deste ponto de vista, o cinema em Moçambique nasceu bastante antes da independência (quer o cinema propriamente da colônia, quer o cinema de "oposição" dentro da área colonial, quer o cinema da guerrilha).

Mas não há dúvida de que a Independência traz um salto qualitativo. E aqui temos de falar de política, pois as pessoas têm tendência a esquecer as razões profundas, porque o cinema foi um meio tão privilegiado nos primeiros anos de Moçambique independente.

O partido que então conquista o poder comunicava nas zonas de guerrilha através de comício e da rádio. Tomar conta de um País enorme implicava garantir os meios para comunicar com uma massa muito maior. Esses meios, dada a ausência da TV e o grande índice de analfabetismo, foram a Rádio e o Cinema (trabalhei nos dois e acho-me com direito a dizer que sei do que estou a falar...). É aí que o cinema assume a importância que veio a ter. Quando tudo faltava em Moçambique, o INC estava cheio de meios técnicos. Esse foi o "acordo político não redigido" que esteve por detrás e determinou o que se passou. A crise do final do cinema institucional dos anos 80 resulta de o cinema ter perdido esse estatuto para a TV e não se mostrar capaz de apresentar uma alternativa válida. Não critico, porque tenho dúvidas que essa batalha alguma vez pudesse ter sido vencida. Mas os primeiros anos são o "el dourado" do cinema moçambicano e talvez o que se fez na altura tenha deixado rastro até hoje.

A restruturação de 80, como lhe poderia chamar, corresponde a um período de enorme pujança (o *Kuxa Kanema* regular e a produção constante de documentários). Vai-se prolongar até as mudanças políticas do País, acentuando-se, com a crise resultante da entrada da Tve, a mudança política operada em 86 para a economia de mercado, que coincide com um incêndio no INC, que destrói a maioria do equipamento...

E: Acha que há um cinema moçambicano? Qual o seu papel na "descolonização" do olhar?

SC: Na medida em que há um espaço geográfico e temático de produção, claro que há um cinema moçambicano. Aliás, a pergunta já tem sentido, se tiver em consideração que teria de haver um certo número de produção e de produtos. É uma produção pequena, mas existe cinema moçambicano. Para mim é indiscutível. O que é discutível são os modelos de produção, os cineastas e os produtos que temos.

Já quanto à descolonização do olhar, entramos noutros terrenos. A minha percepção pessoal é eventualmente polêmica, porque eu acho que não se completou ainda a descolonização do olhar... infelizmente. Mas houve uma tentativa bastante forte que eu poderia dizer até identitária do cinema moçambicano e que foi levada muito bem pelo Licínio. Tem a ver com uma opção em que a percepção do autor se sobrepõe ao gênero, e, embora de forma algo ligeira, se tenha chamado de docudrama. Licínio soube, em minha opinião, trabalhar naquele território da dúvida sobejamente importante numa nação que ainda não sabia fazer a distinção clássica entre ficção e realidade. A propósito, lembro-me de haver espectadores a telefonar para um programa de apresentação do *Pregos na cabeça* onde eu estava com o ator principal e a lamentar o fato de ele ser portador de HIV apenas porque no filme (de ficção) ele representava um personagem com esse problema.

Um segundo elemento identitário foi a grande proeminência dos filmes "sociais". As suas raízes remontam a um elemento histórico de grande importância que foi o fato de o cinema ter estado fortemente ligado à construção da Nação moçambicana que, devem lembrar-se, ainda não tem meio século sequer. A geração de cineastas mais antigos foi participante direta nessa construção, na trincheira do cinema que era essencialmente visto como um elemento de educação... Se não estou em erro, eu terei feito o primeiro "filme de amor" em Moçambique independente e isso foi em 2005 ("*A janela*") e, se olharmos com cuidado, vamos ver que não deixa de ser um filme social também.

O terceiro elemento tem a ver com a presença do mundo mágico africano nos filmes moçambicanos. Cada vez mais se torna difícil entender, para um elemento exterior, a importância que esse mundo tem na vida quotidiana dos moçambicanos. Muitas pessoas, incluindo respeitáveis colegas, insistiram que, em cada momento do espírito, em "*Mabata Bata*", se deveria sublinhar com música forte uma marca visual diferente. Eu insisti e defendi que a presença do espírito da criança deveria ser tão "normal" como a de qualquer outro personagem...

Será isso suficiente para dizer que o cinema participou na "descolonização do olhar"? Não creio. Apenas para usar um argumento fácil de entender, o "olhar" colonial era um olhar "vertical" feito de cima para baixo, afirmativo, em vez de reflexivo. Não me parece que esse olhar "vertical" tenha terminado.

Recorro ainda a uma entrevista que Godard me deu, há muitos anos, em uma das suas visitas a Moçambique. Ele dizia ser superimportante que os cineastas moçambicanos saibam como uma pessoa do campo "vê" um autocarro quando este se aproxima dela. Numa formação que eu dei a jovens para experimentarem o processo de fazer um filme, reparei que o enquadramento do personagem era sempre o do centro, contrariamente à regra clássica dos dois terços para o cruzamento dos pontos fortes (teoria clássica do enquadramento). Ou seja, realmente, não se "via" da mesma maneira.

Então, para concluir, uma descolonização do olhar tem ainda muito caminho para andar e o grande problema é que há uma total ausência de discussão sobre estes temas em Moçambique.

E: O cinema é uma prática nacional e/ou transnacional? Há um cinema africano?

SC: Não sei o que pretende dizer com transnacional? Se formos para uma interpretação direta, seria lógico responder que ele continua, e felizmente, a ser as duas coisas: vejo os franceses a espalharem-se ao comprido, quando tentam fazer filmes "americanos"; vejo o mesmo entre africanos e europeus; vejo ainda mais claro quando falo do cinema asiático. Nas equipes, no equipamento, tende-se cada vez mais a internacionalizar-se, mas os temas, felizmente, continuam a ser nacionais e, por isso, o público mantém o interesse...

Quanto ao cinema africano: se formos epidérmicos e relativos aos meios de produção, é claro que sim. Embora tenha grandes dificuldades em identificar a cor dos africanos como sendo a "negra" (mesmo em termos de simples identificação epidérmica, isso é muito redutor), não há dúvidas de que existe um cinema que reflete sobre os grandes temas do passado colonial, das neo-independências e da atualidade africana. E, especialmente, sobre o mundo mágico africano. Dado que, na tal "África negra", esse cinema é, na sua esmagadora maioria, subsidiado (exceto talvez o nigeriano), acaba por haver uma série de pontos comuns no modelo de produção e, portanto, no "*shape*" final dos filmes. O que termina por criar uma identidade a que podemos chamar africana, mas isso parece-me pouco. Mas na prática a discussão não se põe, uma vez que o elemento determinante é a nacionalidade do realizador, o que torna mais fácil a identificação e a catalogação. Depois, também as leis de cinema nacionais quase todas definem o que é um filme do País, pelo que seria preferível discutir se há características comuns e, especialmente, quais as estéticas propostas do que a própria existência em si, o que, aliás, me parece uma forma ainda colonialista de ver a questão (Quase como a pergunta: mas em África existem pessoas vestidas e calçadas?).

E: Como fazer cinema sem grandes recursos?

SC: Preferia que a pergunta fosse como conseguir ter grandes recursos para fazer cinema. Mas parece que temos de aceitar o fado de fazer cinema com poucos recursos... Eu não gosto de discutir essa dicotomia, porque uma solução lógica seria começar a fazer um filme com três atores dentro de um quarto. Seria seguramente mais barato do que fazer os filmes com grandes e variados cenários, muitos extras etc. Mas isso significaria aceitar que fazer cinema com poucos recursos implica uma seleção dos temas que escolho e da forma como filmo, o que é uma forma mais escondida, mas muito mais eficaz, de censura e condicionamento. E que infelizmente tem acontecido em todo o mundo onde existe cinema subsidiado, muito embora ele seja apresentado como totalmente livre, o que é uma falácia. Não conheço nenhum caso em que o financiamento dos filmes se divida entre o *"above da line"* (direitos, escrita etc.) que são os mesmos quando eu escrevo, represento ou uso música para um filme histórico em cenários variados ou para um filme com uma pessoa dentro de um quarto, e o *"under da line"* (as condições de produção) em que obviamente terei de gastar recursos financeiros diferentes em função do tipo de filme. Se os montantes são sempre os mesmos, haverá cada vez mais tendência para se fazer filmes mais baratos, pois isso permite ganhos para a sobrevivência dos autores que têm de lutar para conseguir fazer as suas obras.

Digamos então que um filme caro é aquele que superou o financiamento com que devia ter sido feito com os preços relativos a um determinado País. Por outras palavras, não há filmes baratos ou caros; existem filmes bem ou mal produzidos e é isso que é essencial.

Depois, o que falta seriamente é um controle no terreno real da produção e não na estúpida e burocrática prestação de contas. Em vez de pagar a burocratas que ficam criando um monte de problemas sobre a validade de um recibo ou de outro, mais valia pagar a produtores que visitassem as produções e avaliassem a legitimidade dos recursos financeiros usados nos filmes. A comunidade doadora e os burocratas governamentais ainda continuam a insistir que, para verificar se um carro vale ou não um determinado preço, eu preciso de lhe dar a justificativa do preço dos parafusos com que foi construído...

Mas não quero deixar de responder diretamente à pergunta: fazer cinema com poucos recursos é fazer cinema com atores amadores, com profissionais acabados de se formar e tentando se estabelecer no mercado de trabalho, com equipes pequenas multidisciplinares e com o mínimo de cenários possíveis. Mas, sinceramente, não acho que, ao optar por isso, em sacrifício de uma eventual melhor qualidade, se possa resolver qualquer problema. Ao contrário, vai fazer manter o fosso entre as cinematografias...

Volto a insistir: o mais importante é fazer filmes com qualidade, seja um ator em um quarto durante uma hora, seja sobre as grandes batalhas atuais ou do passado.

E: Acha que há uma diferença entre ficção e documentário?

SC: Sim, acho que sim, embora sejam intermináveis os debates sobre o que caracteriza realmente um e outro. Felizmente hoje em dia, a dicotomia começa a ser cada vez mais entre bons e maus filmes e de acordo com a sua duração. Começa a ver-se bastante o documentário em sala, os *sites* de cinema incluem os dois gêneros e, cada vez mais, a diferença se estabelece mais a partir do valor das obras. O documentário de autor, uma categoria muito em voga na atualidade, implica uma manipulação da realidade que pode ser discutível, mas, mesmo quando Dziga Vertov coloca a câmara para filmar uma praça, ele tem de fazer uma escolha e, por isso, em absoluto, a objetividade é uma treta. Mas a vida é mais "relativa" de que "absoluta" e apetece-nos dizer que a diferença existe no respeito da postura para com a realidade retratada...

Mas não gosto de dizer que o documentário é o filme que mostra a verdade, porque isso implicaria que a ficção mostraria a mentira... Vou mais pelo modelo de produção, pela linguagem para estabelecer diferenças. Mas insisto: o que de fato distingue um filme de outro deve ser a sua qualidade.

E: Que relação vê entre o Cinema, a História e a Literatura?

SC: Eu sou suspeito, porque gosto muito de trabalhar com material de arquivo e de história. Já literatura... tudo depende da forma como o realizador olha os romances... "2010" foi uma colaboração em Kubrick e Clarke que eu acho genial... Um realiza o filme, o outro escreve um romance... como se a história fosse dos dois, mas, depois, o filme é de um e o romance é do outro.

Mas infelizmente isso raramente acontece... e o resultado é que as pessoas ficam a comparar as duas obras... e, muita poucas vezes, acontece que se fica impressionado com as duas ("*O Nome da Rosa*" será o meu exemplo paradigmático)...

Acho que as duas artes colaboram na estrutura fundamental da história e nisso pode ser uma boa colaboração, porque, depois, divergem necessariamente na forma de as levar ao público. Por isso são DUAS artes, cada uma com as suas forças e fraquezas...

A literatura é mais antiga e mais profíqua que o cinema e a tendência é que seja este a "pegar" em histórias publicadas e transferi-las para o cinema. Afinal, o cinema também é a arte de contar histórias antigas de formas novas...

Então, neste caso, o cinema está a "dever" à literatura, o que poderá acabar, quando houver um romance que seja "baseado no filme homônimo" (upps... que heresia...) ou passar a haver um reconhecimento (que eu defendo fortemente) dos argumentos cinematográficos como obras de arte: pode ser uma obra de arte "específica" ou uma subcategoria, isso, de momento, pouco me importa, mas eu acho quase uma obrigação moral que inúmeros guiões cinematográficos que, infelizmente, nunca se chegaram a ver transformados em filme, deveriam ser reconhecidos e publicados. Todos teríamos a ganhar.

Acho que o público já aceitou a publicação das peças de teatro com obras de literatura, mas ainda não aceitou a publicação de roteiros como parte integrante dessa mesma literatura. Uma vez que tenho os direitos de três guiões e dificilmente conseguiria fazer os três filmes respectivos, espero, pelo menos, poder publicá-los...não fui eu quem escrevi (e por isso estou à vontade para o dizer), mas acho que são obras notáveis que deveriam ser publicadas.

Minha última ficção é baseada num conto original do Mia Couto. Quando no lançamento da longa-metragem, em um debate sobre literatura e cinema lhe perguntaram o que ele achava, ele respondeu que, quando acabou o seu livro, "a história passou a pertencer ao mundo". Eu mantive a história original, mas acrescentei-lhe um *plot* que estava totalmente ausente. O Mia deu-me liberdade para o fazer e eu tive a liberdade de lhe devolver um "valor acrescentado". E isso tem de acontecer nos dois sentidos. Ficam ambos a ganhar. Comparar o que é melhor é criar um conflito que não tem de existir, é não ter coragem nem capacidade intelectual para assumir que são duas linguagens diferentes. Já vi grande romances darem filmes horríveis e já vi romances fraquitos darem grandes filmes...

Entrevista com João Ribeiro[1]

Entrevistadores: Qual a relação entre o nascimento de Moçambique como país e o nascimento do cinema?

João Ribeiro: O cinema em Moçambique surge logo após a Independência Nacional a 25 Junho de 1975. Esse primeiro Governo decretou a criação do Instituto Nacional de Cinema (INC), antes mesmo de qualquer outra iniciativa de legislação relativa às outras artes que, podemos dizer, estavam mais desenvolvidas ou eram mais conhecidas. Os meios necessários para o INC vieram da nacionalização dos meios de produção, dos circuitos de distribuição e exibição que operavam em Moçambique com o propósito de ajudar a disseminar e a influenciar uma mudança de comportamento e a adoção de novos valores sociais, políticos e econômicos. Esses meios, bem como algum pessoal que nessas empresas trabalhavam, passaram para esta nova Instituição que (com a fuga massiva de especialistas para a "metrópole") se viu obrigada a fazer um recrutamento de algum pessoal técnico e de produção, muito pouco ortodoxo, para complementar as suas necessidades imediatas.

    O poder da imagem foi rapidamente compreendido e usado pelo recém-empossado Governo em favor da causa e foi acompanhando os diferentes momentos pelos quais o país foi passando. O principal produto do INC e aquele que mais contribuiu e marcou a evolução do cinema moçambicano foi o *Kuxa Kanema* (KK – um jornal informativo com cerca de 15 minutos de produção semanal que era filmado em 16mm e depois ampliado e exibido em 35mm a preto e branco por todas as salas de cinema do país e fazia ainda um circuito de cinema móvel que chegava às zonas mais recônditas). O circuito de exibição comercial de filmes estrangeiros antecedidos pela exibição destes Jornais Informativos alimentava economicamente o INC e, consequentemente, a produção. De igual forma, as equipes de exibição do Cinema Móvel eram também produtores de conteúdos que, depois, alimentavam a distribuição. Este modelo de produção, para a época avançado, era tão bem-recebido pelo público que muitas vezes as pessoas pagavam para irem ver apenas o *Kuxa Kanema*, que se consolidou como um importante meio de informação e propaganda.

    A evolução da situação política do país, a conjuntura regional e internacional, o desenvolvimento da guerra fratricida e das guerras em volta

---

[1] Entrevista realizada por Carmen Tindó Secco, Ana Mafalda Leite e Luís Carlos Patraquim, por escrito> Maputo, em 01 ago. 2018.

de Moçambique atiraram o país para uma grave situação econômica com um elevado número de refugiados. O Cinema acompanhou o processo todo e esteve sempre focado nessa temática, mostrando o lado que detinha o poder martirizado pelos ataques do inimigo que em breve seria derrubado. Toda essa epopeia foi sendo acompanhada por um grupo coeso de cineastas nacionalistas e defensores de uma sociedade que acreditavam seria justa e davam o melhor de si para que o projeto da imagem em Moçambique se tornasse uma realidade.

Durante cerca de treze anos (de 1975 a 88), apesar de se ir ressentindo com a falta de meios que iam começando a escassear, de equipamentos que necessitavam de manutenção ou reposição, apesar da evolução tecnológica que se começava a fazer sentir, tal como o Governo resistia, o INC ia também resistindo às intempéries e continuou sempre a produzir, com maior ou menor regularidade, os seus Jornais Informativos, tendo sido ainda capaz de desenvolver filmes de ficção e vários documentários rodados dentro e fora do país. Estes documentários foram fundamentais para a experimentação e para o redescobrimento do poder da imagem. Eles foram vistos nas salas de exibição nacionais, mas marcaram, sobretudo no exterior, a força desta cinematografia que se estava a desenhar, chamando a atenção de importantes nomes do panorama internacional da cultura que fizeram questão de vir a Moçambique e, de certa forma, se juntaram a este processo para poderem ensinar e também aprender esta nova dinâmica de fazer. Esses foram, em minha opinião, os melhores momentos dessa parte da história do cinema em Moçambique.

Por volta de 1987, e com o desenvolvimento da então Televisão Experimental de Moçambique, criada em 1981, o Governo passou a ver na Televisão uma nova e importante forma de comunicação. Mais imediata, mas também mais efetiva, e, pela novidade que era em face ao momento difícil que o país atravessava, a Televisão passou a ser o elemento de comunicação escolhido pelo Governo. Ao mesmo tempo, a crise econômica e a falta de recursos de todos os tipos que a guerra havia provocado fizeram com que houvesse uma mudança radical, e os poucos meios existentes deixaram de chegar ao INC, que, até aquela altura, havia sido, para além de um importante promotor dos valores de governação, uma valiosa fonte de receitas para o país. Em 1991 dá-se um enorme incêndio provocado por um curto-circuito e depois propagado pelas condutas do ar condicionado, e, como consequência, o INC perde uma grande parte das suas infraestruturas, muitos meios de produção (câmaras, laboratórios de imagem, cor e P/B) e de som, equipamentos de iluminação e maquinaria, truca e acessórios diversos foram transformados em cinzas por um fogo que queimou não só tudo isso, mas também toda a esperança e toda a vontade que norteara a criação daquele Instituto, o primeiro ato de legislação cultural do 1º Governo de Moçambique.

Por estas razões (e note-se que aqui estão arroladas apenas algumas), podemos dizer que o nascimento do Cinema moçambicano e do país Moçambique se apoiaram mutuamente, tendo um influenciado o outro e vice-versa.

E: Que tipo de cinema fez até hoje?

JR: Quando realizo, faço os meus projetos, aqueles que escolho e desenvolvo, onde trabalho como autor e guionista, procuro coprodutores, financiamento e, mais tarde, me envolvo com a equipe técnica e artística à medida que vão ganhando forma e sustentabilidade. Esses são os projetos de que gosto e que são de ficção (curtas ou longas). Daí não serem tantos, pois o tempo de desenvolvimento e de financiamento leva, em média, para uma longa, 3 a 5 anos, e, para uma curta, um pouco menos. Gosto de fazer adaptações de histórias que explorem as problemáticas sociais, a relação entre as pessoas e entre elas e os diferentes poderes (políticos, divinos, financeiros, militares, etc.), sempre com um ponto de vista crítico e algum humor. Penso que assim devemos estar na vida. Atentos ao que nos rodeia, participando através da análise, da crítica e com propostas de solução onde e quando o pudermos fazer, mas sempre com algum toque de humor. Esse ponto de vista e esse olhar crítico desprovido de preconceitos, leve e que, por vezes, nos faça sorrir, são os elementos que me chamam atenção nas histórias que quero contar. Histórias que nos confrontem com o outro lado, a outra margem, e que nos ponham a olhar para nós próprios. Bom, essa é a vontade, o desejo e a esperança de estar a fazer e de poder assim continuar.

Enquanto produtor, tenho também tido a sorte de me juntar a filmes de que gosto, realizados ou produzidos por pessoas de que também gosto e respeito como profissionais. Um pouco de todos os gêneros, de todos os tamanhos e de toda a parte. Isso é uma das melhores coisas que o cinema me propôs. Estar envolvido com diferentes formatos e métodos de trabalho (de Hollywood a Maputo) tem sido uma escola permanente.

No documentário, escolho temas que contribuam para uma mudança positiva de atitude ou a promovam, mas que sejam sobretudo projetos de autor, com pontos de vista próprios e de experimentação. Temas ligados ao meu país, pessoas do meu país que, no meu ponto de vista, têm coisas para nos contar e que, pelo exemplo das suas ações (positivas ou negativas), nos podem motivar a agir e a sermos melhores individual e coletivamente.

E: O século XXI trouxe novas propostas?

JR: Sim, claro. Novas propostas estéticas baseadas em tecnologia ou com bastante recurso a elas. As histórias ganharam outras dimensões, outras dinâmicas. O Cinema saiu da sala grande para a sala pequena sem perder o seu valor. A distribuição ganhou novos caminhos. O equipamento ficou mais leve, mais simples e mais acessível. A experimentação tornou-se mais fácil, o risco passou a ser menor. Esse conjunto de aspetos trouxe mais liberdade criativa, mais capacidade de execução, mais flexibilidade e, acima de tudo, deu-nos mais tempo, o que, consequentemente, se faz sentir na dramaturgia, na maneira como se mostram os elementos, na maneira como os atores passam a interagir com o que os rodeia.

E: Como fazer cinema sem grandes recursos?

JR: Esta é daquelas questões em que se pode levar um semestre numa escola de cinema a desenvolver e a debater ou à qual se pode responder de forma muito simples. Depende da audiência a que se destina a resposta e de quanto se domina ou se pretende dominar a arte de realizar e de produzir cinema. Tudo se faz, tudo se consegue fazer com poucos recursos. O resultado final ficará sempre refém disso, porém, e aí estará a arte do artista, dar a volta à situação, minimizando o impacto do que não temos e maximizando o melhor do que temos, é a resposta. É uma resposta economicista, técnica e nada criativa? Não. Pelo contrário. A escolha da história, dos atores, dos locais, da equipe técnica é fundamental. Aliar essas escolhas aos recursos disponíveis é um balanço necessário. Se a maior parte da história se passa em interiores e noites, se há muita ação, muitas locações, efeitos, etc., esse filme terá tendência a consumir recursos. Se não tenho esses recursos, por que escolher esse formato? A adoção de um *"approach"* menos exigente é também possível, se tivermos em conta a exposição da audiência ao cinema. A quem nos dirigimos, o que está a audiência à espera de ver, o quanto ela foi exposta a um cinema mais convencional, mais moderno? Para mim, a questão dos recursos coloca-se logo à partida. No início de um projeto. Tenho/terei recursos? Quais? A quanto posso aspirar? Daí em diante, se avança. Ao contrário será mais difícil.

E: O cinema é uma prática nacional e/ou transnacional? Há um cinema africano?

JR: Há, sim, um cinema africano. E, sim, o cinema é também transnacional e nacional. A expressão artística traz sempre consigo as raízes culturais em que o seu criador está inserido. Sendo o cinema uma arte coletiva, essa raiz é, às vezes, ainda mais evidente. Um filme direcionado para o grande público, um *blockbuster* americano, tem de ser transnacional no seu formato, na sua estética, na sua dramaturgia. Porém, a sua história, a sua temática, pode perfeitamente ser muito local, muito nacional. África teve sempre uma estética diferente, uma dramaturgia diferente e diferentes histórias para contar. Nem sempre aceite pelo *mainstream*, nem sempre resultando da maneira que se esperava, essa forma de fazer se foi implantando e ganhando o seu espaço. O que foi experimental se tornou clássico e fez escola. O Cinema Africano tem um percurso marcado por grandes criadores num caminho de luta pela aceitação. Hoje ele tem lugar marcado em grandes Festivais, é referência em Universidades, é modelo. A existência de uma cinematografia não pode ser medida pelo número de bilhetes que se vendem ou pelo número de salas em que os filmes são exibidos. É necessário compreender o cinema comercial e as suas diferenças relativamente ao cinema de autor, o cinema de resistência, ou o experimental. A nossa cinematografia – a africana (com muito poucas exceções) ainda não produziu filmes de todos os gêneros. Ainda não é feita para todos os públicos, mas isso não a torna menor.

E: Que filmes mais gostou de fazer? Que filmes ainda gostaria de fazer?

JR: Os filmes que mais gostei de fazer foram todos os meus próprios projetos de ficção. Aqueles que escrevi, desenvolvi e consegui que chegassem à tela. Esses são obviamente os que mais prazer me deram. A realização é o que me apaixona. O que mais gosto de fazer. Mas também gostei imenso das experiências que tive como produtor em muitos outros filmes. As experiências de trabalhar com Sydney Pollack em "*The Interpreter*", Edward Zwick em "*Blood Diamond*" (a nível do cinema de Hollywood), com Margarida Cardoso em "Costa dos Murmúrios" e "Ivone Kane" (a nível de cinema europeu), em vários projetos de coprodução para documentários com a África do Sul, a Namíbia, o Zimbabwe, Angola, e com realizadores moçambicanos, como Licínio Azevedo e Sol Carvalho em projetos de ficção e documentário, foram momentos de escola. *Master Classes on-the-job* que jamais esquecerei.

E: Acha que há uma diferença entre ficção e documentário?

JR: Sim. Podemos também misturar tudo e separar tudo. Isso só é possível porque são diferentes. Temos elementos comuns que os regem. As questões básicas da narrativa e da estética, por exemplo. Mas também temos coisas únicas como a realidade, a verdade dos fatos, para o documentário, por exemplo. A mim, o documentário me atrai bastante. Adoro produzir e ver um documentário, mas já não sinto o mesmo prazer ao realizar. Prefiro realizar um filme de ficção (seja uma curta, seja uma longa). Acho que o fato poder esquecer a realidade e a transformar à minha vontade é uma das coisas que mais me atrai. Claro que um documentário também pode ser dramatizado. Também pode ser encenado. Mas deverá, sempre, respeitar as premissas da verdade.

E: Que relação vê entre o Cinema, a História e a Literatura?

JR: O Cinema alimenta-se da História e da Literatura, ao mesmo tempo as promove, populariza e eterniza. O Cinema de Propaganda, durante as Grandes Guerras e durante a Guerra Fria, influenciou a História e a Literatura. Ao mesmo tempo, a Literatura será sempre uma fonte de inspiração para o Cinema e para os Homens que fazem História. Acho que um não vive sem os outros, e que todos saberemos sempre reconhecer o enorme valor que cada um destes elementos têm no forjar da sociedade contemporânea e das suas gerações futuras.

E: Acha que há um cinema moçambicano? Qual o seu papel na "descolonização" do olhar?

JR: Acho que estamos à procura de um caminho. Temos uma história curta, embora profícua, de produção cinematográfica. O que temos feito não me deixa confortável para dizer que já se pode falar de cinematografia moçambicana. Podemos falar de um cinema moçambicano, cujos realizadores (entre os quais me incluo) procuram um caminho. Vão experimentando, copiando, adaptando. Tal como em todos os processos de crescimento. Os poucos realizadores moçambicanos que já trabalharam em ficção ainda não produziram o suficiente para que se permita uma avaliação dessas características comuns que podem definir a estética própria de uma cinematografia nacional. No que diz respeito ao documentário, acredito termos chegado a esse nível num determinado momento da nossa história, mas, por várias razões, essa produção caiu a todos os níveis, principalmente no que se refere à qualidade. O documentário perdeu pesquisa, perdeu ponto de vista, perdeu "autoria". Espero que se trate apenas de uma fase e que os realizadores voltem "às origens" e redescubram e reconquistem esse lugar.

A descolonização do olhar tem sido uma espécie de clichê que persegue o cineasta africano. Quando faço um filme, quando realizo uma cena, procuro que ela transmita a emoção ali contida. Que os atores façam o seu melhor, que a câmara esteja na melhor posição e que os movimentos, a música, a cor, sejam os melhores para esse momento específico da história.

Não me preocupo, sinceramente, em nada, com a colonização ou com a descolonização. Se nesse processo consigo colocar todas as pedras no lugar e criar algo novo ou suficientemente forte para manter o interesse, criar suspense e surpreender o espectador, atingi então um dos meus objetivos principais como criador. A questão toda, a meu ver, está ligada às histórias que contamos, aos temas que desenvolvemos, às mensagens que passamos. E aí, como artistas, podemos e devemos sim contribuir, criando novas estéticas, trazendo novas temáticas e afirmando os nossos pontos de vista. Esse é o meu caminho.

Entrevista com Yara Costa[1]

Entrevistadores: O nascimento do cinema em Moçambique teve um papel bastante importante na construção do país. Logo após a independência, muito se investiu no campo cinematográfico. E, atualmente, continuam os investimentos na área?

Yara Costa: Infelizmente os investimentos na aérea do cinema em Moçambique são praticamente inexistentes. Embora existam, ainda que escassas iniciativas públicas de apoio às artes e cultura, através de concursos públicos, são apoios insignificantes para a produção de um filme. Esporadicamente e de forma inconsistente, surgem concursos da União Europeia, dos PALOP ou de alguma outra organização que contribuem com algum apoio, mas com o qual não se pode contar. Ou seja, para fazer cinema em Moçambique, hoje, é preciso uma ginástica muito grande e uma dose de sorte para conseguir apoio fora do país ou através de iniciativa privada.

E: Você considera possível fazer cinema sem grandes recursos?

YC: Certamente que é possível, porque é assim que fazemos, mas não concordo que deva ser essa a prática. Fazer cinema custa dinheiro e envolve despesas, bastante tempo e dedicação de profissionais para quem o cinema não é um *hobbie*, mas infelizmente também não pode ser o ganha-pão. Entramos no ciclo vicioso de não podermos nos dedicar plenamente aos nossos projetos cinematográficos e, por isso mesmo, não sermos profissionais da área. Em Moçambique ninguém faz cinema para ganhar dinheiro. Fazer cinema sem grandes recursos num país onde existem recursos não é o mesmo do que fazer cinema em Moçambique, onde, por exemplo, para se conseguir comprar ou alugar uma câmara, paga-se bem mais do que na Europa ou nos EUA.

E: Você já produziu três filmes. Fale um pouco deles. Que tipo de cinema fez até hoje? Que filmes mais gostou de fazer? Que filmes ainda gostaria de fazer?

YC: O primeiro filme, "*Porquê aqui? Histórias de chineses em África*" foi o meu trabalho de conclusão do mestrado que fiz em Documentário. Era um filme relativamente simples sobre três imigrantes chineses em três contextos

---

[1] Entrevista realizada por Carmen Tindó Secco, Ana Mafalda Leite e Luís Carlos Patraquim, por escrito. Ilha de Moçambique, 30 jan. 2019.

africanos diferentes, nomeadamente a agitada capital de Acra no Gana, a inóspita aldeia de Semonkong no Lesoto e a pacata Ilha de Moçambique em Moçambique. A premissa do filme é a pergunta que dá título ao mesmo: Porquê Aqui? Ou seja, porque estes três imigrantes chineses, de perfis tão diferentes, escolheram estes três lugares para viverem. Na época muito se falava sobre a imigração chinesa no continente africano, mas pouco se sabia sobre as histórias pessoais dessas pessoas. Foi na Ilha de Moçambique que tive o primeiro contato com o jovem chinês que tinha imigrado para a Ilha. Era bastante solitário e pouco falava e sempre me intrigou o que um jovem fazia aqui tão sozinho, neste lugar tão remoto e tão distante de sua casa. Fazendo um pouco mais de pesquisa, percebi que o fenômeno era nacional e que estava também a suceder em outros países africanos. Tive a oportunidade de ir até ao Gana, onde conheci o senhor Yu, um empresário de sucesso, no ramo da informática e, mais tarde, fui até ao Lesoto conhecer a terceira personagem, uma jovem que ajudava o pai numa pequena mercearia no alto de uma montanha no Lesoto, mas que sonhava ir estudar nos EUA. Depois de os identificar, decidi passar algum tempo ali, filmar estes três personagens e perceber um pouco da sua história, o que os trouxe da China para África e como era o dia a dia deles. O filme acabou tendo uma repercussão e um interesse que eu não esperava, o que me deixou muito feliz.

O segundo filme "*The crossing*" (em português, "*A travessia*") foi resultado de um concurso da rede de televisão Al Jazeera para a produção de filmes documentários na América Latina. Eu morava no Haiti e a minha proposta de filmar a "travessia" de Evens, um jovem haitiano, que todos os dias saltava a fronteira militarizada para ir à escola na República Dominicana, foi um dos projetos selecionados e fizemos o filme. Foi uma experiência bastante diferente da primeira, porque o clima de tensão era bastante intenso e, trabalhando com uma equipe internacional, o ritmo era outro. "*The crossing*" permitiu-me mostrar uma realidade dura que há anos se vive entre o Haiti e a República Dominicana, e fazer o filme trouxe uma mudança para a vida do personagem Evens que, graças ao filme, conseguiu continuar os estudos e hoje já está na universidade.

"*Entre Eu e Deus*" é o meu mais recente filme e aquele que talvez tenha mais a ver comigo. Conheço a Karen, personagem do filme, desde que tinha cinco anos de idade. Poder filmá-la na Ilha de Moçambique, num ambiente absolutamente familiar, onde eu moro, com uma equipe reduzida, permitiu um à vontade e uma espontaneidade difícil de conseguir em outros lugares. As gravações do filme decorreram de forma muito natural e fluida e o fato de todo o processo de produção, realização e pós-produção ter sido realizado por mulheres deu ao filme uma sensibilidade diferente. Este teve, portanto, um sabor especial, embora os outros dois filmes também tenham tido os seus encantos. Estar, conversar e envolver-me com gente e com as suas histórias é isso que mais gosto de fazer e que tento passar nos meus filmes. Interessa-me compreender realidades, à primeira vista incompreensíveis ou intrigantes, a partir de histórias pessoais. Óbvio que a minha história de vida e as minhas preocupações sociais e questões de identidade estão subjacentes em todos os meus filmes. Em relação aos filmes que ainda quero fazer, são pelo menos três que estão a ser cozinhados e o meu sonho era fazer uma história épica na Ilha de Moçambique.

E: O seu mais recente filme é um documentário, mas há uma história, a de Karen, cujo enredo apresenta subjetividades. Poderia classificá-lo como "docuficção"? Acha que há diferença entre ficção e documentário?

YC: Não saberia como classificar o meu filme e, de fato, não gostaria de ter de o fazer. Para mim, documentário, ficção, docuficção são apenas possibilidades diferentes de contar uma mesma história. Eu tento usar aquelas que me estão disponíveis e que me servem para cada momento que necessito de cada uma delas. É como se estivesse diante de um banquete de comidas, de alimentos diferentes e faço uso dos diferentes talheres, inclusive das mãos, conforme me for mais conveniente para me alimentar, da mesma forma que um escultor utiliza todas as ferramentas e objetos disponíveis para trabalhar a sua obra.

E: "*Entre Eu e Deus*" problematiza religiosidades existentes em Moçambique. De que modo realiza a desconstrução de estigmas e preconceitos religiosos?

YC: Os preconceitos são geralmente o resultado de um profundo desconhecimento e de uma imposição artificial de distância entre "Nós" e o "Outro". Quando essa distância diminui, o preconceito tende a dissipar-se.

Eu própria tenho os meus estigmas e preconceitos em relação ao fundamentalismo religioso e fui falando sobre eles e discutindo-os com a minha personagem, por quem sempre tive uma admiração profunda, ao longo de vários anos. Quando decidi fazer o filme, ciente do preconceito generalizado que existe, optei por escutar a Karen, ainda que não me identifique com algumas de suas posições. De forma bastante honesta e franca, optei por revelar a Karen em primeira pessoa, e em posição de poder e autonomia, para ser ela a conduzir a história e o desvendar das suas escolhas e dúvidas. A força e determinação desta jovem em ser dona do seu destino e, ao mesmo tempo, a escolha por um caminho radical religioso, sempre me fascinaram. Interessava-me conhecer o mundo de Karen e o que a religião representa para ela, ainda que eu não tivesse uma total compreensão, uma vez que não sou sequer religiosa. Limitei-me a retratar a história interessante da Karen, com todas as suas vicissitudes e contradições próprias de qualquer ser humano, e, sobretudo, ressaltar sua humanidade e a essência que nos aproxima a todos nós. Penso que essa opção permitiu alguma neutralidade e isenção, deixando que cada espectador fizesse a sua própria análise e leitura. O resultado foi que muitas pessoas, depois de verem o filme, admitiram ter tido que rever alguns dos conceitos e ideias que tinham anteriormente formados.

E: Como foi a recepção de seu filme em Moçambique, tendo em conta os ataques de radicais islâmicos que vêm ocorrendo no norte desse país?

YC: Fizemos uma pré-estreia do filme em Maputo, no auge mediático sobre os ataques no norte do país. O filme fala sobre a escolha radical religiosa, feita por uma jovem, num contexto de violência e intolerância religiosa que se vive atualmente no mundo. Como não podia deixar de ser, durante o debate após a apresentação do filme, os temas levantados no documentário acabaram sendo de alguma forma relacionados com a situação noticiada sobre Cabo Delgado, ainda que não exista uma ligação direta. A sessão estava lotada (foi necessário fazer uma segunda sessão para as 300 pessoas que ficaram de fora) de um público bastante diverso, entre eles representantes de grupos religiosos e o debate foi aceso, com a participação ativa de muita gente. Ficou claro que existe uma necessidade muito grande das pessoas falarem e há muito para se debater e pouco espaço para o debate acontecer e o meu filme acabou criando esse espaço. Até hoje pedem-me para voltar a exibir o filme, sobretudo nas escolas e universidades.

E: De que maneira os jovens em Moçambique pensam o Islão, a *sharia*? E as gerações mais velhas?

YC: Não saberia dizer. Apenas sei e retratei o que a jovem Karen, e a Amina, de uma geração mais velha, pensam. São opiniões subjetivas que podem ou não representar mentalidades generalizadas.

E: Vê relação entre Cinema, História e Literatura? Você tem um projeto fílmico sobre Gungunhana, não é? Fale um pouco desse projeto.

YC: Penso que o cinema está inevitavelmente ligado à História, porque é a partir dela que criamos as outras histórias, ou seja, ela serve de suporte de onde surgem as mais diferentes narrativas. A forma como as contamos tem a sua estrutura ainda bastante assente na literatura e talvez o grande desafio do "cinema africano" seja justamente esse: como contar as histórias de cinema a partir de estruturas narrativas orais.

O meu projeto "*Desterrados*" tem menos a ver com o Ngungunyane e mais com as consequências contemporâneas, a partir do ato histórico de sua prisão. Em 1895, a Batalha de Chaimite pôs fim ao segundo maior Império africano, o Império de Gaza, no sul Moçambique, e estabeleceu definitivamente a colônia portuguesa naquele país. Ngungunyane, o último imperador, conhecido como o Leão de Gaza, foi capturado e desterrado para os Açores, por ordem de D. Carlos I, um dos últimos reis de Portugal que acabou sendo assassinado. O que seria o desfecho destes dois monarcas adversários foi, na verdade, o início de uma nova descendência da realeza africana e portuguesa, mas desta vez em terras opostas. Manuela, a princesa africana, bisneta do Ngungunyane, mantém vivo o espírito rebelde do Leão de Gaza, e com a força de uma leoa luta para sobreviver como costureira na capital portuguesa de Lisboa. O príncipe Búfalo, neto do rei D. Carlos, herdou mais do que apenas os traços físicos do avô. Tal como o monarca, Búfalo é um exímio caçador do mato no interior de Moçambique, o único mundo que conhece até hoje.

Mais de cem anos após o episódio de Chaimite, "*Desterrados*" revela pela primeira vez a história destes dois descendentes reais e segue-os enquanto eles vão à caça das suas identidades perdidas no tempo. A história começa com uma animação da fábula do leão: "Enquanto o leão não contar a sua história, a vitória será sempre do caçador", narrada pelo escritor moçambicano Mia Couto, autor da trilogia "*As areias do imperador*" sobre o Império de Gaza. A partir da perspectiva atual de cada personagem, a história humana, por detrás de história oficial, vai sendo revelada e fica clara a ironia do destino que "trocou" de terras os descendentes dos dois reis. Estes relatos, contados em primeira pessoa por cada um dos personagens em suas casas e no seu quotidiano, vão sendo costurados pela narração do escritor Mia Couto. Mia é o fio condutor desta história que será narrada em forma de conto, transpondo o limite entre a realidade das histórias dos personagens e criação do livro do escritor.

E: Na sua concepção, o cinema é uma prática nacional e/ou transnacional? Você defende a existência de um cinema africano? E de um cinema moçambicano? Por quê?

YC: Penso que, cada vez que uma pessoa faz um filme, um novo cinema está sendo feito. A linguagem pode ser universal, mas o que estamos a comunicar e a forma como o fazemos são únicas e individuais, e, nesse sentido, estamos a criar cinemas. Poderemos depois agrupá-los, por questão de conveniência e até de resistência, em grupos geográficos, identitários, econômicos (*low-budget* e *blockbusteres*), cinema de mulheres, de jovens, mas todos essas catalogações não passam, em minha opinião, de uma forma de interpretar e organizar o mundo diverso em que vivemos.

CRÔNICAS

Ruy Guerra

Há verdadeiros escritores entre os garotos de Moçambique – Ruy Guerra, um contista admirável, os rapazes estão vencendo no contra-ataque, aumentou muito o número de concorrentes para o quarto tema (...). Os vencedores, tanto na prosa como no desenho, foram dois rapazes, desta vez Ruy Guerra e A. Bronze poderão receber o pagamento do seu trabalho: 25 escudos a cada um, a partir de amanhã na administração do nosso jornal (...).

(Jornal *Notícias*. Seção: "Para Gente de Palmo e Meio", organizada por Edmundo Vieira Simões. Lourenço Marques, 20 de março de 1949, página 4)

Foi assim que morreu o Bobby, o cãozinho de pelos de arame

(Jornal *Notícias*. Lourenço Marques, março de 1949)

1.

Não, não foi assim que morreu o Bobby, o cãozinho de pelos de arame... Não era um cãozinho de pelos de arame, nem sequer se chamava Bobby, mas morreu assim... eu conto.

2.

Era um desprezado cão da rua, sem nome e sem raça, vivia a vida livre dos que não têm casa, nem dono, nem carinhos. Uma vida de vagabundo que anda por onde quer, dorme quando lhe apetece e come quando pode. Vida de sofrimento, de incertezas, mas de felicidade também.

3.

Chamei-lhe Mulato, mas nunca deu pelo nome. Quando vinha brincar para junto de mim, era porque lhe apetecia e não porque eu o chamasse. Brincava quando a sua natureza o obrigava brincar, mordia quando o seu ser se revoltava. Era um cão de rua, um cão inteiramente de instintos, um cão que não sabia fingir.

4.

E por isso eu gostava tanto dele...

5.

Ficou meu de uma maneira simples, veio ter comigo e lambeu as minhas mãos, viu em mim um amigo, eu não vi mais que um cão sem raça e sem beleza. Chutei, mas ele voltou. Voltou sempre. Seguiu-me. Não porque tivesse fome ou sede, recusou-se a tocar no que lhe dei, nem sequer bebeu um pouco de água, como certos cães atenciosos, era um cão sem raça, um cão sem educação, um cão de rua que não sabia o que fazia, fazia o que sentia.

6.

Eu não fiquei com ele, ele é que ficou comigo, eu não lhe tinha amor ou ódio, apenas indiferença. Um cão da rua sem raça... Meu "Pobre Mulato"...

7.

Esperava a minha saída da escola, para onde ia sempre ele ia, sempre. Comecei a ter-lhe amor, depois.

8.

Foi assim durante muito tempo, e aquele cão de rua sem raça, sem dono, de pelo amarelo sujo, tornou-se um verdadeiro amigo: sincero, porque obedecia instintos, mordendo-me quando o magoava.

9.

Mulato era feliz comigo, era feliz na minha companhia, mas sofria, era um cão de rua, sem raça, tinha nascido livre, vivido livre, não podia morrer preso, e a sua amizade por mim era uma prisão.

10.

Principiou a desaparecer, primeiro por pouco tempo, depois por dias seguidos, mas voltava sempre. Um dia, porém, não regressou; eu esperei-o e ainda hoje o espero apesar de saber ser inútil. Viera para mim como se fora de livre vontade; eu gostava dele e ele de mim, mas o que nos unira separara-nos: o instinto. Voltara a ser um desprezado cão da rua, sem raça nem dono. Eu chamei-lhe Mulato, mas foi sempre um cão sem nome, como tantos. Como nenhum, nascera de novo para a sua vida, mas para mim morreu assim. Contei.

Lourenço Marques, 4 de março de 1949.

"Arco de Triunfo"

(Jornal *Itinerário*. Lourenço Marques, agosto de 1949)

O público, ou melhor, o grande público não quer ir ao cinema ver a vida tal como ela é. Quando se senta na cadeira de uma sala de espetáculos, ajeita-se e atira para trás com as tristezas, o que quer é distrair-se, digo abstrair-se da realidade ambiente. Se por acaso na tela se lhe apresenta uma história que pode muito bem ser a sua, ou a do companheiro do lado, o espectador sai mal disposto e protesta; ele pagou o bilhete para se divertir e não para se incomodar com os desgostos alheios: "para tristezas basta a vida de cada um". O que querem é música, comédia, qualquer coisa, desde que a artista seja bonita, o enredo acabe bem, os ambientes sejam luxuosos. Então sim, belíssimo filme, viram?

Cinema arte? Cinema reflexo da sociedade? Baboseira, o cinema não foi feito "senão para distrair".

E o produtor americano faz que sim; se dizem que esses filmes não prestam, que culpa tem o "desgraçado do produtor?" É o público que pede, o resto... e as casas enchem-se, o dinheiro corre para os cofres. É o nunca acabar de Robin Hood, de filhos do Robin Hood, das aventuras da família de Robin Hood, até a 15ª geração. Nessa altura, o grande público se aborrece, mas o produtor atento arranja um outro Robin Hood qualquer, e assim por diante, pois se o público gosta ...

Foi com esse receio que fui ver o *"Arco de Triunfo"*. Digo, com receio, porque tive mesmo medo que tivessem sacrificado a obra ao comercialismo.

O romance de Erich Maria Remarque trata principalmente do drama angustioso do refugiado em Paris, no ano pré-guerra de 1938; é através de Ravic, médico alemão, que o escritor nos apresenta uma série de quadros da vida das classes inferiores, com algumas alterações absolutamente necessárias a uma adaptação cinematográfica, desde os amores de Ravic e Joan Madou, a vida de ambos em Antibes, a figura de Ivon Haake, a prisão do médico alemão, à morte do inquisidor; tudo isso foi respeitado na obra de Remarque.

A sequência inicial do filme que, ao meu ver, foi a que melhor me deu o ambiente de Remarque, está esplêndida, pena foi que não tivessem continuado no mesmo caminho, o de nos dar a vida dessa gente que apenas tocou-se, ficando assim, visto ser necessário, parte dos amores dos dois protagonistas.

A cena da operação, apesar da simplicidade, está muito bem feita, a mãe que chama pelo filho, a anestesia, o rosto dos operadores com as máscaras brancas, rodando lentamente num ângulo vertical ascendente, a morte da paciente.

É igualmente de notar a maneira como Lewis Milestone[1] nos deu as recordações de Ravic provocadas pela aparição de Haake; adotando o clássico sistema da sobreposição de imagens, conseguiu, no entanto, em grandes planos sucessivos, da face do nazi, em *travelling*, até atingir um *big closeup* e planos gerais das cenas de tortura, ajudado pelas esplêndidas marcas de Charles Laughton, um grande poder emotivo.

A maneira como quebra esses pensamentos que tumultuam a mente do refugiado é igualmente feliz, não pela originalidade, mas pelo vigor. O cinismo repelente de Haake lamentando a morte da jovem inocente, a reação do torturado, a chicotada e a brusca aparição da mão do prisioneiro, mão de Ravic passando nervosamente pela cicatriz que lhe golpeia a cara.

Charles Boyer mostra-se aí um grande ator, posição que mantém durante todo o filme, a meu ver, conseguiu ser um melhor Ravic do que Bergman em Joan Madou, isso sem querer depreciar o esplêndido desempenho da grande atriz sueca, e não levando em conta as dificuldades do papel.

Tirando essas cenas, que me feriram mais a atenção, o filme é tecnicamente equilibrado. A fotografia cheia de sombras, sem que, contudo, seja escura, é ótima.

As restantes figuras do elenco aguentam-se perfeitamente nos seus pequenos papéis. Exceções feitas ao intérprete que encarna Morosow, o porteiro de Sherazade, que vai bastante bem e Charles Laughton, cujo desempenho é maravilhoso. A lamentar, no entanto, a ausência completa de tantos personagens. Os dois médicos que ilegalmente usam o serviço do Dr. Veber, um dos quais o explora e, aproveitando-se da sua situação de já o saber, não aparece, ou melhor, aparece apenas – e não chega a marcar uma posição – só quase para lançar a dúvida no espectador que não entende, por exemplo, porque é que Ravic foi preso por não poder exercer a sua profissão, trabalhando, no entanto, num hospital moderno como era aquele em que se vê operar.

Não teria sido preferível antes a presença do Dr. Durant que é muito mais significativa? Assim poderiam mostrar como, de fato, o refugiado alemão arranjou dinheiro para as férias em Antibes, sem a falsidade daquela frase de Ravic: "vou abrir a barriga a um velho rico e tiro de lá o dinheiro".

---

[1] Lewis Milestone (Kishinev, 30 de setembro de 1895 – Los Angeles, 25 de setembro de 1980) foi um diretor, produtor e roteirista de cinema russo radicado nos Estados Unidos da América. Foi o primeiro a ganhar o Oscar de melhor diretor junto com Frank Borzage; a diferença é que, na época, a Academia premiava um diretor pelo gênero comédia e outro, pelo gênero drama; Milestone ganhou na comédia pelo filme *"Two Arabian Knights"*.

O espectador desprevenido fica convencido de que Ravic é um médico sem preocupações monetárias, a quem basta uma operação para poder fazer passeios caros. Infelizmente, o argumentista não procurou seguir a obra de Remarque, senão ao que diz respeito aos amores de Joan com o médico alemão e à perseguição deste ao compatriota nazi; é por isso que, apesar da fidelidade por vezes exagerada ao romance, o filme de Milestone não consegue ser senão uma pálida ideia do que Remarque escreveu, ou antes, não é mais do que uma parte do romance, mesmo essa incompleta. É o caso de não nos darem a morte de Joan, um ano depois de operada por Ravic.

Não posso compreender a omissão dessas cenas, tão coerentes com a diretriz dada ao filme; pretendiam dar mais emoção pela brusca revelação da morte de Joan? Se foi assim, não conseguiram mais que um fim precipitado.

A restante parte da obra de Remarque que nos conta a vida do refugiado, das classes pobres, dos bordéis, esta não foi sequer abordada, ou, quando assim aconteceu, foi apenas para uma ligação de cenas; são, no entanto, esses problemas e a maneira como são tratados que erguem o "*Arco de Triunfo*", de Remarque. São personagens como Rolande, a governante da casa das prostitutas do Osíris; como a hoteleira do Internacional que se arrisca, abrigando toda aquela multidão de refugiados; como as famílias Goldberg, Rosenfed e tantas outras; como a costureira Luciene que Ravic salva da morte quase provocada por uma tentativa de aborto e a impede de que se prostituísse por um cárcere qualquer como a "Madame" Bouché, abortadeira; como a enfermeira Eugene que denuncia Ravic – todos tornam "Arco de Triunfo" um quase retrato de Paris de 1938.

Com que vigor o cinema nos poderia ter contado casos como o do rapazito de 13 anos a quem um automóvel esmaga a perna e, após a operação, pergunta ansiosamente: "O senhor amputou a minha perna?" E quando sabe que ela foi cortada acima do joelho e por isso o seguro terá de lhe dar uma pensão vitalícia, a ele e a sua mãe, exclama: "afinal de contas bem que a gente tem sorte algumas vezes, não é doutor?" Nessa simples frase, que misérias e privações não se revelam? E em tantos outros episódios.

O argumentista, infelizmente, não ligou importância a esses casos ou não lhes pôde ligar. Em compensação, deu-nos um enredo interessante que, com bons atores, magnífica técnica e esplêndida partitura musical, chamo aqui atenção no que diz respeito à música para o *clou* da perseguição de Ravic entre a multidão e, de um modo geral, para sempre que aparecia em cena o ator Charles Laughton.

E é tudo, quem quiser ter visto um filme bastante acima do comum da atual produção americana devia ter ido ao Manuel Rodrigues ver o "*Arco de Triunfo*", mas um "*Arco de Triunfo*" que não é o do escritor Erich Maria Remarque. Isto, nunca.

Utilidades e perigos do cinema na formação do caráter da juventude

(Jornal *Notícias*. Seção: "Para Gente de Palmo e Meio", organizada por Edmundo Vieira Simões. Lourenço Marques, 12 de junho de 1949.)

O cinema é uma arte das massas "e, como tal, tem uma missão a cumprir"; se atendemos a sua possibilidade de expansão e compreensão, em relação a qualquer outra fonte de cultura, veremos que indiscutivelmente ocupa o primeiro lugar. A leitura, sem dúvida alguma, uma das melhores armas do progresso, requer, no entanto, um determinado esforço intelectual, como uma certa preparação necessária para apreensão do assunto tratado. Isso não entrando em conta o analfabetismo e as dificuldades na obtenção de livros, da escolha, da falta de tempo para os ler, etc.

Com o cinema, a quem alguém apelidou de "cultura para preguiçosos", já não acontece o mesmo. O operário, o pequeno proprietário, o adolescente, todos, de um modo geral, o procuram como motivo de recreação e tem sido esse o ponto explorado pelas grandes companhias cinematográficas: em lugar de produzir obras que educam a mentalidade do povo e o façam voltar para a realidade ambiente, têm explorado dois grandes temas: o Amor e o Crime. A par disso, os filmes cômicos sem fundo moral se impõem e essas pequenas comédias terminam sempre por satisfazer quem as vê. Assim, o público habituou-se a considerar o cinema como um divertimento, cujo único fim é pô-lo bem disposto. E as comédias, os filmes de aventuras, os dramas policiais, os filmes em série sucedem-se apenas entremeados de longe por alguma boa obra dum produtor consciencioso que passa despercebido entre o grande público.

Não é infelizmente o panorama do cinema de hoje. Todas essas fitas, que têm apenas o fim comercial, têm influenciado desastrosamente o público em geral, especificadamente a juventude, produzindo filmes de "*gangster*", vagabundos falsamente retratados. O cinema leva o jovem a ter uma existência de beleza naquela vida triste e sofredora, obrigando-o a procurar dar uma satisfação a essas tendências que nele incutem pela criação desse mesmo mundo; por isso, todos nós temos conhecimento de casos de rapazes que se perderam no caminho dos transviados, para o que muito contribui aquilo que podemos chamar – "O Mau Cinema". É esse mal que se deve combater; a influência do cinema está mais do que provada na formação do caráter, mas infelizmente no sentido oposto àquele que devia exercer. No dia em que o cinema perder o aspecto profundamente comercial de agora para se tornar um meio de cultura estará então cumprindo a sua missão.

A imagem e o horror

(*O Estado de São Paulo*, 04/04/1997)

Quando o trem entrou silenciosamente na gare naquele 2 de Fevereiro de 1895, o pequeno público presente gritou assustado. Foi em Paris, na primeira sessão de cinema de que se tem memória, e poucos dos assombrados espectadores tiveram consciência de que eram protagonistas de um grande momento da história do homem.

Nem Louis Lumière, o inventor do cinema, achava que a sua descoberta ia além de uma simples curiosidade de feira.

Não me lembro quando fui a uma sala de cinema pela primeira vez, nem que filme estava sendo projetado e, embora isso não tenha a menor importância, sinto essa lacuna da memória com uma certa tristeza. Gostaria de poder afirmar que foi vendo um filme de Buster Keaton – que até hoje reverencio como um dos maiores cômicos e diretores de todos os tempos –, mas não me importaria que tivesse sido do "*Gordo ou o Magro*", ou até um desclassificado filme de terceira categoria, desde que me lembrasse, o que não é o caso.

Mas ao longo da vida fui devorando vorazmente filme após filme, me alimentando de imagens, em preto e branco, coloridas, mudas, sonoras. E o meu conhecimento do mundo deve muito a essas vidas que passei nas salas escuras, os olhos fixos na tela, onde pessoas e coisas desfilavam diante de mim emoções que me foram moldando naquilo que sou.

Fui convivendo com as sombras e a luz, e, para ser sincero, nem sempre soube onde estava a fronteira que separava a ficção da realidade. Esse universo me fascinou de tal maneira que, sem que soubesse exatamente quando, decidi que um dia iria também contar histórias e dizer coisas com essa linguagem que tanto me seduzia.

Os anos foram passando e eu tentando realizar esse sonho de infância. Sem intenção de blasfemar: nada está tão próximo dos poderes de Deus que criar uma história, com seus personagens e suas emoções, desejos, desesperanças.

Hoje, tantos anos passados desde aquela longínqua sessão histórica do final do século passado, tantas e tantas imagens consumidas no mundo inteiro – a quantidade acrescida pela proliferação das telinhas de televisão –, poderíamos pensar que a imagem de alguma forma se tivesse exaurido, banalizado. Seria lícito pensar que tivéssemos criado algum anticorpo que nos imunizasse do seu contato permanente e sistemático. Num momento em que a tecnologia nos empurra para a virtualização, em que o espetáculo toma frequentemente o lugar da realidade e se confunde com ela, em que a computação gráfica é capaz de filmar ao vivo os dinossauros do passado, em que a própria genética viabiliza os clones – a imagem da realidade na própria realidade –, o poder das imagens poderia ser questionável.

Mas bastam algumas imagens diretas e sem qualquer sofisticação, para derrubar qualquer argumento nesse sentido. Basta apenas a representação direta, sem qualquer manipulação, de uma realidade brutal, para que toda a força das sombras e da luz arranquem do espectador a emoção e a certeza do fato, que, em palavras, poderia não ser sentido e, comodamente, negado. Aconteceu com as imagens do espancamento de Rodney King nos Estados Unidos, aconteceu com os desmandos da PM em Diadema, São Paulo, e na Cidade de Deus, Rio de Janeiro.

Estamos longe do sobressalto maravilhado dos surpresos espectadores parisienses vendo o trem avançar sobre eles. O nosso susto, desencantado, não é o da surpresa, mas a violenta tomada de consciência daquilo que já sabíamos por palavras, e que as imagens nos obrigam a ligar diretamente à emoção, à indignação, sem álibis.

Imagens que escancaram o horror, e que, com a sua triste verdade irretorquível, não admite omissões.

Nem a das autoridades, nem a nossa.

"*Lola Montes*" venceu

(*O Estado de São Paulo*, 15/08/1997)

Tenho sempre de fazer um grande esforço para me convencer de que Max Ophuls é um judeu alemão e não um conde austríaco.

Seus filmes se passam em luxuosos salões, alcovas com lençóis de seda, candelabros, espelhos, magníficas mulheres, em uma magnífica Viena fim de século. Quando "*Lola Montes*" estava sendo feito, eu era estudante de cinema em Paris, a grana curta e o apetite voraz. Para ganhar uns trocados que permitisse algum jantar fora do execrável bandejão dos restaurantes universitários, aceitei entusiasmado a proposta de meu amigo Sílvio Autuori para entrevistarmos realizadores famosos. Descolamos uma máquina fotográfica, um enorme gravador e, devidamente credenciados pelo "IDHEC"[1] e "Manchete", lá fomos nós, com um imenso questionário e o nosso francês macarrônico.

O encontro com Max Ophuls foi particularmente emocionante. E uma lição.

Eu gostava de seus filmes, mas o que mais admirava era a maestria de seus movimentos de câmera. Excluindo Orson Welles – e estou pensando em "*Magnificent Ambersons*", de 1942 – nenhum outro nome da época me vem de imediato que possa ser lembrado pelo corpo-a-corpo da câmera com os personagens.

O que talvez justifique ainda mais esta associação de Ophuls com Welles – para lá da temática ou das obsessões de cada um – é o evidente prazer comum de morder o cinema, na jugular. Welles com glutonaria e uma certa brutalidade; Ophuls, com delicados caninos de cristal.

A primeira (e única vez) que vi Ophuls em carne e osso foi no estúdio de som em que mixava "*Lola Montes*".

Na tela imensa, Martine Carol, grande estrela da época.

Ophuls nos recebeu com um educado sorriso. Era um homem pequeno, calvo, impecavelmente vestido. De imediato me chamou a atenção o rebenque com o qual batia de vez em quando na perna, nervosamente, com um ruído seco. Um objeto que não se espera de quem está fechado longas horas misturando sons, palavras e música, frente a uma projeção que vai e vem, incessantemente.

Nunca tinha estado antes numa sala de mixagem e, quando Ophuls nos

---

[1] *Institut des Hautes Études Cinématographiques*

pediu que aguardássemos a seu lado o fim do trecho em que trabalhava, fui tomado de uma grande emoção. Ainda hoje, sempre que entro num auditório para essa deslumbrante etapa final em que pela primeira vez se sente o filme, relampeja a imagem daquele homenzinho e seu chicote, que teve a percepção da importância iniciática que revestia para dois ingênuos estudantes de cinema a entrada naquele espaço sacrossanto.

Estaria mentindo se dissesse que tenho presente todos os detalhes da longa entrevista. Mas recordo um momento – sem que me lembre o que o levou a essa intempestiva declaração – em que disse algo que se sentia que era uma convicção profunda que tinha necessidade de passar adiante. Recordo que me pareceu esquemática a analogia que usou, em contradição com o universo de seus filmes e a imagem que eu fazia dele mesmo; recordo que fiquei um tanto chocado com aquela linguagem de um marxismo primário, vinda de um aristocrata, ainda que falso; como recordo que fiquei lisonjeado por ser tratado como um homem do mesmo ofício.

Disse, num ímpeto: o realizador é o representante do povo. O produtor representa o capital. São interesses opostos. Sempre.

Logo em seguida se calou e o rosto tenso se abriu num afável sorriso.

A entrevista, com a enfática e um tanto extemporânea confissão, tinha terminado. Sílvio e eu saímos um tanto zonzos, ainda que fascinados pela inteligência de Ophuls, unicamente comparável, pela nossa experiência própria, à de Jacques Tati. Pouco tempo depois, Ophuls teria o seu filme amputado e exibido com quase uma hora a menos. Desgostoso, morre dois anos depois, aos 55 anos, sem nunca mais ter filmado.

Existe agora a possibilidade de ver "*Lola Montes*" na versão integral, restaurada. "Mais fortes foram os poderes do povo", Max.

Licínio Azevedo

Cinema e engajamento ideológico e social

A chegada

Cheguei em Moçambique pouco depois da Independência, em fins de 1977, depois de uma passagem de cerca de um ano pela Guiné-Bissau, onde tive o meu primeiro contato com a África. Nasci em Porto Alegre, no Brasil, onde trabalhava como jornalista. Eram tempos difíceis no Brasil, de ditadura militar, a imprensa era censurada, havia temas que não podiam ser tratados. Um deles era justamente as guerras nas colônias portuguesas pelas suas independências. Éramos proibidos de falar de Moçambique, de Angola, da Guiné-Bissau, a não ser para elogiar o regime colonial.

Os jornais em que eu trabalhava no Brasil eram de oposição ao regime militar, com um grande compromisso social. Esse engajamento não era específico em relação ao Brasil, estendia-se por toda a América Latina, onde muitos países viviam também ditaduras civis ou militares. Como jornalista percorri quase todos os países latino-americanos fazendo reportagens sobre golpes militares, greves de mineiros na Bolívia, entrevistando personalidades ligadas a movimentos de oposição às ditaduras. Procurávamos, ao mesmo tempo, fazer um jornalismo diferente, inspirado no "*new journalism*" norte-americano. Um dos que nos inspirava era John Reed que escreveu dois livros maravilhosos, um sobre a revolução soviética e outro sobre a revolução mexicana, na época de Pancho Villa. Outro era Truman Capote, com o seu "*A Sangue Frio*". E também o grande García Márquez, o escritor colombiano que antes de ser romancista famoso foi jornalista e as suas reportagens eram tanto literatura como jornalismo. Mais do que uma reportagem objetiva, nós, também, procurávamos contar uma história, com personagens e ação. Falo disto porque é algo que depois foi importante para mim quando transitei para o cinema, e do documentário para a ficção, criando uma ponte entre ambos os gêneros.

Voltando à censura no Brasil, éramos proibidos de transmitir as informações para o público, mas nós, jornalistas, estávamos bem informados, seguíamos o desenvolvimento das guerras anticoloniais na África através dos despachos das agências internacionais de notícias: *France Press*[1], UPI (*United Press International*), AP (*Associated Press*), *Reuters*[2]... Conhecíamos os seus líderes: Eduardo Mondlane e Samora Machel, de Moçambique; Agostinho Neto, de Angola; Amílcar Cabral, da Guiné-Bissau e Cabo Verde. Quando houve as independências, em 1973, 75, como eu já conhecia toda a América Latina, decidi vir para a África, para conhecer os meus irmãos africanos. Como eu disse, estive primeiro na Guiné-Bissau, formando jornalistas e ao mesmo tempo recolhendo histórias da guerra pela independência que foram reunidas num livro publicado no Brasil, histórias reais, baseadas em entrevistas com combatentes, camponeses, mas escritas como se fossem contos. E foi esse livro, *"Diário da Libertação"*, que me levou a Moçambique, convidado para fazer um trabalho semelhante, mas para ser usado em cinema.

O Instituto Nacional de Cinema

Cheguei a Moçambique num Instituto Nacional de Cinema – INC – em efervescência, ali vivíamos e trabalhávamos completamente imersos no espírito revolucionário que se seguiu à Independência.

O INC foi o primeiro Instituto Cultural criado pelo Governo do Partido Frelimo (Frente de Libertação de Moçambique). Samora Machel, o primeiro Presidente de Moçambique era um visionário, sabia que um país sem imagem seria um país sem memória. Moçambique era um país com mais de noventa por cento de analfabetismo, uma pesada herança colonial. E Samora também sabia que o cinema era um instrumento eficiente para a educação, para a informação e, acima de tudo, para o trabalho ideológico a ser feito junto à população para o reforço da identidade nacional, para a criação, digamos assim, da nação moçambicana, apesar das inúmeras línguas diferentes faladas no território nacional.

Como resposta apropriada aos objetivos e aos poucos recursos humanos e técnicos existentes, a opção de gênero cinematográfico a ser desenvolvido foi o documentário. No país não havia ainda televisão, só surgiu no princípio da década de 80. Grande parte do esforço de produção no INC centrava-se num jornal semanal de atualidades, em 16 mm, a preto e branco. Era projetado nas salas de cinema antes do filme principal e, por vezes, assumia mesmo o papel de programa principal, devido às formas como as

---

[1] Agência internacional de notícias da França.

[2] Agência internacional de notícias britânica, com sede em Londres.

notícias sobre o país, a possibilidade de conhecer regiões desconhecidas do território moçambicano, ouvir falantes de outras línguas nacionais e acompanhar os discursos de Samora entusiasmavam o público. O jornal cinematográfico chamava-se *Kuxa Kanema*, que significava "Nascimento do Cinema". Nos anos a seguir à independência foram produzidos cerca de 300 *Kuxa Kanema*, com duração entre quinze e vinte minutos. Num só ano chegamos a produzir 16 horas de documentários sobre temas diversos, assuntos políticos, culturais, agricultura, educação... Eram documentários bastante clássicos, sempre com uma inevitável voz *off* fazendo a narração, mas funcionavam muito bem em termos de comunicação.

Também fizeram-se filmes de solidariedade com os "países irmãos". Um documentário sobre a independência do Zimbawe. Um outro, "*Cinco tiros de Mauser*", filmado no Sul de Angola, numa zona de guerra, durante a segunda invasão do país pela África do Sul, em 1982. Participei desta filmagem como escritor, guionista. Pelo seu estílo narrativo mais livre, mais criativo, este filme fugia um pouco da normalidade dos documentários que se faziam na época.

No país existiam, nesses tempos, dezenas de salas de cinema, nos centros urbanos, obviamente. O cinema era inacessível à população das zonas rurais, que constituía mais de oitenta por cento dos moçambicanos. Para levar os filmes às zonas rurais, criou-se o "Cinema Móvel" – composto por trinta e cinco carros equipados para projeções itinerantes que iam de aldeia em aldeia projetando o *Kuxa Kanema*, os documentários –, que também propiciava a descoberta do cinema para plateias de regiões remotas.

A experiência de cinema em Moçambique nesta altura entusiasmou intelectuais e artistas de outros países. Moçambique tornou-se um centro internacional de cinema, com a participação de inúmeros cineastas e técnicos de cinema de outras nacionalidades: brasileiros, cubanos, ingleses, franceses, chilenos, italianos norte-americanos, canadianos... Como tarefa prioritária tinham, além de desenvolver as suas opções artísticas, a de formar técnicos e cineastas nacionais. Entre os cineastas famosos presentes em Moçambique nesta época, estão Godard e Jean Rouch – franceses –, Ruy Guerra – cineasta "brasileiro" nascido em Moçambique –, cada um deles com técnicas e ideias diferentes sobre o cinema, o que serviu para enriquecer o aprendizado da primeira geração de cineastas moçambicanos.

Com a participação destes cineastas de fora, havia no INC seminários quase todas as semanas, com projeção de filmes, longas e intermináveis discussões. Era uma época com um amor desmedido por reuniões que, às vezes, se estendiam por quatro ou cinco horas, para discutir projetos de documentários, ver e debater os filmes que acabavam de ser feitos. Todos queriam se expressar e o ídolo de todos era Samora Machel, perito em improvisar discursos de várias horas. O INC era um espaço relativamente democrático dentro de um regime de centralismo democrático, no qual não havia espaço para percursos individuais, para a criação livre, muito menos desengajada ideologicamente. O trabalho era, essencialmente, coletivo.

No coração das zonas libertadas

Voltando ao meu percurso, ao chegar fui enviado diretamente para o Planalto de Mueda, o coração das antigas zonas libertadas durante a guerra pela independência, onde tudo começou em 1964, mesmo ano em que, no Brasil, o regime ditatorial militar tomava o poder com um golpe de estado.

De certa forma, confesso, fiquei feliz por poder fugir por uns tempos das longas reuniões do INC. Mas, principalmente, por ter a oportunidade de conhecer o interior do país. E conheci bem. Não a África de Hemingway, o meu escritor preferido, a África a que estava habituado com a leitura dos seus livros, dos safaris, dos *bwanas*[3], mas a África revolucionária, das aldeias comunais, das cooperativas agrícolas, da herança recente de uma luta heroica.

O país é extenso, porém, para ir do extremo sul ao extremo norte, em vez de viajar de avião, como era habitual, colocaram-me num machimbombo[4]. Assim conheci também o outro lado da revolução, o seu lado burocrático. Foi no centro do país, na ponte sobre o Rio Save. Do lado sul da ponte havia um controle militar, na época já estavam em curso as agressões rodesianas contra Moçambique. Além dos meus documentos pessoais e da "guia de marcha" governamental, sem a qual não se podia viajar dentro do país, os militares pediram-me também a documentação da minha máquina portátil de escrever, a minha inseparável Olivetti Lettera 22, que há quase dez anos me acompanhava por todas as minhas viagens na América Latina e estivera comigo também na Guiné-Bissau. Como explicar que isto não existia? Ok, consegui convencê-los. Deixarem seguir viagem, mesmo sem a documentação da máquina, mas, surpresa: do outro lado da ponte, novo controle militar e mais uma vez a exigência absurda da documentação da minha Olivetti.

Ao chegar a uma remota aldeia comunal no Planalto de Mueda, junto à fronteira da Tanzânia, onde eu iria permanecer por três meses recolhendo histórias sobre a guerra, dei-me conta de que os brancos não eram

---

[3] *Bwanas* são senhores importantes, proprietários.
[4] *Machimbombo* significa ônibus.

vistos por lá há muitos anos, desde que a guerra começara, excetuando os soldados inimigos. Eu viajava num *Land Rover*, acompanhado por outras quatro pessoas, todas africanas negras, e, ao entrar na aldeia, as crianças começaram a fugir em pânico, aos gritos. Os meus acompanhantes começaram a rir e eu, que não sabia falar nada de makonde, e ainda não sei, perguntei-lhes o que se passava. As crianças gritavam: "Muitos brancos, muitos brancos!" Enquanto o único branco ali era eu.

Isso me transpôs para outra viagem, dois anos antes, na Guiné-Bissau, com outro episódio mais cômico ainda. Eu acompanhava a comitiva do então Presidente, Luís Cabral, quando este percorreu o país, logo a seguir à independência. Aconteceu também ao chegar a uma aldeia, com jornalistas guineenses. Eu estava junto à janela do carro e, mal paramos, ainda antes de desembarcarmos, uma aldeã correu para junto de mim e, para meu espanto e dos meus colegas, começou a limpar o suor e a poeira do meu rosto com um pano úmido. Na época, eu tinha cabelos muito compridos, até aos ombros, e também usava uma barba muito comprida que se estendia por quase um palmo sobre o meu peito. De repente, a mulher recuou, assustada, e disse algo, na sua língua, que fez os jornalistas rirem-se. Ela havia ficado em dúvida e perguntado-lhes: "Afinal, mulher branca usa barba?!" Há muitos anos que ela também não via nenhum branco, muito menos uma mulher branca e, apesar da barba, devido ao meu cabelo, ela pensava que eu também fosse uma mulher.

A lenta transitação para o cinema

Durante três meses entrevistei dezenas de camponeses e guerrilheiros no Planalto de Mueda. Esse material, trabalhado no espaço físico e emocional do INAC (Instituto Nacional de Audiovisual e Cinema), naquela época revolucionária, foi publicado em forma de contos em um livro dividido em dois volumes, com o título geral *"Relatos do povo armado"*. Como a cultura era uma prioridade na política nacional, as edições de livros em Moçambique, mesmo com o elevado índice de analfabetismo, eram enormes. Cada volume saiu com mais de 20 mil exemplares. Era um grande prazer, em outras deslocações pelo interior do país, ver o livro nas mãos de um camponês que há pouco havia acabado de aprender a ler.

O livro serviu de base para bandas desenhadas, programas radiofônicos, animação cinematográfica e também para a primeira longa-metragem de ficção feita no INC, *"O tempo dos leopardos"*, uma coprodução com a ex-Iugoslávia.

É a partir disso, e lentamente, que a minha relação com o cinema deixou de ser a de mero cinéfilo. Comecei a fazer pesquisas e textos para documentários realizados por colegas. Acompanhava filmagens e montagens como guionista que na época era ainda uma atividade bastante simples, tendo o guião algumas poucas páginas, sendo que o trabalho maior era escrever o texto para a voz *off* que acompanhava o filme. Nisso tudo, o principal, para mim, era a oportunidade de, acompanhando equipes de filmagem, conhecer mais o país. Noutros espaços, em assembleias de camponeses no centro de aldeias comunais, repetia-se um pouco o que acontecia no INC: longas assembleias em que todos queriam se expressar sobre os assuntos em discussão.

Do engajamento ideológico para o engajamento social

Jean-Luc Godard estivera em Moçambique há alguns anos, a acreditar que ali podia acontecer uma reinvenção do cinema. Eu conhecia os filmes dele, a sua maneira de filmar. Mas ele chegou adaptado aos novos tempos, com uma câmera de vídeo. E o vídeo foi a nossa alternativa e o que possibilitou a sobrevivência do cinema moçambicano quando o INC começou a sofrer os efeitos devastadores da guerra. O Instituto de Cinema deixou de ter meios de produção e de importação de filmes, que era seu monopólio, as salas esvaziaram-se progressivamente, começaram a fechar, o cinema móvel ficou inviável devido à impossibilidade de deslocação por terra, dentro do país. Só se viajava em coluna militar e as noites, sobretudo, eram muito perigosas. Seria loucura reunir pessoas à noite, ao ar livre, para assistirem a um filme. Um incêndio de grandes proporções destruiu grande parte das instalações do INC em 1987, foi o toque final da mão do diabo.

Mas antes ainda do incêndio, uns poucos anos antes, começamos a fazer documentários educativos em vídeo, numa outra instituição, o Gabinete de Comunicação Social. A televisão nacional estava a começar e os nossos documentários, de cerca de 20 minutos, eram emitidos semanalmente por ela sob o título genérico "Canal Zero". Eram filmes sobre saúde, educação, agricultura, mas feitos de maneiras menos convencionais. Tiveram, desde o seu início, um grande sucesso entre os espectadores, ganharam alguns prêmios internacionais.

Eu era encarregado da formação da equipe criativa, jovens sem nenhuma experiência na área. Tive que envolver-me diretamente no trabalho de realização, algo que eu não fazia no Instituto de Cinema. Eu tinha que formar e, neste processo, fui formando a mim próprio. Ali havia um espaço de maior liberdade de criação devido às facilidades do vídeo e sem as grandes reuniões e a burocracia do Instituto de Cinema, apesar de também ser uma entidade do Estado.

No Instituto de Comunicação Social foi possível procurar novos caminhos, fazer experiências, integrar documentário com ficção para tornar o filme mais agradável, mais comunicativo. Fizemos, por exemplo, um filme mudo, "*O poço*", sobre os cuidados a ter com água a ser consumida nos bairros suburbanos. Isso para tentar contornar o fato de que a língua oficial, o português, era falada por muito poucas pessoas e estas não faziam parte do público alvo. As línguas nativas também não eram uma solução, pois são cerca de 30 línguas diferentes. O filme, na época, foi um sucesso e cumpriu as suas funções educativas.

O "Canal Zero" evoluiu de programas meramente educativos sobre o país ideal para algo mais amplo: documentários sobre o que se passava no país real. Foram feitos vários trabalhos sobre problemas sociais e realizei os meus primeiros filmes, curtas-metragens sobre a guerra, que mais tarde seria tema de vários outros filmes meus, ficções e documentários ou mesmo uma mistura dos dois. Foi aí que me apaixonei pela realização, concluí a minha transição para o cinema. E o meu compromisso ideológico foi dando lugar a um compromisso social, que mantenho até hoje, e se reflete em todos os meus filmes, sejam de que gênero for. Esse compromisso, devido às raízes do nosso cinema, está presente em todo o cinema moçambicano, nas obras passadas e atuais dos seus realizadores, a maior parte dos quais formada nos anos iniciais do Instituto de Cinema, e que chamamos "Geração da Resistência".

Produções independentes

São trinta anos de produções independentes, durante a guerra e depois, uma continuidade fílmica e uma evolução coerentes com a evolução da situação do país. São filmes que registram a nossa história, feitos por poucos cineastas, a maior parte "militantes" do cinema, em atuação desde os primeiros anos pós-independência. Temas sobre a guerra, sobre o fim da guerra, a volta dos refugiados, a reconstrução do país... Filmes que, mesmo quando são ficções, falam da nossa realidade. Os documentários são como se fossem uma fotografia e as ficções, pinturas.

A produção de filmes em Moçambique, antes ligada a instituições do Estado, agora é totalmente independente, feita por pequenas empresas criadas por cineastas, sem apoio de nenhum fundo governamental. Sempre filmes de pequeno orçamento, de acordo com as condições do país.

Voltando às lições de Godard, ele dizia-nos que cinema é contabilidade: gastar o mínimo de película e obter o máximo na montagem. Nós, ainda no Instituto de Cinema, brincávamos com isto. Dizíamos: "vamos filmar um minuto e montar um filme de dois minutos". Na prática, o segundo grande momento de Moçambique foi quando começamos a usar o vídeo antes dos nossos colegas da região (a África do Sul ainda vivia no regime do *apartheid*) e, mesmo antes da maior parte da África, principalmente da África francófona, que, devido ao acesso a fundos que nós não tínhamos, continuava apegada aos 35 mm, recurso caro e com concorrentes poderosos no mundo inteiro. Nós, na nossa segunda fase, pós-"revolução", procuramos fazer filmes eficientes com muito pouco dinheiro, voltados para canais de televisão, em parte devido ao desaparecimento das nossas salas de cinema, muitas delas transformadas em igrejas de sinceridade duvidosa.

Como resultado positivo, as nossas produções locais deram lugar a coproduções internacionais, inicialmente com televisões europeias, depois com empresas produtoras de cinema de vários países. Os temas não mudaram, continuaram sempre dentro da mesma perspectiva, a nossa perspectiva histórica e social, de um cinema que nasceu engajado e continua sendo engajado. A nossa produção continua sendo em grande parte constituída por documentários. Nas ficções trabalhamos quase sempre com atores não profissionais, com experiência em teatro, teatro comunitário, integramos elementos da população local. Muitas vezes são uma mistura de ficção e documentário, em línguas locais, subtitulados em português para o público nacional.

Para mim, um documentário pode nascer de uma pequena notícia publicada na imprensa. Ler jornais diariamente é um hábito que adquiri lá atrás e não abandonei: um *"fait divers"*, a mulher agredida pelo marido, uma disputa entre vizinhos... Qualquer notícia, por mais banal que seja, pode transformar-se num bom documentário, se tratarmos o assunto da maneira correta, com respeito pelos seus protagonistas, pelas tragédias vividas pelos outros. Por vezes, um fragmento de um documentário inspira e dá lugar, anos mais tarde, a uma longa-metragem de ficção.

Sem me alongar muito, poderia falar algumas horas sobre cada um destes filmes, vou dar alguns exemplos disto, falando da gênese de alguns filmes meus. Importante destacar que a realidade, base do nosso cinema, não limita de forma alguma o lado onírico, espiritual. Sonho e realidade e também a religiosidade africana (antes proibida, por ser "reacionária"), cujas igrejas são árvores, tudo é fundamental.

Filmes, da ideia à realização

"*Marracuene*" e "*O grande bazar*". Em 1988, fiz um documentário sobre uma vila que à noite era abandonada pelos seus moradores devido à guerra, com o título "*Marracuene, as duas margens de um rio*". Marracuene é o nome da vila situada a cerca de 30 km de Maputo, a nossa capital. No documentário filmamos na estação de comboio um miúdo vendendo cigarros por unidade, pois a pobreza era tanta que ninguém tinha dinheiro para comprar um maço. Um soldado da escolta do comboio roubou-lhe os cigarros. Tocou-me o fato de o miúdo voltar para casa, sem dinheiro nem para um pão para a família, tendo perdido o pouco que tinha. Quinze anos mais tarde, esta situação deu origem a uma das minhas ficções, "*O grande bazar*", cujo personagem principal é inspirado no miúdo dos cigarros.

"*Virgem Margarida*". Há muitos anos um grande fotógrafo moçambicano, meu amigo, Ricardo Rangel, mostrou-me uma foto feita por ele logo depois da independência, quando as ideias novas exigiam a purificação das cidades, antro de hábitos reacionários. Uma foto de Rangel, a qual ele deu o título "*A última prostituta*", mostrava uma mulher de mini-saia a ser escoltada por dois militares, para ser enviada para centros de reeducação para prostitutas criados no meio da selva, no Niassa, a nossa província mais isolada. A foto deu origem a um documentário meu, de 1999, com o mesmo título, basicamente com depoimentos de mulheres que haviam estado nos centros como reeducandas, vindas das cidades, e as mulheres encarregadas de reeducá-las, ex-combatentes pela independência, de origem rural. Nele, uma das reeducandas fala com emoção de Margarida, uma camponesa adolescente enviada para a reeducação por engano e que morre lá, passado pouco tempo. Este minuto de documentário foi desenvolvido de forma livre, criativa, dando origem ao guião de "*Virgem Margarida*", minha penúltima longa-metragem de ficção, realizada em 2012, treze anos depois do documentário, quase 40 anos depois da foto. Importante notar que longo tempo passado entre a ideia e a sua realização deve-se em muito e quase sempre à falta de fundos nacionais para o cinema. Temos que procurá-los em outros países, processos complexos e demorados.

"*A árvore dos antepassados*". No princípio dos anos 90, a pesquisa, feita por uma ONG em campos de refugiados moçambicanos no Malawi, revela que a principal preocupação destes, no futuro regresso às suas zonas de origem, seria a reconciliação com os seus antepassados. Ao abandonarem precipitadamente as suas casas, durante um ataque às suas aldeias, não haviam tido oportunidade de despedirem-se dos seus antepassados, junto à árvore, sob a qual fazem as suas cerimônias religiosas familiares – uma transgressão impensável em tempos normais.

Num concurso internacional da BBC[5], no qual participaram centenas de projetos de realizadores de países do Sul, foram selecionados quatro para fazerem parte de uma série sobre populações. O nosso, baseado na pesquisa da ONG, foi um deles. No maior campo de refugiados moçambicanos no Malawi, onde estavam acomodadas mais de 100 mil pessoas, entrevistei cem famílias à procura da família ideal. Ao chegar à centésima família concluí que a primeira que entrevistei era a ideal. Com a minha equipe, acompanhei o regresso dela, umas vinte pessoas entre adultos e crianças, à sua zona de origem, uma viagem que levou mais de um mês, num cenário de destruições causadas pela guerra. O filme acaba debaixo de uma árvore, no reencontro da família com os seus antepassados, para apresentar os filhos e netos que nasceram longe de casa. É um filme muito emotivo, as pessoas geralmente choram no final e eu também.

Talvez tenha sido ao fazer esse filme, que, para mim, Steinbeck, outro escritor norte-americano, com o seu romance "*A um Deus Desconhecido*", passou a ter a mesma preponderância que Hemingway como influência literária. E Steinbeck era um homem muito relacionado com as causas sociais, basta citar o seu livro "*As Vinhas da Ira*", filme de John Ford, com Henry Fonda. Ele foi carpinteiro, operário, marinheiro... Em plena América, escreveu um romance em que os antepassados são homenageados junto a uma árvore, tal como na África. Sem prejudicar o lado político e social do trabalho que eu fazia, esse lado espiritual, "mágico", passou a fazer parte dele.

Numa filmagem, vi e filmei um caçador com poderes secretos conduzir um grupo de elefantes que havia invadido uma aldeia e investido contra os seus moradores, como se ele fosse o pastor e os elefantes fossem os seus bois ou cabritos. Tudo isso, para mim, é uma parte fundamental do Moçambique cinematográfico. Quem não acredita que o crocodilo que ataca uma pessoa, na beira de um rio foi enviado por alguém, não mergulhou nesta realidade e não pode fazer filmes em Moçambique. Quem não acredita que os crocodilos raptam pessoas e as levam para ilhas para trabalharem para eles, em machambas secretas, não pode fazer filmes em Moçambique. Quem não acredita que os feiticeiros à noite cavalgam hipopótamos, no meio dos rios, também, não, porque não conhece a terceira margem desses rios. Num outro episódio, num céu completamente azul, surgiu uma nuvenzinha escura e dela saiu um raio que matou duas irmãs numa aldeia. O raio foi enviado

---

[5] A BBC, British Broadcasting Corporation, é uma emissora pública de rádio e televisão do Reino Unido, fundada em 1922.

por alguém que não gostava daquela família, obviamente.

"*Comboio de sal e açúcar*". Neste meu filme mais recente, o comandante militar Sete Maneiras é inspirado em Manuel António, líder dos Naparamas. Os Naparamas, que surgiram durante a guerra civil e apoiavam o exército governamental, eram uns vinte ou trinta mil homens que combatiam nus, empunhando apenas armas tradicionais, arco, flechas e lanças. Eram invulneráveis, à prova de balas, e o inimigo fugia à sua aproximação, sem sequer tentar combatê-los. Isso durou até o momento em que Manoel António foi morto, com mais de cem balas. Claro, houve uma explicação para essa ocasional vulnerabilidade. Havia algumas regras a serem cumpridas antes de um combate. Os Naparamas não podiam comer comida com sal, nem manter relações sexuais nos dois ou três dias que o antecediam. Dizem que ele foi seduzido por uma bela feiticeira enviada pelo inimigo e fez sexo com ela no período proibido.

"*Comboio de sal de açúcar*" é adaptado de um livro escrito por mim, publicado em Moçambique em 1997; mais tarde, saiu na África do Sul, nos Estados Unidos. Durante a guerra, nos anos 80, eu ouvia falar desse comboio que saía do litoral moçambicano e ia até ao Malawi. Grande parte dos passageiros eram pessoas, sobretudo mulheres, que levavam sal para trocar por açúcar neste país vizinho e, com a venda deste produto, ao voltarem, sustentavam as suas famílias. Muitos não voltavam, eram mortos ou raptados durante os combates que se sucediam ao longo da viagem. Moçambique era um grande produtor de açúcar, muitos mauricianos trabalharam lá nessa indústria. Mas a guerra destruiu as plantações e deixou de haver açúcar até mesmo para o chá. Na época, tentei fazer um documentário sobre o comboio, mas não consegui financiamento. Quando a guerra acabou, percorri o trajeto de comboio entrevistando pessoas que o faziam antes. A pesquisa foi a base para que eu escrevesse o livro, um romance, com personagens e acontecimentos ficcionais. Acabei por adaptar o livro para o cinema. Ou seja, a ideia de um documentário dá lugar a um livro, um romance, que é transformado em filme de ficção.

"*Desobediência*". Há filmes que podem ser representados por um círculo. Este é um deles: um documentário que se transforma em filme de ficção, e que inclui na sua estrutura dramática o "*making of*" do documentário-ficção. Este processo, conduzido por um guião escrito segundo as regras mais ou menos tradicionais, transformou-se em algo que nenhum realizador consegue dirigir, se tentar fazê-lo da maneira tradicional.

Também foi na leitura de um jornal que me deparei com a notícia de poucas linhas, em 2002, sobre um homem que se enforcara, numa zona rural, muito isolada, deixando um bilhete em que culpava a mulher pela sua morte. Segundo ele, a mulher não o obedecia, recusava-se mesmo a aquecer-lhe a água para o banho, obrigação de toda a camponesa, para além de cuidar dos filhos, de trabalhar na machamba familiar, de cozinhar...

Achei o motivo para o suicídio muito estranho, ridículo, se não envolvesse uma morte e os conflitos resultantes daí. Num país com tantas mulheres bonitas, onde os homens são por vezes quase senhores feudais, o que levaria um marido a abdicar do seu poder tradicional sobre a mulher e suicidar-se?

À procura da verdade e de um eventual novo filme, fiz uma longa viagem para chegar onde tudo aconteceu. A 1500 km de Maputo, depois de, na parte final da viagem, atravessar riachos a pé, pois não havia pontes nem estradas, de caminhar muitos quilômetros, deparei-me com outras versões, diferentes da publicada no jornal. A família do falecido acusava a viúva de ter um "marido-espírito", um segundo marido que a levava a desobedecer ao marido físico, terreno. Outros entrevistados, não-familiares e com uma visão mais terrena, fizeram-me crer que a família do morto culpava a viúva para poder se apossar dos bens do casal: a palhota em que viviam, uns poucos cabritos e galinhas e, sobretudo, ficar com os seus cinco filhos, ainda crianças, mas já de grande ajuda nas machambas. Resolvi fazer um "documentário" à minha maneira, um "docu-drama", reconstituindo os acontecimentos, mostrando as várias versões, tendo os protagonistas como intérpretes. O morto era representado pelo seu irmão gêmeo, que também representava o seu próprio papel. É verdade! O morto tinha um irmão gêmeo e isto fez-me aguçar os sentidos, fez-me sonhar sobre a possibilidade de fazer um filme bastante diferente. E foi o que aconteceu.

As filmagens de "Desobediência", feitas um ano depois dos acontecimentos e depois da minha pesquisa no terreno, tempo necessário para participar com o projeto em concursos internacionais e conseguir o financiamento, foram as mais complexas e estranhas com que me defrontei até hoje. Situações de extremo perigo físico para a equipe, constantemente ameaçada por forças visíveis e ocultas, em territórios onde a lógica humana representa muito pouco.

Durante as filmagens, começou a acontecer algo muito estranho, que, no princípio, não percebi, mas filmei. Nos intervalos para o nosso almoço, por exemplo, mas também antes do começo da filmagem diária e no fim dela, a situação entre as duas famílias continuava a evoluir, fora do guião, sem nenhum respeito ao que fora acordado. Havia grandes discussões entre elas, agressões verbais e físicas contra a viúva. Isso me levou a filmar improvisadamente, fora do programado, para registrar esses acontecimentos, com uma segunda câmera operada pelo assistente do operador principal, para registrar os fatos. Na montagem, integrei este *"making of"* dentro da estrutura dramática, como parte dela, e funcionou muito bem.

"*Desobediência*" é considerado por muitos como o meu melhor filme. Mas a "culpa" não é minha, o eventual mérito não é meu. Trata-se apenas de colocar o cinema a serviço de quem o vê, com o respeito que as pessoas merecem. Os protagonistas são a alma do nosso cinema.

Sobre este filme, ainda não falei o principal. Tenho que falar-vos sobre o que aconteceu quase no final da filmagem, quando descobri a verdade, muito diferente de tudo o que me havia sido dito na pesquisa para o guião. E tenho, também, que contar-vos o que me aconteceu e me deixou traumatizado, muitos meses depois, quando o filme já havia sido exibido pela televisão nacional e por um improvisado "cinema móvel", para a comunidade onde fora filmado, que não tinha acesso à tv e nunca vira um filme.

Num dos últimos dias de filmagem, tínhamos a reconstituição da consulta conjunta feita pelas duas famílias a um grande curandeiro, especialista em assuntos "pesados", relacionados com mortes. Era o mesmo curandeiro que haviam consultado um ano antes, pelo mesmo assunto. Tudo decorreu como se fosse a primeira consulta, absolutamente verdadeira, a transfiguração do curandeiro, a presença do espírito do morto, as reações dos familiares. Todos procuravam novamente a verdade, uma segunda oportunidade de provarem que tinham razão.

Ao filmar a cena com o curandeiro, descobri que todos me haviam mentido, menos ele. Pela segunda vez, diante da câmera, mas sem levá-la em consideração, ele reiterou a verdade que já havia revelado um ano antes às duas famílias litigantes, sem a presença desnecessária da nossa equipe: o morto fizera amor com a mulher do irmão, seu gêmeo, e isso o amaldiçoara. Naquela comunidade, naquela cultura, gêmeos são interditos de terem sexo com a mesma mulher. Um tabu fora quebrado e o castigo era a morte. Afinal, naquela remota comunidade moçambicana, eu me confrontava com o equivalente a uma tragédia grega, a um Édipo, a uma Electra. A culpabilização da viúva era apenas uma tentativa de fugir à realidade imaterial.

Algum tempo depois de o filme ter sido exibido na zona e visto pelos seus protagonistas, ao passar por ali, a caminho de um novo documentário, fui confrontado com uma situação inesperada e, de certa maneira, transformei-me em personagem de "*Desobediência*". Descobri que havia casado com Rosa, a viúva, mãe de cinco filhos que tivera com o marido que se suicidara.

O que a levou a pensar nisso? Para compensar o tempo em que ela, trabalhando na filmagem por quase dois meses, não podia dedicar-se à sua machamba, a produção do filme deu-lhe uma junta de bois, uma charrua, dinheiro para construir uma nova casa de alvenaria, não uma palhota como a que tinha antes, longe da família do marido, e mais algum dinheiro. Isso tudo a levou a conclusões equivocadas. Ela já tinha visto o filme quando eu voltei a passar pela zona e resolvi visitá-la, para saber como se encontrava na sua nova vida. Foi então que descobri que ela não havia entendido nada sobre o que era um filme. Logo ao chegar, começo a presenciar coisas estranhas. Ela reúne os vizinhos, mostra-lhes os bois, a charrua, manda os filhos banharem-se e vestirem as suas melhores roupas. Não entendo a língua que falam e pergunto ao meu tradutor o que se passa. Ele explica-me que Rosa estava a vender todos os seus bens e a arranjar as crianças, porque iriam partir com o seu novo marido. E o marido era eu!

Rosa tomara os bois, a charrua e a casa que a produção do filme lhe dera como um *lobolo*, o dote que um homem dá em Moçambique para casar com uma mulher, da maneira tradicional. O filme, para ela, não era nada. A realidade era outra coisa. Eu havia pago o *lobolo* para casar com ela, que estava à minha espera para ir viver na minha casa, na "nossa" casa, em Maputo. Fugi dali a toda velocidade e nunca mais voltei. Imaginem eu chegar na minha casa em Maputo e explicar para minha mulher que eu chegava com uma segunda esposa e com cinco filhos! Nem no cinema isso acontece. Conclusão: é verdade, a realidade supera a ficção.

Atualidade

Atualmente, Moçambique vive uma situação bastante dramática no seu setor audiovisual e carece de uma reestruturação da "indústria" – que eu prefiro chamar de manufatura – e do mercado de cinema local. Além de uma presença maciça e quase indissolúvel da pirataria, o país, que já teve cerca de 100 salas de cinema operando simultaneamente, hoje tem apenas cinco funcionando regularmente e sendo operadas de forma comercial, todas na capital. As salas, com raras exceções, exibem grandes produções norte-americanas. Não existe nenhuma opção de sala de cinema com conteúdo variado e independente, como filmes africanos, europeus ou de outros continentes. Os raros filmes moçambicanos destinados às salas, hoje, não dispõem de locais para serem exibidos comercialmente em seu próprio país; portanto, não chegam até seu público e, consequentemente, não geram renda dentro do seu mercado. É um círculo vicioso.

Atingir um público mais amplo, de baixa renda, que não tem acesso aos cinemas comerciais; difundir a produção de conteúdos regionais; valorizar a exibição de filmes moçambicanos e incentivar a difusão de filmes procedentes de outras origens que não são aceites pelo circuito comercial são metas apontadas pelo estudo de viabilidade que podem se tornar realidade através da criação de políticas públicas de incentivo ao cinema digital. É algo que se está tentando fazer no momento, cujos resultados só conheceremos no futuro.

Cinema e engajamento social

Sobre cinema e engajamento social é necessário dizer que o engajamento social é obrigatório num país em guerra contínua desde a sua independência, com as consequências dessa destruição. Primeiro foi a guerra anticolonial, depois confrontos com Rodésia e o Regime do *Apartheid* e a guerra civil que começou à sombra destes confrontos e perpetuou-se por quase duas décadas, parou por curto tempo, recomeçou e, agora, parece que pode parar novamente. Nessas condições, o cinema não pode ser um mero exercício estético ou de diversão, o nosso *écran* é parte desta realidade, nele ela tem que estar representada, com otimismo ou pessimismo, isto já é uma opção individual que vem do fundo do nosso coração. Para finalizar, o importante é dizer que o meu compromisso principal é com o público, não com o cinema.

Maputo, agosto de 2017.

Um começo difícil, um final perigoso
(sobre o filme A *árvore dos antepassados*)

Quando tudo começa da maneira mais difícil, com um fracasso a seguir ao outro, é sinal de que dali para frente só pode melhorar, já que não há como ficar pior. Esta era a nossa fé. E foi necessário agarrar-se firmemente a ela para ultrapassar as situações que ainda continuavam a piorar. Foi assim que se iniciou a filmagem do documentário "*A árvore dos antepassados*", em 1994, e que quase acabou em tragédia.

O camião Bedford dos anos 50 avariou várias vezes pelo caminho para o local onde as filmagens começavam. Levou dez horas, o dobro do previsto, da cidade de Tete à fronteira com o Malawi. Trazia o nosso acampamento, um grande tanque para água, provisões, equipamento.

Segundo o produtor, fora uma vitória ter trazido o camião, aos empurrões, desde a cidade. O Bedford, com quase 40 anos, fora o único transporte que ele conseguira, nestes anos difíceis de pós-guerra, em que faltava quase tudo no país. "Parar é morrer", ele dizia constantemente, para incutir ânimo a si próprio. Contra ele, havia o fato de que chegara sem dinheiro. Tinha que transformar insuficiências em vitórias para não ficar desmoralizado diante da equipe. O atraso inicial levou a uma mudança de planos: em vez de ficar apenas um dia acampados ali, conforme o previsto, iríamos ficar três para a produção poder se organizar melhor e filmarmos com mais calma antes de começarmos a viagem que iria se prolongar por quatro semanas, numa espécie de "*road movie* africano".

O acampamento era entre as ruínas de armazéns agrícolas de uma ex--grande empresa estatal, carcaças de blindados, restos de armas e de munições espalhados pelo chão. Do outro lado da estrada de terra que passava a 30 metros, à linha da fronteira, vivia muita gente: camponeses malawianos e refugiados moçambicanos. Do nosso lado, era uma terra abandonada, sem nenhuma infraestrutura, onde não vivia ninguém.

A quinhentos metros do nosso acampamento, entre outras ruínas, estava instalada a família, cujo retorno à sua zona de origem iríamos filmar, 22 pessoas, muitas delas crianças que haviam nascido no estrangeiro como refugiados e vinham pela primeira vez a Moçambique. Traziam muito poucos bens consigo, depois de dez anos no Malawi, entre os quais destacava-se a porta encarnada pela qual iriam começar a construção de um novo lar, na terra de onde haviam partido em debandada para fugir à guerra.

O primeiro dia consistia numa filmagem semiclandestina no Malawi que tinha que ser feita em poucas horas, antes de despertar demasiada atenção. O Malawi era um território hostil à presença de uma equipe de filmagem moçambicana. As relações entre os dois sempre foram más e o pós-guerra não era uma exceção. Sem consultar os seus superiores na cidade distante, o chefe da zona autorizara a filmagem da partida da família do local onde havia passado esses dez anos. Ao abandonar as habitações precárias em que havia vivido todo esse tempo, construídas por ela, a família sabia que a tradição lhe impunha que as queimasse. Era preciso filmar o incêndio das palhotas e reentrar em Moçambique rapidamente. Anos antes havíamos filmado num grande campo de refugiados no Malawi e sabíamos como aquilo funcionava, com autorizações muito restritas e o acompanhamento policial constante, por agentes disfarçados.

Na "fuga" para a fronteira, com um carro de bois alugado para transportar os bens da família que vinha a pé como nós, a filmar tudo em andamento, na maior pressa, por um motivo incontornável, tínhamos que parar a cada cem metros, arriscando-nos a sermos interceptados. Com uma diarreia terrível, o câmara precisava ir constantemente ao mato. Não deve haver pior angústia para um câmara do que filmar nestas condições. Contudo, atravessamos a estrada ao fim da manhã. Passavam raros veículos por ali, mas o vento soprava na má direção e, a cada vez, a poeira levantada invadia o acampamento e acumulava-se formando uma camada densa sobre as tendas que tinham que permanecer completamente fechadas, apesar do calor intenso. Ao chegarmos de volta, a seguir à passagem de um camião, o câmara desabou bem junto à estrada e ficou recostado a uma árvore, completamente indiferente à nuvem vermelha que o envolvia.

O percalço seguinte foi a revolta da família. Preferira se instalar ao relento, em lugar do interior da ruína que havia sido prevista, mas se encontrava muito sujo. Não entendia a necessidade de permanecer ali tanto tempo, em vez de se deslocar diretamente para um campo de acolhimento de refugiados, a caminho da sua região natal, que ficava bem distante, uns 300 quilômetros para o interior da província. Os adultos estavam muito chateados por isto, mas as crianças se divertiam como podiam, na carcaça de um blindado que jazia perto deles, no interior dos armazéns destruídos.

Titos, um miúdo muito doce, esperto e comunicativo, logo descobriu as riquezas do nosso acampamento, latas vazias de cerveja que começou a colecionar, atividade que se transformou no seu principal interesse durante toda a viagem. Outras crianças estranhas à filmagem, surgidas do nada e encorajadas pelo à vontade de Titos, começaram a fazer círculos cada vez menores em volta do acampamento até se infiltrarem entre as tendas em busca também de latas e de garrafas de plástico vazias que contabilizavam, reunidos à distância. Numa das suas surtidas, ameaçaram invadir a cozinha e o sr. Jantar, nome verdadeiro do nosso cozinheiro, teve que intervir de maneira drástica para os afastar.

A segunda noite transcorreu sem a filmagem planeada. O gerador de 3000 *volts* não funcionava, só o de 2200. Ok, iríamos trabalhar com menos luz, com grupos menores de personagens. Quando já tínhamos preparado as "noturnas", o gerador de 2200 também se recusou a funcionar. Nada a fazer. Começar uma filmagem na ociosidade, a pior maneira possível de começá-la.

Não havia mosquitos, mas havia exércitos de formigas. Estavam por todo o lado, um inferno. Dois colegas acordaram envoltos em formigas que haviam invadido a sua tenda. Não havia sido prevista pela produção nem sequer uma lata de inseticida. Alguém teve uma ideia brilhante: lambuzar com leite condensado a cama do produtor.

A carroça para continuar a viagem por Moçambique, prevista para chegar às 7 horas, não veio. Era do Malawi, pois do nosso lado era impossível encontrar-se uma. Primeira noite sem filmar, uma manhã sem filmar. Um homem apareceu perto do meio-dia, dizendo que a carroça era sua e não daquele com que havíamos negociado, um simples trabalhador seu. Pior, ele não se responsabilizava pelo trabalhador que fugira com o pagamento que havia exigido adiantado para comprometer-se com a carroça para a filmagem, um saco de 60 kg de batata e outro de 60 de cebola, que representavam um mês do seu salário no Malawi.

Não houve filmagem durante o dia nem durante a noite, o problema dos geradores era o combustível adulterado, misturado com água, e uma nova remessa demorava a chegar. Fomos para a Vila de Ulongue, a uma de hora de carro por picada cheia de buracos, para beber cerveja gelada, pois, sem gerador no acampamento, só tínhamos bebidas quentes.

Uma outra carroça foi contratada. Tudo correu bem nesse dia, sem contar com o atraso, pois ela chegou às dez e não às sete, hora que havia sido combinada.

À noite, gravamos algumas imagens, com a iluminação crepitante de montes de palha a queimar, o que impedia o registro de sons.

Maravilha! No terceiro dia tudo também correu bem, a normalidade se instalava. A carroça, novamente parte da filmagem, chegou na hora prevista e filmamos num trajeto de 25 quilômetros de bela paisagem de montanhas, as crianças a banharem-se em riacho límpido, cenas bíblicas de retorno à terra prometida. No visionamento do material filmado, na volta, descobrimos que um cabo do gravador havia pifado no princípio do dia e que toda imagem estava lixada, de uma "bela" cor verde, rostos, roupas, carroça, bois, o céu...

No acampamento, tudo conforme a rotina: o jantar do sr. Jantar estava com três horas de atraso e a cerveja acabou durante a espera.

A revolta da família era cada vez mais evidente, diante dos atrasos, idas e retornos ao ponto de partida. Alex, o chefe da família, não aguentou a pressão e veio se refugiar no nosso acampamento. "O Malawi está tão perto, trinta metros, por que não te refugias novamente lá?" Ele não respondeu à provocação. O produtor foi mobilizar a família, no papel de um moderno comissário político, e negociar o retorno de Alex ao seu seio.

Cada dia era o último dia mau. O mau humor geral dava origens a repetidos incidentes e discussões entre membros da equipe, por motivos fúteis. Num clima assim, o melhor é se retirar para a tenda e tentar dormir. Boa noite, camaradas. Até amanhã.

Nascer do sol. A família não estava pronta no horário previsto. Um intenso nevoeiro cobria a paisagem. Às 7:30 avançamos para a nova locação, onde havíamos deixado a carroça no dia anterior, pois não era possível trazê-la conosco, 30 quilômetros para trás. A carroça sumira. Viagem interrompida novamente, fizemos alguns *travelings* da paisagem sombria para não voltar sem nada. Nova surpresa: o nosso problema não era só o cabo do gravador que avariara e havia sido consertado, era também o gravador, na época uma enorme máquina, muito pesada, separado da câmara. A paisagem filmada estava toda verde, no mau sentido.

A carroça foi localizada ao fim do dia, numa aldeia a vinte quilômetros da locação. O condutor decidiu levá-la para lá, sem nada avisar, por medo de animais selvagens que poderiam atacar os bois durante a noite. Para continuar a dispor dela, fundamental para a coerência do filme, havia novas condições. O condutor era o dono da carroça. Mas os bois eram do seu pai e eram necessários acordos separados com os dois proprietários. O valor que a produção havia acertado correspondia apenas à carroça. Faltava pagar pelos bois. Sim senhor, a guerra torna as pessoas mais ardilosas e exigentes!

Amanheceu com um céu azul de otimismo. Na hora da filmagem, o sol desapareceu, o céu ficou cheio de nuvens. Mas queríamos a toda a força nos livrar da carroça e dos seus donos. Filmamos mesmo com uma luz feia e, quando acabamos, perto do meio-dia, o sol voltou a brilhar.

Ao fim desta primeira semana, estávamos exaustos, completamente desmoralizados devido aos repetidos fracassos, dos quais não podíamos mais culpar a produção, pois já todos nós acreditávamos que eram causados por forças ocultas muito superiores à nossa humana capacidade de resposta. Para encerrar o ciclo negativo da melhor forma, a equipe inteira foi detida por militares *tswanas*¹ da Onumoz (Missão das Nações Unidas encarregada de supervisionar o acordo de paz em Moçambique) por, inadvertidamente, termos filmado, de passagem, acompanhando a viagem da família, o seu posto de controle instalado junto à estrada. A nossa libertação só ocorreu depois de horas de espera sob o sol, quando chegaram ordens superiores. Vindas, talvez, de um deus maior do que as Nações Unidas, as ordens superiores nos libertaram também do ciclo de desgraças, pois dali para a frente, outra etapa da viagem, exceto por incidentes menores, tudo começou a correr de acordo com os planos.

A lista dos incidentes que ocorreram nas restantes três semanas de filmagem, na verdade, era longa e alguns imprevistos comportaram grandes riscos. Por exemplo, tendo percorrido de carro algumas centenas de metros por uma estreita picada, de repente nos demos conta de que esta se encontrava minada. Era muito estreita, era perigoso fazer manobras para inverter a posição do carro, e fomos obrigados a retornar de marcha-atrás até a estrada principal, onde as minas já haviam sido retiradas.

Para proteger o nosso acampamento das serpentes que abundavam num local em que tínhamos que permanecer alguns dias, um membro da equipe, com longa experiência de mato, sugeriu que fizéssemos um círculo com óleo queimado de motor envolvendo o conjunto de tendas. Consistia, segundo ele, numa barreira intransponível para as cobras, o que de fato se comprovou. Ninguém contou com a possibilidade de uma delas se encontrar dentro do círculo, aninhada na sua toca, e que ficasse impedida de abandoná-lo quando procurou fazê-lo.

Perigo individual correu um dos membros da equipe de produção ao querer apressar dançarinos de *nyao*² para a cena prevista com a participação deles. Desconhecedor da importância dos segredos impostos aos não-iniciados no círculo desses dançarinos fantasmas, quis aproximar-se do local onde eles paramentavam-se para a dança e foi corrido a pedradas, sendo algumas pedras do tamanho de cocos e lançadas com a força sobre-humana de que só os *nyaos* são capazes.

Com os *nyaos* houve ainda outro incidente que quase causou a morte do nosso jovem guia. Influenciado pelo aparato da nossa equipe, carros, câmaras, a nosso pedido, ele levou-nos ao alto de uma montanha de onde se tinha

---

¹ Os tswanas são um povo que habita o Botswana e a África do Sul.
² O *nyao* (*nyau*) é uma dança milenar praticada por homens das comunidades situadas ao norte do rio Zambeze, em Moçambique e adquire conotações diferentes, de acordo com a ocasião em que é praticada, se em rituais de iniciação masculina, cerimônias fúnebres ou por puro entretenimento. *Nyao* significa o próprio dançarino, quando já paramentado por suas vestimentas e adornos e "Gule Wankulo", "a grande dança".

uma vista completa da região. Era uma montanha imponente composta por uma única rocha arredondada de uns 300 metros de altitude, um paradoxo na paisagem absolutamente plana. Era a montanha "sagrada" dos *nyaos*, onde faziam os ritos de iniciação dos seus novos membros, na qual havia uma grande caverna repleta de ossos humanos e de objetos cerimoniais, interdita aos não-iniciados. Era de conhecimento dos habitantes da zona que a quebra desta regra era punida com a morte ou definitiva perda da razão.

Lembro da súbita e forte tontura da qual fui acometido e que quase me fez cair, ao entrar sozinho na caverna. Deparei-me com tudo aquilo que lá se encontrava e um sentimento de culpa e medo me fez recuar imediatamente e impedir que os outros entrassem. O mal já havia sido feito, mesmo que sem intenção. Ao regressarmos ao nosso acampamento, próximo ao sopé da montanha, deparamo-nos com a animosidade geral dos habitantes locais, dos quais dependia o bom êxito da nossa filmagem, já informados do nosso "crime".

Tratando-se de "estrangeiros", desconhecedores das suas leis, os *nyaos* foram condescendentes conosco. A decisão de nos pouparem só foi tomada, conforme viemos a saber mais tarde, através de fonte fidedigna – o secretário local do Partido Frelimo –, depois de acaloradas discussões entre eles. Mas o nosso jovem e imprudente guia não teve a mesma sorte. Desapareceu e nunca mais o vimos. Soubemos que escapara por pouco da morte depois de, na noite seguinte, ter sido atraído à montanha e caído na emboscada montada por meia dúzia de *nyaos* armados com paus que o deixaram com muitos ossos partidos. Devido ao fato de ter sobrevivido à surra, parte do rito de iniciação a que involuntariamente foi submetido, por ter tomado conhecimento da caverna secreta, foi aceite como candidato a *nyao*, sem ter nenhuma possibilidade de furtar-se à honraria. Segundo disseram-nos, ainda teria que ser submetido a uma segunda fase que consistia na ingestão de poderosas drogas que poderiam levá-lo à loucura. Se conservasse a razão, tornar-se-ia um *nyao* com plenos direitos de subir a montanha e de participar das suas belas danças. Sem dúvida, uma merecida recompensa.

O polícia pianista[1]

(sobre o documentário *Tchuma Tchato*)

A Ken Wilson[2], um amigo do cinema moçambicano.

Vila de Zumbo, fronteira de Moçambique com a Zâmbia e o Zimbabwe, situada entre uma soberba montanha rochosa e a margem norte do Rio Zambeze, um dos locais do país de mais difícil acesso, palco de inúmeros episódios de guerra. Num deles, a vila foi alvo de obuses de morteiros posicionados no alto da montanha. Isto, depois de um minucioso trabalho de reconhecimento, por parte do inimigo, feito por um espião que se fingia de louco e que circulou por ela, vários dias, gritando desatinos. Mas o nosso relato não se situa na guerra, nem na margem norte do Zambeze. É sobre *Tchuma Tchato*, a reserva comunitária do outro lado do rio, mesmo diante da vila, e sobre o filme que lá fizemos.

1996. Primeiro, foi o nosso reconhecimento do terreno, a pesquisa para o guião, feita por mim, o realizador; João Ribeiro, produtor; e Jorge Ferrão, na época Reitor da Universidade Lúrio, por essa altura baseado no Zimbabwe, à frente da SACOD – *Southern African Communications for Development*. A pesquisa, como tinha de ser, determinou personagens, locações, o miolo da história. Mas, sendo feita em ritmo veloz, bem menor do que o tempo da filmagem, haveria de ser ultrapassada por esta. Ao contrário da ficção, no documentário, o guião tem a sua morte decretada no início da rodagem, o que dá a mais absoluta liberdade ao realizador para respeitar a realidade.

O tortuoso trajeto até ao nosso destino era um sinal do que nos esperava: sair do nosso país, para ir ao nosso país. Sim, o caminho mais fácil para o Zumbo era ir de Maputo a Harare, de avião, e seguir por terra, num percurso de cinco horas, para reentrar em Moçambique, diretamente em *Tchuma Tchato* que, ironicamente, quer dizer "a nossa riqueza". No nosso caso, o de cineastas moçambicanos com produções de orçamento reduzido, o trajeto fora feito no velho Land Rover conduzido pelo Ferrão que, a cada 30 quilômetros, exigia mais óleo no motor e água no radiador.

Em *Tchuma Tchato*, hospedamo-nos em quartos cedidos por professores, com vidros partidos e ninhos de andorinhas no teto, esvoaçavando so-

---

[1] "O Espelho da Vida".

[2] Ken Wilson, uma estrela brilhante no céu do cinema moçambicano, mesmo sem ser cineasta. Ex-representante regional da Fundação Ford, apoiou várias atividades culturais em Moçambique, incluindo uma trilogia de documentários sobre reservas comunitárias: "*Tchuma Tchato*", "*Mariana e a Lua*", "*A Ponte*", produzida pela Ébano.

bre os nossos corpos e caganitando sobre os nossos lençóis. A tentativa de projetar filmes moçambicanos para um público ainda virgem de qualquer reprodução de imagens do seu país, com o intuito de o seduzir para as nossas boas intenções de documentar a sua vida, foi mais ou menos bem-sucedida. O som não funcionou, mas, mesmo assim, o público fartou-se de rir da mini-saia de uma miúda bonita que aparecia num *clip* do Stewart e do pastor, representado por Gilberto Mendes, na sua bicicleta carregada de bananas, num *clip* que eu havia feito sobre uma música do Mucavele. E, ali, na paz absoluta de uma noite nas margens do Zambeze, comemorei os meus 45 anos bebendo *sparkling wine* zimbabweano, que naquela época ainda era produzido pelos nossos vizinhos. E ouvi as estórias sobre crimes locais, contadas pelo comandante da polícia, no Zumbo, que atravessara o rio para confraternizar conosco e ouvir novidades de Maputo.

Os personagens principais para o documentário surgiram rapidamente. Luis Namanha, o competente diretor de *Tchuma Tchato*, casado com uma bela zambiana, que tinha uma igualmente bela irmã gêmea. Os inseparáveis fiscais da reserva, Luciano e Matias. O fiscal Bonifácio, ex-sargento do exército. Mariana e Kaniemba, representantes dos espíritos locais: ela, o do Macaco; ele, o do Leão. O *"margerman"* Mirinho, responsável pela manutenção da cerca eletrificada que protegia as aldeias dos animais, delegado local da Renamo nas horas vagas. Era um jovem revoltado contra tudo e todos, devido ao seu regresso compulsivo à "selva" da sua infância, depois de anos de prazer nos braços de alemãs e do conforto em que vivera na RDA.

A filmagem, meses depois, começou com um grande desafio: transportar, de uma margem até a outra do Zambeze, o Land Cruiser do Vitó Marrão, delegado provincial do ICS (Instituto de Comunicação Social), que iria apoiar a produção. Chegara ao Zumbo, vindo da cidade de Tete, rasgando o interior da província, numa viagem de 15 horas. A solução para a travessia fora uma balsa improvisada com vários *mokoros*[3] amarrados uns aos outros. O desembarque, numa ribanceira do rio, revelara-se ainda mais difícil, com o carro quase a dar um mergulho fatal.

Kaniemba, com o seu rosto deformado pela ausência de metade do nariz, recebeu os visitantes e autorizou as filmagens. Com a sua autoridade de Leão, desejou-nos boa sorte, que era o que mais precisávamos, para atravessar as precárias pontes da reserva, enfrentar cobras, elefantes, escorpiões e outros perigos invisíveis aos nossos olhos urbanos.

Numa cerimônia noturna, Mariana subiu a uma árvore e desapareceu na sua copa, demonstrando uma agilidade inexplicável para quem tinha quase

---

[3] *Mokoro*: canoa escavada num tronco de madeira.

60 anos. Dois anos mais tarde, personagem principal noutro documentário, sobre uma viagem sua aos Estados Unidos, ela iria exacerbar os seus poderes, "curando" cancros em São Francisco e no Hawaii e possibilitando a gravidez de mulheres inférteis. Nesta ocasião, lançar-me-ia uma suave maldição por não ter conseguido enviar-lhe uma canoa de fibra de vidro, para substituir o pesado *mokoro* que tinha dificuldade em manobrar nas águas turbulentas do Zambeze, apesar da sua destreza nas árvores. "O meu espírito não é de peixe", justificou ela. "É o do macaco".

No rastro de um ficcionado búfalo ferido, uma das linhas narrativas do documentário, Luciano ia sempre à frente de Matias, lendo os vestígios deixados pelo perigoso animal. Usava os conhecimentos herdados do seu avô, grande caçador, que o iniciara na arte, em criança, e os poderes da sua mãe, Bonita, uma temida feiticeira, muito doce no trato pessoal. Com a ajuda de um e de outro, ele conseguia infiltrar-se entre uma manada de elefantes, como se fosse um deles, e chegar mesmo junto do que queria abater. Se tinha que dormir no mato, ao relento, com um círculo traçado no chão, à sua volta, partia a espinha de qualquer serpente que tentasse atravessá-lo com intenções venenosas.

O confronto com os caçadores estrangeiros que tinham abatido realmente um búfalo e quiseram impedir-nos de filmar o animal morto, que fingíamos ser o nosso, não estava no guião. Argumentavam, com a violência de matadores profissionais, que as imagens seriam chocantes e serviriam de argumento para os movimentos contra a caça desportiva. Foi então que me dei conta de que a representação da morte pode ser mais forte do que ela própria. O mesmo, porém, não acontecia com a imagem do hipopótamo morto, a flutuar no rio, que vimos no dia seguinte, com as suas ridículas patinhas voltadas para cima, como um desajeitado bichinho de pelúcia.

Personagens imprevistos se impuseram durante a filmagem. O professor bêbado que se exibia, tocando a cerca eletrificada, para um alegre grupo de alunos, observando-o de uma distância segura. Mais importante para o conteúdo do documentário foi o "Espírito Leopardo", caçador furtivo quando não estava em transe, que habitava numa palhota isolada entre duas aldeias de *Tchuma Tchato*. Capturado pelos fiscais a abater gazelas, tivera de pagar a multa imposta pelos regulamentos da reserva e recebera uma severa admoestação de Luis Namanha, pouco impressionado com o "Espírito" e o "Leopardo". Este, no entanto, impressionou-nos, quando, em transe, vestido com uma túnica branca, deu saltos sobre-humanos, movendo-se sobre quatro patas, como o animal que encarnava.

O rio também nos reservou surpresas. Numa das voltas pelo Zambeze, à procura de animais para filmar, ao aproximar-nos de uma das suas inúmeras ilhas, fomos advertidos do perigo de desembarcar ali. Era para aquela ilha que os crocodilos levavam as pessoas que raptavam, para trabalharem nas suas machambas secretas. O aviso não nos demoveu, mesmo correndo o risco de também sermos capturados. Foi quando descobrimos uma grande machamba muito especial. Atrás de uma cortina feita por uma faixa de 10 metros de pés de milho, estendia-se uma viçosa plantação de suruma[4], muito bem tratada pelos crocodilos e pelos seus escravos.

Os elefantes invadiram uma aldeia. Recebemos a notícia quando descansávamos nas nossas tendas. Haviam entrado na zona protegida através do rio, contornando a cerca eletrificada. Ameaçavam os moradores, obrigando-os a abandonarem as suas casas. Fomos imediatamente para lá e também tivemos que fugir, quase perdendo a nossa câmara, investidos pelo líder da manada. Chamado à pressa, Luciano mostrou os seus poderes, conduzindo calmamente os animais para longe, como um pastor conduz os seus cabritos. O abate de um dos elefantes, necessário para que não voltassem, segundo ele, foi aplaudido pelos aldeões que durante dias tiveram carne em abundância.

A dor resultante de picada de um escorpião, junto ao coração, quando dormia no chão da tenda, impossibilitou-me de filmar por dois dias. Passei a dormir numa cama bem alta, o que não impediu que fosse picado nas costas por outro escorpião, maior, mas menos venenoso, que caíra do chuveiro quando tomava banho. Outros dois episódios estiveram mais perto de interromper definitivamente a filmagem, ambos devido à temeridade do operador de câmara, João Costa (Funcho). Fora picado por uma cobra, ao brincar com ela. Sorte a pérfida não ser venenosa. Noutro gesto ousado, Funcho saltou do barco no meio do Zambeze, para nadar até a margem e provar que não temia os crocodilos.

O mais marcante, porém, dessa filmagem aventureira, foi o personagem que não aparece nela, pois o guardei para um filme só sobre ele. Como talvez não consiga realizá-lo, resgato das minhas anotações Ricardo Alfai Campos, que então me fez chorar e ainda hoje o faz. Foi em Chinthopo, uma remota aldeia de *Tchuma Tchato*. Era um polícia, com meia farda e com um coldre sem pistola, comandante de uma semidestruída esquadra, a única construção de alvenaria. Eu dissera qualquer coisa em espanhol, para um dos meus colegas. Afastara-me a caminhar pela aldeia e vi que ele me seguia. A minha paranoia a polícias, adquirida durante a ditadura militar no Brasil, deixava-me alerta. Tentei despistá-lo, sem conseguir. Desisti e perguntei o que ele queria. "*Hablar español*", foi a resposta. E "*hemos hablado español!*".

---

[4] Suruma é bangue, marijuana.

Ricardo estivera muitos anos em Cuba, onde também estudara piano. Casara com uma cubana, com quem teve três filhos. Viera a Moçambique, durante a guerra, para ver o pai doente, mas fora incorporado na tropa. Nunca mais pudera voltar a Cuba. E acontecera-lhe um longo silêncio, entrecortado por breves notícias da mulher e dos "*niños*". Soubera, depois, que viviam todos em Miami. E que os filhos tinham saudades do pai. Alguma vez poderia voltar a vê-los? Ricardo Alfai Campos chorava, quando acabou de falar. Eu também chorei. Sem ter como consolá-lo, dei-lhe a lata de sardinhas que tinha para o meu almoço.

Uma "Cinecittà" chamada Chiango

(sobre o filme *A colheita do diabo*)

Para quem não conhece, Chiango fica nos arredores de Maputo, perto do mar. Em 1987, em plena guerra, era uma zona desabitada, uma planície salgada e quase sem vegetação, de pouco interesse para os beligerantes.

Este último aspecto foi o que nos levou a escolher Chiango para ser palco de uma experiência arrojada, para a época: produzir um filme de ficção em vídeo, uma tecnologia ainda pouco desenvolvida para este fim. No contexto em que se vivia, com uma indústria nacional de cinema paralisada, dando os últimos respiros de uma fase gloriosa, tornava-se um duplo desafio.

O equipamento de filmagem vinha da França e isto nos resolvia, à partida, um dos problemas fundamentais. A pós-produção seria na Europa e, assim, um outro empecilho estava também solucionado. Fora lá que surgira, de improviso, a ideia do filme. Em Montbeliard, no meu primeiro festival, convidado para apresentar "*Melancólico*", vídeo-*clip* de uma música de José Mucavele, talvez a primeira obra do gênero a ser produzida em Moçambique e que fizera grande sucesso aqui, transmitido dezenas de vezes pela televisão.

Fazia muito frio em Montbeliard. Ao ser confrontado com a ideia de Michel Bongiovanni, um dos organizadores do festival, de produzir um filme de ficção meu, fui para o quarto do hotel e deitei-me no tapete, para ficar a com a cabeça colada ao aquecedor e ver se me surgia alguma inspiração. E surgiu: a guerra, a que se desenrolava naquele momento e a anterior, tendo como elo de ligação veteranos da guerra anticolonial que agora lutavam para defender uma aldeia.

Para que o projeto avançasse, todas as sinergias daqui, e troco deliberadamente o s pelo c, teriam que funcionar, pois a guerra havia paralisado quase tudo no cinema e fora dele. E funcionaram, tudo bem sincronizado, entidades e pessoas. O Instituto Nacional de Cinema, completamente envolvido, deu o máximo dos seus recursos que definhavam do lado material, mas não do ponto de vista técnico e humano. Vários cineastas deram o melhor de si, em tarefas que, por vezes, não correspondiam às suas. Os melhores atores nacionais foram contratados, Joaquina Siquice, a estrela da Companhia Nacional de Canto e Dança. Veteranos verdadeiros iriam representar os veteranos do filme.

O realizador José Cardoso, participando como cenógrafo, criou em Chiango a aldeia comunal das nossas utopias: casas com portas e janelas coloridas, a escola exemplar à sombra da árvore da sabedoria... E nela instalamos habitantes do sonho. Mas à noite o sonho transformava-se em realidade e os veteranos usavam as armas de cena com balas reais para defender a aldeia de um possível ataque real do inimigo.

O ataque quase aconteceu. Mas viria do nosso lado e não do inimigo. Um avião de reconhecimento da Força Aérea detectou nos arredores da cidade um grupo de homens armados, em uniforme militar, que não faziam parte de nenhuma unidade do Exército. Foi dada ordem de um bombardeamento aéreo. Providencialmente informado da iminência do ataque, através de misteriosos canais de comunicação, o diretor de produção do INC e do filme, o realizador Camilo de Sousa, também ele antigo combatente, conseguiu travar a operação quando os MIG[1] já aqueciam os seus reatores. E isto evitou baixas desnecessárias entre os nossos veteranos. Anos mais tarde, com o desenvolvimento da guerra, ataques quase quotidianos à cidade foram feitos através de Chiango, como se a ficção tivesse aberto caminho à realidade.

Dificuldades inerentes à precariedade resultante da guerra deram o seu colorido especial à produção. O camião dos bombeiros, necessário para simular a chuva, teve que repetir várias vezes o trajeto do quartel ao *plateau*, pois chegava quase vazio, perdendo a sua carga de água ao longo da travessia da cidade e ao chacoalhar dez quilômetros por uma picada em péssimo estado. O carro do cinema móvel, elemento essencial do filme, e que tinha que se deslocar durante a chuva, era o último existente no INC e já não tinha o motor em condições. Na areia pesada de Chiango, teve que ser movimentado pela força dos músculos de inúmeros assistentes de produção, escondidos atrás dele.

Como imagem final desta produção quase perfeita, a última grande produção do INC, há um elemento que não faz parte do filme: o boi solitário, muito magro, a correr pela planície, perseguido e abatido a tiros de AKM[2] por excitados macondes[3], os veteranos, para ser transformado em churrasco comemorativo ao fim de filmagem.

The End.

---

[1] *MiG* – Aeronaves de fabricação soviética, russa.

[2] Fuzil automático Kalashnikov modernizado.

[3] Os *macondes* são um grupo étnico bantu que vive no sudeste da Tanzânia e no nordeste de Moçambique, principalmente nos planaltos de Mueda e Muidumbe.

Uma Lua do Índico no Oceano Pacífico

(sobre o filme *Mariana e a Lua*)

A filmagem de "*Mariana e a Lua*" foi feita quase integralmente nos Estados Unidos, com uma pequena parte do início e o fim na Reserva de Fauna Bravia de *Tchuma Tchato*, no Zumbo. A ideia inicial, com forte componente espiritual, consistia em acompanhar Mariana Mpande, curandeira e líder comunitária da reserva, numa viagem por algumas cidades norte-americanas, incluindo o Hawaii, onde iria falar de *Tchuma Tchato* e trocar experiências com "curandeiros" locais.

A viagem começou com uma morte inesperada, mas, ao longo dela, foi trazendo esperanças de vida e de um mundo melhor. O fiscal da reserva, Luciano, o que tinha maior conhecimento dos segredos naturais e mágicos do mato, havia sido escolhido para acompanhar Mariana. Para ambos, à parte algumas deslocações a zonas fronteiriças do Zimbabwe e da Zâmbia, seria a primeira viagem ao estrangeiro, a mais longínqua que podiam imaginar. Mas ao chegarmos a *Tchuma Tchato*, Luciano jazia num túmulo recente, com desmesurados três metros de comprimento que davam a entender acolher mais do que o seu corpo de um metro e setenta. A causa da sua morte havia sido os seus irreconciliáveis "dois corações", se bem que, por detrás dela, estivesse, segundo diziam, a mão de um poderoso feiticeiro zambiano, contra a qual os contra-feitiços da sua mãe, a também poderosa Bonita, não conseguiram se opor. Um dos corações de Luciano protegia e o outro matava e isso foi o seu fim, antes de a viagem se iniciar: protetor dos animais à luz do dia, escondia um secretíssimo caçador furtivo no lado obscuro da sua alma.

O fiscal Matias, companheiro inseparável de Luciano nas deslocações pela reserva e nas aventuras ditadas pelo seu coração bom, foi quem o substituiu. Logo na primeira etapa da viagem, San Francisco, Mariana impôs as suas prerrogativas de curandeira. Para manter alerta o espírito do macaco, que encarnava, tinha que consumir seis ovos estrelados nos matabichos[1]. Para o resto da equipe, no longo trajeto por terra, até a reserva indígena, no norte da Califórnia, apenas enjoativos *donuts*[2] e refrescos açucarados.

No primeiro povoado ao longo da estrada em que os índios eram maioritários, uma estranha força emanava da terra e provocou, no mesmo local e em menos de um minuto, as quedas inexplicáveis de dois membros da

---

[1] Matabichos são os cafés da manhã.

[2] *Donuts* são pequenos bolos em forma de rosca.

equipe, sendo que a da engenheira de som a deixou impossibilitada de operar o seu equipamento durante boa parte da filmagem. As quedas, no meio de uma rua, passaram-se diante do olhar malicioso de um velho índio de longos cabelos brancos. Foi este, possivelmente, o primeiro contato entre forças mágicas dos dois continentes.

A reserva pouco tinha de tradicional: ruas largas, carros compridíssimos, um hotel pré-construído... Num descampado, na periferia, uma casota feita de pedras, na qual só se entrava de gatas, constituía o seu local sagrado, segundo explicações do nosso guia índio, locutor da rádio da comunidade. Nada de mágico aconteceu ali, mas, em contrapartida, a reserva dispunha de um corpo administrativo local mil anos luz à frente de qualquer *Tchuma Tchato* das nossas realidades. E a interação de Mariana deu-se no diálogo com um curandeiro da tribo que a conduziu pela mata, indicando ervas e raízes que utilizava contra doenças, conhecimento herdado dos seus antepassados.

Numa vila de madeireiros, vizinha à reserva, também com uma forte componente comunitária na administração das florestas locais, num *"saloon"* de filme de *cowboy*, enquanto uma alegre frequentadora fazia um *strip tease* em cima de uma mesa, depois de ingerir vários *bourbons*, algo de muito estranho se passava numa outra mesa, numa sala anexa. Vulnerabilizada pelo "espírito do macaco", uma moradora da vila, descendente de índios, desatou aos prantos, agarrada às mãos de Mariana, deixando a nossa curandeira constrangida, sem saber como explicar-lhe que o seu espírito era o do riso e não o das lágrimas, apesar das tristezas vividas durante a guerra.

No avião para o Hawaii, Mariana maravilhou-se ao ver a lua abaixo de si, refletida no oceano. E ao desembarcar, foi recebida por representantes das tradições ancestrais da ilha, como se fosse a lua da esperança. Ansiavam por uma aliada, na sua luta desesperada contra as aves de rapina do continente que invadiam e desrespeitavam os seus locais sagrados, erguendo templos materialistas dedicados aos dólares. Estradas haviam sido construídas sobre sítios onde antes realizavam cerimônias, uma grande plantação impedia o acesso ao riacho onde tomavam banhos purificadores e as suas águas agora serviam para irrigar cana-doce, dando-lhe um sabor amargo. Receosos em relação a tudo o que vinha de fora, antes de autorizarem filmagens, observaram demoradamente a lua que surgiu no céu havaiano como dois cornos, para se certificarem de que eles não estavam completamente equilibrados e que a maldade do mundo havia escorrido por um dos lados, diluindo-se no espaço.

Os ilhéus já tinham uma outra aliada, Apela Colorado, uma índia do continente, professora universitária, casada com um "sacerdote" local, mas que se encontrava debilitada por uma doença grave e também procurava em Mariana uma força extra na sua luta pela vida. Foi o casal, mas principalmente ela, que nos guiou pelo seu território e nos fez conhecer a sua "tribo", traçando conosco o guião do nosso filme.

O intercâmbio ficou completo com o encontro de Mariana com Makua, junto a um vulcão fumegante. Grande entidade espiritual do Oceano Pacífico, era o guia dos seus inúmeros povos. Madames de Nova Iorque pagavam fortunas para terem uma consulta com ele, que só conseguiam com muito esforço e paciência. Ele vivia isolado nas cercanias do vulcão, num local secreto, sem e-mail e sem telefone. Para contatá-lo, só por carta. De tempos em tempos, ele descia a encosta do vulcão e ia até a vila para buscar a correspondência que abarrotava a sua caixa postal. A resposta a uma carta podia levar semanas e a sessão solicitada se realizava vários meses depois, às vezes mais de um ano.

Chegamos no local de encontro muitas horas antes da combinada e contávamos com uma longa espera por Makua. Mas, ao amanhecer, ele havia visto uma única nuvenzinha no céu completamente azul e imaginou que éramos nós a chegar adiantados e foi ter conosco, num sincronismo perfeito. Invocou os seus deuses e conversou com Mariana à borda da cratera do vulcão. O Makua havaiano e os nossos macuas, dois mundos se uniram através de palavras e de uma enorme empatia espiritual.

No Hawaii, para os nativos, a ordem natural das coisas, às vezes, é ao contrário. Pouco antes da nossa partida de volta ao continente, o chefe da Migração no aeroporto, com quem não havíamos contatado à chegada, sendo também ele "sacerdote", dirigiu uma cerimônia, no alto de uma colina de onde se avistava a cidade, cercado por guerreiros com lanças e trajes tradicionais, para nos desejar boas-vindas.

Greenwich Village, Broadway, a Casa Branca, nada impressionou Mariana, em New York e Washington, mas ela impressionou plateias na Fundação Ford e no Smithsonian Institute, falando da sua realidade. Uma única coisa mereceu realmente a sua admiração e deu-lhe o mais absoluto prazer: andar numa limusine que ela apelidou de crocodilo.

No regresso a *Tchuma Tchato*, ela e Matias foram recebidos como heróis. E ela encantou crianças e adultos, fazendo dançar um macaquinho de pelúcia, movido a pilhas, ao som de uma estranha música asiática. A feiticeira Bonita continuava inconsolável, pela perda do seu filho predileto, e aceitou ser filmada falando dos seus poderes secretos que se tornaram de conhecimento público, meses depois, com a apresentação do filme para a comunidade.

Como última notícia do Hawaii recebi, em Maputo, uma pena de águia, através da DHL³. Era uma águia sagrada, para a tribo de Apela, e havia caído na sua cabeça, quando ela andava de visita a uma reserva índia no Alaska. Dá-la a alguém, segundo ela, era um sinal de respeito e propiciava sorte a esta pessoa. Como se houvesse voltado a um corpo de ave, poucos dias depois a pena desapareceu do envelope onde ficara guardada. E a tal sorte ainda não me aconteceu. Ou talvez tenha acontecido, sem que eu me tivesse dado conta.

---

³ A DHL é líder global em logística; especializada em entrega internacional, serviços de *courier* e transporte.

Luís Carlos Patraquim

A revolução dos "outros"[1]

À memória de Fernando Silva

"De quem depende que a opressão desapareça? De nós.
De quem depende que a opressão continue? De nós."

Jean-Luc Godard, Relatório sobre a Viagem nº 2 A da Sociedade Sonimage em Moçambique, 1978.

Que faz Jean-Luc Godard sentado em Moçambique? Que faz ele no bar do Hotel Tivoli por uma tarde solarenga quando corre um sábado de 1978? Discreto e silencioso a um canto do bar, ao fundo, quando a revolução dos "outros" – os moçambicanos – vozeia nos comícios, desenha-se nos cartazes, dança eufórica nas fábricas e nas ruas, projeta-se no cinema a nascer? Jean-Luc Godard espera, sentado sobre a sua expectativa. A seu lado, a "*chevelure*" loira, o rosto quase belo, ariano, de Anne-Marie Miéville. Ninguém os virá buscar.

É uma tarde de sábado e o calor entontece. A cerveja depura. O Cine-Clube, com sua ainda tradicional sessão do fim de tarde, espera. Alguém repara naquela figura de óculos grossos atirada para o fundo da sala. Mais um cooperante, pensa. Observando melhor, constata que o tal cooperante se parece muito com Jean-Luc Godard. Mas não pode ser! Que faria Jean-Luc Godard, sentado em Moçambique, numa tarde de sábado, em 1978?

O resultado desta aventura verídica está relatada pelo autor de "*Pierrot, le Fou*" no número 300 dos "*Cahiers du Cinéma*". Porque ele vinha fazer as "*Imagens do nascimento de uma Nação*", projeto que se saldou em quase nada, devido à recusa da ala mais ortodoxa desse partido que liderava a "revolução dos outros". Vinha da Europa, da deriva/experimentação do grupo Dziga Vertov, da "Sonimage". Não havia, definitivamente, nenhuma praia sob o empedrado de Paris.... Vinha em peregrinação ao santuário ainda não infecto, ao que julgávamos, da utopia revolucionária. Vinha experimentar a ideia: uma câmara-vídeo entregue a responsáveis de aldeias

---

[1] "Espelho da Vida". Crónica para "*O País*".

comunais, repartidas um pouco pelo país; a promessa de recolhê-las seis meses depois e ver o que eles veriam, registrariam de si próprios. Depois, logo "se veria" como trabalhar esse registro singular... Vinha com a "conivência" de setores mais cosmopolitas e cinéfilos dos círculos não só intermédios do poder.

Pelo mesmo tempo dinâmico e eufórico, chegava Jean Rouch. O Instituto Nacional de Cinema iniciava a produção do seu jornal cinematográfico, *our joly good fellow* "*Kuxa Kanema*" – o nascer, surgir, do cinema. Cinéfila coincidência. Alguns dos "outros" – os que faziam a revolução – tinham frequentado os Cine-Clubes, bebido de Godard e Rouch, das cinematografias todas. O "*Kuxa Kanema*" será a escola de todos os cineastas moçambicanos, mesmo depois da morte do INC. Florestano Vancini sentar-se-á na mesa larga da sala de produção do Instituto Nacional de Cinema para falar da cinematografia italiana. Nani Loy fará rir plateias. Med Hondo, da Mauritânia, realiza um filme sobre o Sahara Ocidental – "*Teremos a morte para dormir*" – com produção moçambicana e estreia mundial em Maputo. E que dizer de Ruy Guerra, do projeto para o cinema móvel, do filme "*Mueda, memória e massacre*"? Onde estará Hailé Gerima, o realizador etíope de "*A Colheita Tem Três Mil Anos*"? Lembrar-se-á da sua presença em Maputo? A pergunta torna-se espúria, porque a teimosia de fazer Cinema, genericamente considerado, se manteve e se mantém. Pedro Pimenta, ao menos esse, claro que sabe onde está Gerima e até já foi seu produtor na Etiópia! O Dockanema é, hoje, o herdeiro dessa continuidade cinéfila que nunca se perdeu em "esteticismos" estéreis, muito menos alheia à realidade envolvente.

Por aquele tempo, quando Godard esperava no bar do Hotel, Santiago Alvarez chega a Maputo para encontrar afinidades entre o "*Kuxa Kanema*" e os seus próprios documentários. Wajda, o realizador polaco de "*Cinzas e diamantes*", só não virá a um dos inúmeros ciclos que o INC organizava por causa do "*Homem de mármore*" e dos óculos escuros do general Jaruzelski... Patrício Gúzman oferece a triologia da "*Batalha do Chile*" ao público moçambicano.

Simon Hartog, já desaparecido, membro do poderoso sindicato britânico dos trabalhadores do cinema e da televisão, demorar-se-á alguns anos no INC, consultor e um dos principais arquitetos da construção de uma cinematografia moçambicana. Tantos outros. A enumeração não é cronológica. Alguém a fará um dia, com listagens rigorosas e sinopses dos filmes e ensaios a enquadrar. Aliás, isso já começa a acontecer e, quiçá, sensibilize os responsáveis para o autêntico crime de lesa-patrimônio que se mantém: o impasse na correta preservação do espólio do INC, memória visual e sonora do período pós-independência.

Do relatório de Godard, de 1978, o da sua segunda viagem, respigo: "Sexta-feira, 1 de setembro de 1978 – à noite, refeição no antigo *yacht-club* com Ruy Guerra. Presença de amigos vários. Sem querer pô-lo em *vedette*, a situação em que se encontra presentemente Ruy Guerra é interessante. Apaixonante. Paixão das massas e do indivíduo pelo espetáculo animado. Situação talvez única de Ruy até este momento na história do terceiro mundo e da fabricação de filmes. Como cineasta que realizou vários "grandes" filmes de audiência internacional, Ruy carrega com ele o desejo profundo de contar histórias, de falar da tristeza e da alegria com os rostos, os gestos e os corpos de homens e mulheres, de filmar as aventuras de personagens ordinários ou fabulosos. Além disso, como filho do país, e do país na infância da sua independência, que acordou de plena noite colonial, ele precisa guardar os olhos abertos, sem deixar-se levar. Mas deixar-se levar para ir até onde? E como mostrar o caminho ou encontrá-lo e contar então o quê? Como fazer filmes? Nos movimentos precisos e finos de Ruy, cheios de força desajeitada, que procuram com doçura a boa medida, a gente sente que aqui, nessa parte do mundo, existe enfim uma chance de se encontrar a resposta."

Devo esta citação à generosidade do fotógrafo e amigo José Cabral, outro dos nomes que guarda, nos seus arquivos pessoais, a imagem de tantas produções, ao longo dos últimos trinta anos, e cuja organização em livro seria um excelente contributo para a história do cinema moçambicano. E da fotografia também!

O sonho de que falava Godard morreu? Felizmente, não. Mas começou a agonizar, quiçá, no dia em que Jean-Luc Godard não teve ninguém à sua espera no bar do Hotel Tivoli. Lembro-me que liguei para um irmão meu e para o então diretor nacional de informação, Muradali. E organizei programa. No hondinha do "brada" fizemos a volta dos tristes, da cidade à Costa do Sol, enquanto, na Rua de Dar-es-Salam, o Fernando Silva organizava a "recepção" para a noite: amêijoas, chamussas, camarões, cerveja, uísque Glenwood. Godard, com Anne-Marie, no banco traseiro do hondinha vermelho, falava a espaços, atento à paisagem em redor.

Depois foi a festa. Ruy Guerra também estava presente, mas, ao que me lembro e naquela circunstância, o contato entre os dois cineastas não foi dos mais calorosos. Aproximaram-se depois, como se prova pelo texto do autor de "*Je Vous Salue, Marie*". Como anfitriões, todos nos desdobrávamos na atenção a ambos. Ricardo Timane, belo, exuberante, conversava, dançava e fazia ouvir a sua gargalhada franca e única, corolário da conversa inteligente e a empatia natural que eram as suas.

Não muito efusivo, Godard fumava e observava. Lembro-me de sair com ele para o passeio, o som da festa em *off*. Juntou-se um grupinho. E não vou esquecer a sua frase. Falava eu, entusiasmado, e Godard, *en passant*, lembra o mito de Cronos, o deus que devorou os seus próprios filhos.

Haverá imagens disto tudo? Há. Haverá sobretudo as vozes e as novas imagens destes "protagonistas" contando a(s) sua(s) história(s) naquela prodigiosa segunda metade da década de 70, em Moçambique, quando eles vieram ao santuário da revolução dos outros para experimentarem a sua própria visão do cinema.

"O tempo dos leopardos": o que se procura no tempo perdido

Como os eleatas, bem sei que a mesma água não passa duas vezes sob a mesma ponte. Não há melancolia nesta constatação.

Quase vinte e nove anos depois, voltei a rever o filme *O tempo dos leopardos*, coprodução moçambicano-jusgoslava destinada à comemoração, em 1985, dos dez anos de independência da então República Popular de Moçambique. Bayreuth e o seu IconLab são os responsáveis. E no bom sentido.

Participei no filme como co-roteirista, com Licínio Azevedo. Cerca de dois meses em Belgrado, depois Rudnik, Belgrado outra vez. Em Rudnik, pequeno povoado encravado nas montanhas, sentávamo-nos na sala da pousada a observar o recorte nebuloso, azul às gotas, umedecendo de obscuridades o dorso dos relevos imponentes. O Marechal Tito fez guerrilha nesta zona, disseram-nos com orgulho. Era julho e corria o ano de 1984. Em julho espera-se a meridiana claridade, mas nós estávamos ali como os bebedores de Degas, sem *mademoiselle* nem *absyntho*, mais próximos, talvez, da rudeza dos bebedores de Vincent van Gogh. Não me deito nas dobras do lençol nem discorro sobre o travesseiro de Proust, *à la recherche...* Não há tempo perdido, há outro tempo: utopia/distopia, a equação talvez no plural, a sua desconstrução a exigir-se.

Baseado nos *Relatos do povo armado*, de Licínio Azevedo, recolha de estórias dos protagonistas da luta armada de libertação nacional, *O tempo dos leopardos*, como obra final, pouco mantém dessa fonte.

O processo político em Moçambique, por esses tempos, tinha sido bem atribulado: intensificação da "guerra de desestabilização" dos "massangaíssas/bandidos armados/Renamo" – é esta a gradação politizante da nomeação – Operação Produção, com as levas de "improdutivos" para a província do Niassa, a lei do Chamboco (cavalo marinho) a lembrar, escandalosamente, a palmatória na administração colonial. Tratava-se de uma clara deriva autoritária do regime, para dizer o mínimo. O IV Congresso da Frelimo consagrara e reforçara a sacrossanta planificação centralizada e, não obstante os muitos sinais de fracasso, as Aldeias Comunais e as grandes empresas estatais, ao estilo dos Kolkhozes, continuavam a ser a pedra de toque para a política agrária. A produção industrial, do que restara do aparelho empresarial colonial, começava também a fraquejar: indústria têxtil, vidreira, metalomecânica. Por essa altura, o país tentara, *ad absurdum*, a sua integração no espaço do Comecon (URSS e as chamadas democracias populares da Europa do Leste), o que fora recusado, tanto no plano político como no plano teórico. Suslov e o imobilismo brezeviano tinham mais com que se preocupar do que com a variante marxizante de uma experiência tropical, com laivos de messianismo e uns pauzinhos de maoísmo à mistura. Isto, não obstante a importante linha de demarcação que o país representava, tanto no conflito Leste/Oeste como na agenda internacional da luta contra o *apartheid* e o regime de minoria branca da Rodésia do Sul. Da hipocrisia ocidental, ao não apoiar em todas as suas consequências a decisão moçambicana de cumprimento integral das sanções contra a Rodésia, nem vale a pena falar. A percepção desse jogo complexo no tabuleiro dos diversos blocos leva Samora Machel ao empenhamento no reforço da unidade dos países da Linha da Frente, na África Austral, à linha de oportunidade na grande frente dos Não-Alinhados e a uma intensificação de relações com eixo transatlântico, Estados Unidos e Europa Ocidental. Uma via, ou pendor, terceiro-mundista vai reforçar as relações com as experiências revolucionárias em África e na América Latina: N'Gouabi, Sankhara, Mengistu, Manley (Jamaica), Granada, Nicarágua sandinista. Da efemeridade destas experiências, sabemo-la agora. Da distorção de outras, como a da Etiópia de Mengistu Hailé Mariam, conhece-a bem o seu povo. Verdade é que, na polarização geopolítica de então, Moçambique soube "jogar" em todos os tabuleiros e resguardou-se, com habilidade, na tomada de posição sobre o conflito sino-soviético.

Mas, deixemos este longo excurso. Na estranha neblina de Rudnik, na animada e contraditória Belgrado, capital de um país que já não existe, a escrita do roteiro de *O tempo dos leopardos* ia acontecendo entre quartos de hotel, ao som das batidas do teclado das velhas máquinas de escrever. Recusáramos, com Licínio Azevedo como grande batalhador, um texto já cozinhado e que refletia tudo menos um mínimo do que fora a guerrilha em Moçambique e do que era, ou julgávamos ser, a realidade moçambicana. Parte dela, para ser mais exato. Estávamos conscientes da dimensão celebratória da "encomenda" e da tensão inevitável entre o que era a narrativa oficial e o "desvio" que julgávamos possível introduzir. Estas discussões, prévias à estadia em Belgrado, tinham vindo a acontecer em Maputo: Licínio, Camilo de Sousa, este narrador de ocasião. Queríamos o impossível: através da celebração dessa "gesta épica" da luta armada, refletir e inserir uma problematização do presente, cujos contornos contraditórios já expus resumidamente. A "dissidência" começava logo pelo título: queríamos chamá-lo *A madrugada dos imbondeiros*, essa árvore majestosa de braços revoltos que inscreve nas raízes tanto a maldição, a imprecação dos Espíritos, como um grito de libertação. Ficou o leopardo e o seu tempo. A pele desse felino, em África, é um símbolo de poder. Contra a Utopia, intuíamos a distopia. Nada tenho contra o que possa ser uma pulsão utópica. "Se eu não morresse nunca/ e eternamente buscasse/ e conseguisse/ a perfeição das coisas", escreveu o poeta português Cesário Verde. Há uma poética celebratória da Utopia na obra de José Craveirinha. Da "Epístola Maconde", em que exorciza, transfigura, a tragédia do Massacre de Mueda (16 de junho de 1960), para dessa amálgama de sangue vaticinar "E Moçambique nasce!", até às "Tanjarinas de Inhambane", o seu reverso, distópico, toda a obra craveirínica cabe também nessa dimensão. A Utopia aparelhada, hierarquizada, partidarizada, de sentido único, servida e ao serviço de um Partido/Estado que se autolegitima quase em circuito fechado, em movimento centrípeto e, no limite, autofágico, essa assusta e, no caso moçambicano, foi o cadinho de muitas das contradições que vivemos no presente. Instituiu uma espécie de não-lugar preenchido por uma narrativa de sentido único. Desse resto ficou a pregnância de uma noção, a moçambicanidade. É em termos de um reducionismo fantasmático, e sintomático, que ela está presente em *O tempo dos leopardos*. Há personagens ao serviço de uma Ideia (Pedro e todos os guerrilheiros), cujo abraço lhes define de imediato uma identidade e um lugar de pertença e outros, como o moçambicano branco do exército colonial, cuja ambiguidade de comportamento lhe concede aceder a esse mesmo lugar de pertença. Outorga que lhe é oferecida por Pedro, o guerrilheiro que morre, em imagem sacrificial, crística. Era este o dispositivo, sempre hierarquizado, sempre por dentro das instituições, coloniais ou nacionalista. O interessante deste dispositivo é o de anular qualquer determinante rácico, inscrevendo esta outorga numa espécie de evangelização/iluminação. E onde a culpa é exorcizada quase como na cerimônia da lavagem dos espíritos. Acontece, pois, um duplo efeito, crístico e de uma ritualização africana, sob a roupagem de uma linguagem ideologizada segundo o jargão epocal.

Era esta a "gramática", a "arché", do tempo. Julgo que do filme fica, no presente, um campo semântico de conteúdos a explorar. *O tempo dos leopardos* abre espaço para o que a literatura moçambicana, alguma dela, veio a fazer depois. Abomino as "identidades assassinas", como escreveu Amin Malouf, mas pregnância de uma moçambicanidade em permanente devir expressa-se nua, o que considero ser um exercício heteronímico, em que se jogam múltiplas pertenças – simbólicas, linguísticas, de ex-centricidade de lugares – cujo texto em permanente escrita, em oratura também, exige uma porosidade e uma negociação permanentes. O *Ualalapi*, de Ungulani Ba Ka Khosa, é a desconstrução de todo uma historicidade mentida. Mia Couto "outra-se", como dizia Fernando Pessoa. Paulina Chiziane vai ao útero da casa, para citar uma poetisa são-tomense, Conceição Lima. Tantos outros. Eduardo White é agônico. A moçambicanidade é um devir. Há regressões, derivas rácicas, mas também recombinações que nos convidam a Ser. Com uma ou outra exceção, falta ao cinema moçambicano este mergulho nas águas mais profundas da grande orografia que nos constitui.

Bayreuth, 24 de janeiro de 2014.

Sol de Carvalho

A pedagogia no cinema?

Muitos acreditam que a função primordial do cinema é divertir, outros pensam que é ensinar, ajudar a pensar, e há ainda os que acreditam que uma coisa é inerente à outra. Talvez a grande questão para o cinema hoje seja saber fazer a diferença neste mundo repleto de imagens.

Contexto

Às vezes, as pessoas parecem querer fugir da palavra pedagógico, especialmente quando falam de arte.

Nunca entendi porque é que os médicos dizem ácido acetilsalicílico em vez de dizer aspirina. Parecem tentados a querer afirmar a quem os ouve que eles estão num patamar superior. Às vezes, sinto isso nos filmes.

Não há que ter vergonha de simplesmente dizer aspirina, especialmente quando sabemos que não se trata de uma discussão sobre química e que esse termo será entendido por uma muito mais larga audiência.

Mas, ok, aqui estamos a tratar de arte e, muitas vezes, a arte é apenas uma forma nova de expressar conceitos e ideias antigas, pelo que não é de menosprezar o exercício da procura de novas formas. Faz parte da evolução.

Como resolver, então, esse dilema em que somos confrontados com a necessidade de sermos simples sem deixarmos de ser profundos e, ainda, a necessidade de sermos criativos e inovadores?

Estou a falar do cinema que se preocupa com as audiências, que se preocupa para quem ele é destinado, o que, felizmente, acho ser o caso do cinema moçambicano.

Pistas

No início do cinema pós-independência em Moçambique, quando o cinema estava nacionalizado em termos de produção, distribuição e exibição, a questão era muito simples: Se estavas "dentro" do sistema, bastava simplesmente ter uma ideia, porque as condições estavam todas lá para o fazer.

Incluindo a garantia de que os filmes seriam vistos por uma significativa parcela da população.

E assim foi até que mudamos para uma sociedade de mercado, criamos as produtoras independentes e tivemos de partir à procura de financiamento para os nossos filmes. E, também, de redefinir os nossos métodos de produção.

Sejamos claros, existem algumas obras de ficção moçambicanas que foram essencialmente financiadas por fundos do cinema estrangeiro, mas a grande maioria foi apoiada pela comunidade doadora em Moçambique. Quase sempre relacionados com programas sociais em que eles estavam engajados.

E acho que conseguimos enfrentar essa nova realidade com algum sucesso. De fato, o cinema moçambicano sustentou-se durante muitos anos precisamente porque os cineastas conseguiram sempre impor a sua criatividade e a procura de novas opções estéticas, em filmes que só foram possíveis, porque, de uma forma ou de outra, eram destinados a largas camadas sociais moçambicanas. Fosse ela o SIDA, o ambiente, as mulheres, a guerra, as minas ou qualquer outra problemática social, o objetivo dos financiadores era, lá está, haver uma ação educativo/pedagógica.

E foi nesse contexto que Moçambique conseguiu criar algumas respostas bem interessantes e se conseguiu não perder o ponto de vista autoral e criador.

Uma delas é o caso do docudrama tão fortemente representado na obra do meu colega Licínio Azevedo.

Uma outra é a que resulta da passagem ao cinema das histórias de Mia Couto, onde se procura uma linguagem (às vezes conseguida, outras não) que tenta, pelo humor e pela poesia, atrair o espectador para lhe propor temas profundos como forma de interação com o espectador. Um exemplo é o filme do meu outro colega aqui presente, o João Ribeiro.

Outra ainda, que já foi ensaiada por mim, tem sido a de tentar tornar os diferentes níveis de percepção (ou absorção) complementares: o *layer* mais direto, mais simples, mais óbvio, o da superfície, que toda a gente entende, é também uma porta para discussões mais profundas. Mas se o espectador ficar por ali, também está bem, porque é importante que ele reaja a essa primeira "declaração" do autor. Simbolicamente, a inspiração vem de *Playtime*, de Jacques Tati, onde esses *layers* são colocados mesmo no nível da composição do plano em que três ou quatro histórias podem ocorrer simultaneamente. Tentei fazer isso no *Jardim do outro homem*...

Todas válidas? Sim, acho que sim, mas todas ainda a necessitar de mais trabalho, de mais experimentação... e, sobretudo, de mais reflexão sobre as intenções, a forma como foram feitas e os resultados. Mas todas elas têm uma preocupação comum: a de criar um diálogo ativo e dinâmico com os espectadores a partir da realidade social moçambicana.

Parece-me importante que continuemos a não fechar o nosso cinema no círculo restrito das elites mais esclarecidas. Isso seria aceitar ficar no gueto em que os poderes querem colocar os criadores. Porque assim eles não se tornam incômodos. Porque não há nada mais inútil do que um cineasta fechado numa redoma sem o seu público.

Mas sejamos claros: este posicionamento não justifica uma atitude comercial nem nos iliba de responsabilidades intelectuais e artísticas. Sei bem que, como criador, tenho de questionar a realidade, o que inclui a procura de uma estética identitária a um tempo pessoal e, ao mesmo tempo, nacional.

Parece-me que o cinema africano, juntamente com a situação político/social que ele reflete, fornece uma janela de oportunidade em que se torna viável esse casamento da criatividade com a maior absorção possível das potenciais audiências.

Temos de continuar a tentar, a um tempo, entreter, emocionar, a propor novas reflexões quer políticas quer estéticas.

O que diferencia o cinema dos outros atos criadores é que o veículo implica, pela sua própria natureza, uma relação com um destinatário, que, pela natureza da sua potencialidade, se multiplica em números que nenhuma outra arte consegue atingir.

Não se trata, pois, de decidirmos se o cinema tem uma dimensão social (e pedagógica já agora). Essa decisão já foi tomada pelas características do veículo e a forma como tem sido utilizado. Há mais de cem anos que assim é e tal mantém-se inalterável.

Como bem refere Reia Baptista no seu texto sobre o cinema pedagógico, nem mesmo Buñuel, **dono de um espírito libertário**, assumida e declaradamente antipedagógico, deixou de ser um dos cineastas mais pedagógicos da história do cinema. Mais uma vez: temas sociais tratados de uma forma bastante inovadora.

E Baptista insiste: primeiro, porque a verdadeira essência, e a característica mais eficaz, do efeito pedagógico do cinema consiste na sua capacidade de abordar sistemas de valores – dogmas – numa perspectiva herege ou, em alguns casos, pseudo-herege. Entenda-se aqui o termo heresia no verdadeiro sentido da palavra, tal como ele era definido pela teologia da idade média: um erro doutrinário cometido deliberadamente em desafio à autoridade[1].

Quer queiramos quer não, a televisão, sendo a chamada área menos "nobre" da produção das "imagens em movimento" já ocupou largamente essa função social e o resultado é que o cinema, na forma como muitas vezes o entendemos, se tornou um objeto de eleitos, de minorias.

---

[1] Wakefield & Evans, 1969.

A esses fatos se soma a história de Moçambique que tem ainda uma marca social básica: a grande maioria dos moçambicanos não usufruiu ainda do direito a uma educação condigna e, quando nos referimos à educação cinematográfica, então, estamos a falar de um quase deserto. Em quantidade, mas especialmente em qualidade.

Para nós, realizadores, trata-se de nos posicionarmos simultaneamente perante as características do próprio cinema e do ambiente em que ele atua.

Sei bem que um panfleto político, moral, ambiental, médico, histórico ou social e belas imagens, mesmo que bem montadas... não chegam para fazer um bom filme, apesar de, nos nossos países, o panfleto politicamente correto ser, muitas vezes, o único critério de avaliação.

Estamos, pois, perante um desafio. Assumir claramente a mensagem, usar uma linguagem que comunique com o público, procurar a forma de dizer mantendo o respeito por uma identidade estética nacional e desenvolvendo-a sempre para novas plataformas técnicas e estéticas.

Fico, pois, um pouco constrangido, quando me dizem que somos cineastas educacionais ou pedagógicos. Porque a categoria é usada de forma redutora. Afinal, duma forma ou de outra, todos os filmes podem ser pedagógicos: *Filadélfia*, para falar do mais conhecido filme sobre o AIDS, é um filme pedagógico. Mas ninguém o assume como tal, porque traz o selo de Hollywood, o modelo de produção de cinema para grandes audiências e as fantásticas interpretações de dois atores já oscarizados. Tivesse ele sido feito por um cineasta africano e, quem sabe, traria imediatamente consigo o rótulo de educacional. Estamos, pois, perante uma forma de discriminação em que o pedagógico no norte é arte e no sul é educação?

Diria que um filme é mais ou menos pedagógico de acordo com...primeiro, a intenção do autor e, segundo, com o uso que se faz dele. Mas, nessa altura, ele já cortou o cordão umbilical com o seu criador e se tornou propriedade pública...

O que me parece justo é que nos limitemos, com frontalidade e honestidade, a analisar se os nossos filmes são simplesmente... bons ou não... Teremos, seguramente, mais a ganhar seguindo por esse caminho, porque, é preciso reconhecê-lo, existe muito paternalismo e sobranceria na forma como se olha o cinema africano e os nossos cineastas.

Nós, cineastas africanos, temos uma vantagem, até aqui insuficientemente aproveitada. Deixem-me lembrar o que me disse Jean Luc Godard numa entrevista feita há mais de 30 anos em Moçambique: "... quando se diz que não há tradição de imagem... na realidade vocês têm tanta tradição de imagem como qualquer outro povo e hoje vocês até têm mais porque 80% dos moçambicanos não sabem ler nem escrever e isso talvez seja uma coisa muito forte para que se reaprenda a fazer a imagem... Eu diria que vocês são mais ricos em matéria, em matéria-prima psicológica, filosófica etc., que outros países".

Acho que Ousmane Sembene e Soleymane Cissé serão dois exemplos (outros existem) dos que souberam ir ao fundo do baú do imaginário africano, para poderem trazer algo de fresco ao visual que estávamos habituados... Sem facilidades técnicas (porque, insisto, não está em causa que é preciso saber fazer), eles construíram narrativas procurando mergulhar nas formas de estar (e, consequentemente, de "olhar") da África, trazendo símbolos e signos desacreditados noutras paragens, mas sem os quais a sociedade africana simplesmente... não funciona!

Aqui, estou de acordo com a visão de Godard. Acho que, na África, vivemos num mundo imaginário carregado de símbolos, imagens, representações, que constituem o enorme reservatório que nos permite criar um cinema que seja inovador e, ao mesmo tempo, próximo dos seus destinatários. Chamem-lhe o que quiserem, até mesmo "pedagógico", que importa?

Chibuto, 2016

Na rodagem do meu último filme *Mabata Bata*...
A vila é, a um tempo, um misto de realidades. Referências a uma vila colonial que ocupava um lugar privilegiado na província de Gaza. Marcada nos bairros suburbanos por um estranho ambiente: música sul-africana ecoando pelas casas, muitas novas construções de zinco (a mostrar algum estatuto) e uma ausência marcada de...homens!
Porque o Chibuto é uma típica zona de recrutamento mineiro para a África do Sul.
Da colina que dá entrada para a vila e na fronteira do bairro suburbano estende-se um enorme vale cruzado pelo rio Incomati, famoso por alargar o seu leito por alguns quilômetros nas recorrentes cheias da estação das chuvas.
Aqui e ali, salteiam na paisagem as enormes figueiras selvagens africanas que estranhamente sobrevivem numa região que seria presa fácil dos fabricantes de carvão vegetal que tem devastado seriamente a floresta de Moçambique. E sobrevivem, dirão os cientistas, porque a sua madeira não dá bom carvão (é o que se chama uma árvore de madeira branca), mas sobrevivem, também, por duas outras razões bem mais prosaicas. Antes de mais, porque são árvores de grande porte, com troncos largos e (não se espantem) um dos refúgios seguros para a população apanhada nas cheias do rio que enchem o vale todo de água, aquando da época das chuvas. Mas essas árvores são ainda importantes por outra razão. São as árvores dos espíritos da vila. No mundo mágico africano, a morte súbita leva a que o espírito se liberte do corpo e procure uma nova habitação e, entretanto, habite as grandes árvores da região (juntamente com as cobras, os mochos e uma ave denominada cabeça de martelo, aves conhecidas pela sua ligação espiritual).
Ora, a história do filme exigia precisamente uma cerimônia e um chamamento aos espíritos que deveriam "aparecer" na tela e, durante a pesquisa de locações, encontramos um conjunto de sete figueiras, precisamente dispostas em círculo e que era o perfeito *"set"* para a nossa história. As árvores estavam na beira de um riacho, para além do qual se estendia o vale por alguns quilômetros, até ao leito principal do Incomati.

A introdução vai longa, mas julgo necessária para se compreender o que quero contar.

Era maio/junho e o *cacimbo*[1] já se fazia presente, as noites estavam frias.

Pela madrugada existia ainda um espectáculo maravilhoso: as enormes manadas de gado (incluindo a "nossa", usada para o filme) vinham da vila e espalhavam-se pela região para pastar. E, logo atrás, o batalhão das mulheres com às enxadas as costas, que vinham amanhar a terra que, obviamente, era o solo perfeito para as *machambas*[2], onde se produzia praticamente toda a verdura da região.

A única passagem pelo pequeno riacho era precisamente bastante próxima do local da filmagem e, naturalmente, obrigava, por vezes, à paragem da rodagem por causa do som das manadas, das vozes dos jovens pastores ou das mulheres que o atravessavam.

Por duas vezes, ao atravessar o riacho na zona (cerca de 50 centímetros de água e algum lodo), eu tinha notado como a água era fria... e admirava-me como aquelas pessoas teriam todos os dias de passar por esse tormento.

Uma das últimas cenas a serem rodadas no local correspondia a uma loucura partilhada por mim e pelo diretor de fotografia (e com a produção a arrancar os cabelos), para eu filmar, pela noite, a chegada da manada do ator principal, numa sequência que teria de ser iluminada dos dois lados do riacho.

Voilá! Como fazer o equipamento atravessar o riacho? Alguém sugeriu o óbvio: trabalha-se no rio, colocam-se estacas fortes e construímos uma ponte para podermos atravessar...

Assim foi. Conseguimos rodar as cenas noturnas. Houve um dia de paragem como mandam as regras para podermos retomar as sequências de dia.

Quando voltamos ao local, de madrugada, começamos a preparação e, de repente, rebenta uma enorme algazarra no riacho. Toda a gente parou e foi ver o que se passava.

Comecei logo por achar estranho serem canções cantadas por mulheres. Quando cheguei ao local da travessia, tive uma muito agradável surpresa: as mulheres tinham-se reunido no local, atravessavam a nossa pequena ponte improvisada e estavam ali para nos cantar o seu agradecimento por agora não terem de molhar os pés na água fria e no lodo do riacho. Os custos tinham sido quase nada e o benefício era enorme...

Nunca mais essa história me saiu da cabeça por ela representar tão bem algo que eu acho ser uma das maravilhas do cinema: a possibilidade de partilhar o momento com as pessoas. Sem esperar para que elas vejam na tela, mas começando no processo da própria fabricação...

---

[1] Cacimbo é o nome dado, no nordeste de Angola e também em Moçambique, à estação *seca* que decorre de maio a agosto. É chamada de estação seca por oposição à estação das chuvas, de setembro a abril, mas de fato é bastante úmida. Nesta região, durante este período ocorre com frequência uma névoa intensa, que dá o nome à estação.

[2] *Machambas* são as plantações.

Scala

Ano e meio depois da rodagem, MABATA BATA estreia no SCALA, o cinema de 700 lugares na plateia (O balcão é uma outra pequena sala) que a nossa produtora vai gerindo. E aqui tenho de contar duas histórias.

1.
Enviamos os convites e, dois dias antes, tínhamos confirmação de 700 pessoas. Lotação esgotada! Maravilha.

Só que no dia da estreia, precisamente uma hora antes, começou uma daquelas chuvas que só se conhecem nos trópicos! E para mais, as fossas de escoamento da Baixa da capital não tinham sido limpas e o espaço virou... um lago. O tráfego triplicou e comecei a receber mensagens de desistências.

Só parou em cima da hora... mas, mesmo assim, tivemos 470 pessoas... muitas delas, precisamente as primeiras (e antes do local se tornar transitável), atravessaram a rua de sapatos na mão. Só posso recordar que, quando fiz a apresentação do filme, não consegui deixar de acabar com a frase dedicada aos presentes: "Se vocês se molham todos para verem filmes, vocês merecem toda a luta que temos para os fazer!"

2.
Tinha pedido aos jovens que protagonizam o filme para virem até à capital. Receberam uma ovação tremenda. Nas combinações sobre a acomodação, insistiram que poderiam ficar na minha casa... acedi, afinal tinha um quarto vago e um sofá na sala...

Quando, depois da festa, chegamos a casa para o sono reparador, eles estancaram na frente do elevador... fiquei admirado, até que um deles me confessou: "É que nunca andamos de elevador!"

Quando chegamos ao décimo andar, parecia que eu os tinha transportado para o céu.

No dia seguinte, partiram de manhã bem cedo. Em cima da minha mesa, eu tinha uma mensagem do ator principal: "Foi o dia mais feliz da minha vida."

Fiquei pensando como o cinema é conhecido por proporcionar o *glamour* e a fama. E, afinal, o cinema pode ter essa outra dimensão tão simples quanto importante de simplesmente proporcionar às pessoas que o fazem algo de tão simples quanto novo. O que nos faz dar razão para continuar...

Isabel Noronha

1. Quadro perdido, quadro partido, quadro reenquadrado: uma das infinitas estórias do Cinema Moçambicano

(publicada em "Espelho da Vida", jornal *O País*, Moçambique, 2010)

> *E vem-nos à memória uma frase batida:*
> *Hoje é o primeiro dia do resto da tua vida...*
> Sérgio Godinho

Nesse final de manhã, não tinha nenhum motivo para continuar a acreditar que cada dia era um novo início: esse dia particular tinha muito mais cara de fim, de beco sem saída, de encruzilhada sem sinal à vista. Só caminhava em passos largos, porque os passos curtos eram naquela época o primeiro sinal de improdutividade, juntamente com o olhar observador, facilmente confundido com o olhar perdido, sem direcção; ou o olhar choroso, sinal inequívoco de sofrimento, sentimento desenquadrado num país onde todos eram felizes porque construíam a cada dia o seu futuro. Por isso caminhava com os olhos postos no horizonte, para além dos carros poucos que circulavam também apressadamente pela Julius Nyerere, os condutores com medo de serem vistos fora do trabalho antes da hora de cerrar o ponto: rastos na memória de uma Operação-Produção que ninguém sabia se tinha já terminado. Estávamos em 1984 e eu acabara de dizer não pela segunda vez. A primeira fora dois anos antes, quando no final da 11ª classe recusara a bolsa para ir estudar história na Checoslováquia. Queria estudar Psicologia, ciência considerada burguesa. Sabia o que me esperava: colocação no curso de formação de professores, primeira e silenciosa repreensão. Aceitei: ensinaria os meus alunos a ler livros de todo o tipo, escrever o que lhes fosse na alma – uma janela com alguma centelha de liberdade ao fundo, pensei. Dois anos depois, a notícia de que teria de ir dar aulas de inglês, que eu mal sabia falar. O inevitável segundo não: "um quadro perdido", era o que dizia o olhar do director da Faculdade de Educação, quando fechou o meu processo e me abriu a porta do gabinete: "quanto tempo levará o meu processo a chegar ao Ministério da Defesa e eu ser chamada para a tropa?" – perguntava-me enquanto descia a rua em passo de estudante que regressa a casa sem tempo a perder, tentando esquecer que agora tinha todo o tempo do mundo mas não tinha com que o ocupar; que não tinha mais horários mas não o podia mostrar; que a partir desse dia era improdutiva pois não teria cartão de estudante para apresentar nas múltiplas rusgas de cada nova Operação ainda por inventar; que tentando não o ser, levara toda a semana anterior procurando trabalho como escriba na revista *Tempo*, no jornal *Notícias* e até como locutora na Rádio Moçambique. Todos me tinham dito que eu era de facto um potencial quadro, mas que não podiam dar emprego a uma "fugista" da Educação. Embrenhada nesses pensamentos quase não reconheci a voz cantante que, vinda de um grupo que conversava à porta de um prédio, numa atitude descontraída bastante suspeita, me chamava. "Não têm ar de improdutivos, mas só podem ser, senão o que estariam fazendo à porta do prédio a esta hora? – "acabara eu de pensar, passando sem olhar para eles. Estaquei e olhei para o grupo heterogéneo. Reconheci o Camilo que sorrindo me apresentou os seus colegas: "Este é o Piri-Piri, que quando chegou aqui era Pimenta, mas já foi nacionalizado; este é o doutor Silveira, que descobrimos por detrás da capa de Licínio; este é o Patraquim, mais conhecido por Patraca, hás-de sozinha perceber porquê..." Riram todos bem alto, um riso sonoro, que não pretendia de forma alguma passar despercebido. "Estamos a escrever o roteiro do primeiro filme de ficção moçambicano", disse o doutor Silveira, sem sombra de modéstia. "Mas para onde vai a menina a esta hora, não devia estar na escola?" – a temida pergunta, surgindo inevitável da boca do Patraca, o único de entre eles que envergava balalaica. "Na verdade, para lado nenhum..." foi tudo quanto consegui dizer, sentindo que o chão do passeio começava a ficar aguado, que o mundo estava prestes a desabar porque eu não conseguia mais controlar as lágrimas reaccionárias que teimavam em soltar-se dos meus olhos. "Não devias estar a dar aulas? – perguntou o Camilo, que me conhecera quando eu tentava enquadrar dentro de mim a decisão de ser professora. Não tive outro remédio senão contar que no final daquela rua acabava o meu caminho, que a partir desse dia era um quadro errante num País onde cada um tinha o seu lugar, que estava condenada a não acender a luz à noite na casa emprestada onde vivia para não ser descoberta pela Operação Pente-Fino. Vi-o trocar um olhar com o Pedro e pensei que era com outra pessoa que ele falava quando disse: "Se quiseres trabalhar em cinema, aparece na segunda feira no INC, vamos ver o que é possível fazer para contornar a situação". O Patraca riu sonoramente ao olhar para minha expressão, onde se misturava incredulidade, alívio, desconfiança e medo de um mundo que me surgia desenquadrado de tudo o que me parecia possível neste País acontecer: um mundo onde, estranhamente, a liberdade de escolher em que trabalhar parecia ainda existir... O Patraca quebrou a minha indecisão com uma forte palmada nas costas, que nada condizia com a sua balalaica: "Não fica mais triste, miúda, hoje é o primeiro dia do resto da tua vida...". Não dormi todo o fim de semana, debatendo-me entre o sentimento aprendido ao longo dos últimos dez anos de desconfiança do diferente, de suspeita do desenquadrado, de medo do desconhecido e a grata sensação de que talvez o destino me tivesse aberto uma insuspeita porta para um mundo onde ainda era possível as pessoas serem quem eram: no domingo já não conseguia impedir-me de voltar a sonhar um futuro em que eu poderia ser de novo eu mesma.

Segunda feira, às 7.00, eu já estava sentada nas cadeiras vermelhas do átrio do I.N.C, onde ecoava, à chegada de cada funcionário, o som da máquina de picar o ponto, que se perdia depois num dos vários corredores que dali partiam, imaginava eu para onde. Observava com especial curiosidade os que subiam directamente a escada, ou se perdiam por uma porta à direita, sem picar o ponto. Ainda parei à beira da escada que o Camilo me convidava a subir, dizendo a medo: "Não é melhor picares o ponto? Senão vais ser descontado..." Ele sorriu: "Isso é para os burocratas, nós os cineastas marcamos o ponto de outra maneira, com trabalho a qualquer hora... mas quem não o cumprir é expulso imediatamente" – foi avisando. Subi a larga escadaria de pedra com a sensação de estar a entrar num outro mundo... ou a regressar ao mundo em que tinha crescido e de que ainda tinha alguma memória, antes de passar a fazer parte de uma geração que se fizera silenciosa. "De facto, é um quadro de que nós precisamos, temos pouca gente com 11ª classe e estamos agora a lutar para conseguir alguns bacharéis..." – reflectia em voz alta o director Matola, enquanto lia o pedido de admissão que a Fátima Albuquerque, no exíguo espaço da salinha de produção do *Kuxa Kanema*, batera para mim na máquina de escrever, enquanto iam entrando e saindo com a ordem de filmagem da semana inúmeras figuras com quem, não imaginava ainda, partilharia nos anos seguintes pedaços incandescentes de vida num país em guerra: Ismael Vuvo, o "Plaquinha", com o seu sorriso tímido, as mãos esguias onde a guerra já plantara temores permanentes e a voz trémula que não conseguia disfarçar a permanente ansiedade; o Jacinto Bai-Bai – Jacky, para as mais íntimas–o sempre alegre galã; o Juca Vicente lendo o jornal em voz alta no seu mui português linguajar; o Gabriel Mondlane – Mugabe, para os mais políticos – sorriso largo e riso fácil escondido atrás de uns grandes óculos fumados; o Funcho e a sua silenciosa observação crítica; o Victor Marrão, contando histórias sempre no feminino na sua inimitável pronúncia de Kambalatsise; o Isac Sodas e a sempre repetida história de "martana"; o Valente Dimande com as suas elucubrações sobre possíveis espiões camuflados no nosso seio. "Não se ofenda com o que eu vou dizer, mas a única saída que eu estou a ver é juntar a este pedido um atestado da psiquiatria dizendo que não está em condições mentais de continuar os estudos... só para nós nos defendermos quando a Educação vier atrás de si..." Dias depois, apresentava, ao chefe dos recursos humanos, o atestado que compreensivamente a psicóloga argentina do Hospital Central aceitara passar-me, declarando, sem precisar de mentir, que eu sofria de síndrome de ansiedade, que facilmente diagnosticara na dificuldade de expressar por palavras a urgência de não perder a possibilidade, que milagrosamente se abria, de me tornar quadro de mim mesma. "Assim já será fácil de te reenquadrar, ninguém virá atrás de um quadro partido..." – disse o chefe dos recursos humanos, dando-me assim as boas-vindas a esse mundo de novos enquadramentos por descobrir.

2. Caminhos do Ser

(publicada em "Espelho da Vida", jornal *O País*, 2010)

"O que queres Ser? *Camaraman* (... no teu caso serias *camarawoman*, é claro...), sonorizadora, montadora, produtora, realizadora?" – perguntou gentilmente Luis Simão, sentado à secretária do seu pequeno gabinete, no primeiro andar do Instituto Nacional de Cinema.

A pergunta ressoou dentro de mim com um ruído de vidros estilhaçados que me atirou para o fundo de um corredor estreito, onde várias portas se abriam em simultâneo, deixando passar o som sibilante do vento e a luz cega da manhã. Encolhi-me na cadeira e percebi, pela voz cortês que ressoava didáctica e estruturante ao fundo do corredor, que continuava sentada no gabinete do Director de Produção: "*Camaraman* e sonorizador são aquilo que o nome diz, os técnicos que captam a imagem e o som, separadamente... eu comecei como *camaraman*..." – disse, fazendo uma pausa num sorriso orgulhoso... –, "o montador é aquele que pega depois na película e no magnético de som que eles captaram e os junta fotograma a fotograma (a isso se chama sincronizar), escolhe e alinha o material em sequência de forma a este contar uma estória... esta é a equipa técnica, é muito bom começar pela parte técnica, para entender todos os processos fílmicos..." – continuou, sempre sorrindo. "O realizador é quem concebe essa história e dirige a equipa nas várias fases do processo, de forma a contar a estória tal como ele a imaginou... acho que tu vais ser realizadora..." – sobressaltei-me, imaginando de imediato que uma vez mais ia ter de me negar a Ser antes de Saber Ser... "E finalmente, o produtor é quem organiza toda a parte prática das coisas, incluindo os dinheiros, para todos poderem fazer o seu trabalho... é o que eu sou agora" – disse, abrindo agora todo o sorriso...

Fiquei paralisada ante a necessidade de uma resposta com carácter de urgência, uma resposta não apenas concordante com o que o País necessitava que eu fosse, mas com o retomar da procura dos meus próprios Caminhos do Ser. Enterrei os olhos na alcatifa, procurando nela soterrados sinais dessa procura: evasivas respostas infantis dadas durante os 10 anos da minha vida anteriores à Independência, quando, como a todas as crianças de todos os lugares do mundo, me era feita pelos mais diversos adultos a clássica pergunta: O que queres Ser quando fores grande?

A pergunta voltava agora aberta sobre um limitado e concreto leque de possibilidades, e supunha uma resposta simples... como explicar que a angústia que me impedia de raciocinar advinha não do conteúdo dos itens nem da equação das minhas aptidões, mas da possibilidade de escolha ela mesma, que eu desaprendera de imaginar possível?

Percebendo o meu embaraço, o Director concedeu-me uma graça: "Não precisas de responder já, ainda são 7 horas, tens meia hora até chegar o José Passe, coordenador de Produção, que fará a tua integração...entretanto, eu vou ao laboratório ver se o engenheiro Ribeiro já conseguiu reparar a *Film-Line*; para além do *Kuxa Kanema* temos em Produção um documentário e a *Omac* não aguenta com os dois..."

Em todas as ocasiões da vida em que sentira o mundo a explodir dentro de mim, o meu corpo ganhava movimento, agindo a angústia em longas caminhadas até não ser mais possível contar os passos; diluindo os pensamentos em quilómetros de água até não ser mais possível reconhecer o gesto, nos tímpanos o som cavo das batidas do coração a querer soltar-se dos limites impostos pelo arfar do peito, abafado pela densidade da água, afogado sob o peso das medalhas colocadas no fato de treino com todas as cores da bandeira nacional, fabricado na Texlom (padrão bonito, tecido bom). Saí assim para o corredor, tentando reencontrar no som concreto dos meus passos o eco esquecido de mim mesma nos escombros da memória: sonorizadora, pensei, tentando sincronizar a memória de um passado em que o desejo era ainda permitido, com um presente onde, estranhamente, ressurgia a possibilidade (sei-o hoje) de articular a pergunta pelo Ser.

Passo após passo, o tempo corria e a resposta tornava-se cada vez mais urgente: *camarawoman*, pensei, quando as paredes do corredor da memória se começaram a encher de imagens de montras de lojas vazias onde mergulhava todos os dias os olhos, distinguindo prateleiras onde se alinhavam uns poucos e repetitivos produtos. Parei em frente da imagem da Papelaria Económica, a única loja da 24 de Julho que, por continuar a exibir na sua montra materiais escolares (embora menos coloridos e sem marca) e livros diversos (embora com títulos mais sérios e incompreensíveis), me dava a sensação de continuidade entre o passado Colonial e o presente Independente. Entre os livros expostos, todos de cores sóbrias e reclamando explicitamente os seus conteúdos de Psicologia e Pedagogia, um livro amarelo torrado prendeu de imediato o meu olhar: "Tornar-se Pessoa" anunciavam as letras castanhas do seu título. "É disso que eu preciso, uma receita de como me tornar uma única Pessoa", pensara eu nos meus 13 anos ainda tardiamente mágicos. Estávamos em 1977 e de repente esse livro me parecia a salvação, certamente estava colocado naquela prateleira para me ajudar a colar dentro de mim, em uma única história, os fragmentos dessas duas épocas, tão clara e inevitavelmente divididas: montadora é a resposta, certamente nessa altura já o era, pensei, revendo imagem por imagem toda a sequência: a menina de 13 anos entrando na loja, a sua mão pegando com todo o cuidado no livro mágico, o brilho infantil e da sua expressão se desfazendo ante a crua realidade: o livro era muito mais caro do que o dinheiro que ela algum dia conseguiria poupar das suas semanadas e lanches escolares.... "posso pedir aos meus pais", ainda pensou, dando-se logo de seguida conta de que não tinha como lhes explicar porque precisava do livro, porque não era ainda Pessoa, apesar dos seus muitos e cuidados ensinamentos: tenho jeito para produtora, pensei por fim, recordando como, para juntar o precioso dinheiro, pintara do mesmo amarelo da capa do livro mágico uns caixotes velhos de madeira e os passara a colocar todas as tardes na varanda do meu quarto, como prateleiras da minha papelaria informal (adiantada no tempo...!) onde vendia aos meus muitos irmãos e vizinhos as canetas, lápis, borrachas e cadernos que sempre faltavam na hora de emergência dos trabalhos escolares e das vésperas dos testes.

"Realizadora de mim mesma é o que eu vou agora ser", pensei ter sonhado no dia em que, deitada na minha cama, orgulhosamente, abri o tão almejado livro-receita. Sonho curto, rapidamente interrompido ante a visão dos incompreensíveis textos, escritos por um misterioso Psicólogo que dava pelo nome de Carl Rogers. Deparei-me então com um dado novo na minha vida: não bastava querer Ser, era necessário Saber Ser: precisava de estudar Psicologia, para entender os misteriosos escritos e decifrar a receita de como me Tornar Pessoa. Não sabia ainda que a ponte para o saber estava antecedida de portagem e que nela o meu destino seria decidido outro, só me sendo permitido retomar esse sonho quinze anos depois.

Regressada agora por desígnios do destino à entrada da ponte e franqueada a portagem, não me atrevia a desejar Ser aquilo que não Sabia ainda: muito caminho havia ainda por trilhar, antes de reencontrar dentro de mim a luz do meu próprio desejo e no mundo o ângulo certo do espelho que o tornaria filme. "Estás a andar de um lado para o outro porque não tens nada para fazer? a voz zombeira de José Passe, arrancando-me dos devaneios existenciais de volta ao mundo concreto da revolução urgente por fazer. "A partir de hoje és minha Assistente de Produção e vou dar-te já já a tua primeira tarefa. Respirei de alívio, quando me senti de volta ao conhecido mundo em que uma voz de comando me ditava o caminho a seguir. Ao olhar a gigantesca mesa de reuniões da sala de Produção, percebi com alívio que teria ainda muitos anos de aprendiz de todos os que se sentariam em torno dessa mesa, antes de me atrever de novo a começar a sonhar Ser... ainda hoje não sei exactamente o quê...

3. Sagrada arrufada

(publicada no Jornal *Sol*, em 18 e 25 de janeiro de 2013)

O trabalho de produtor do *Kuxa Kanema* pressupunha apenas conhecer, cumprir e fazer cumprir a rotina, aparentemente simples, calendarizada até, de produção deste jornal de actualidades: às segundas feiras, era imperativo escutar, antes ou a caminho do trabalho, o primeiro noticiário da Rádio Moçambique, pelo qual nos inteirávamos dos acontecimentos relevantes do País e do mundo. Entre as 7.30 e as 8 da manhã, toda a equipa se encontrava na pequena sala e discutia a actualidade do país, em meio às histórias da actualidade pessoal do fim de semana de cada um e, em conjunto, decidia que acontecimentos cobrir. Às 8 horas pontualmente, o realizador e o produtor entravam no gabinete do Director de Produção e 15 minutos depois, estava feito e aprovado o Plano de Trabalho para a semana. Às 9 horas, o produtor já tinha contactado e conseguido autorização (um simples pró-forma, pois ninguém recusava uma honrosa filmagem do famoso *Kuxa Kanema*) para filmar a primeira notícia. Mas só às 10 horas, a equipa de filmagem saía para filmar. Esta *décalage* de uma hora era difícil de explicar, se atendêssemos apenas às necessidades de produção, mas nenhum produtor, por mais eficiente que fosse, conseguia fazer a equipa de filmagem sair do edifício do INC antes das 10 da manhã, a não ser que fosse para viajar ou por ordem expressa do Presidente. Conferências de imprensa, visitas de ministros a unidades de produção, comunicações e comemorações diversas, podiam esperar: ninguém aceitava sair do respectivo sector de trabalho, antes da passagem do servente com o tabuleiro das arrufadas, distribuídas aos diversos sectores de produção do Estado pela Empresa Moçambicana de Entretenimento. A razão por que o lanche no local de trabalho não era considerado uma necessidade básica, mas situado na pirâmide socialista das necessidades na zona dos "Entretenimentos", era simples de explicar: para cobrir as necessidades básicas de alimentação, estava o Sistema Nacional de Abastecimento, segundo o qual cada família estava adjudicada a uma cooperativa de consumo e era detentora de um cartão, que lhe dava direito mensalmente aos produtos básicos (farinha de milho, arroz, açúcar, óleo, sabão) em quantidades que variavam segundo o número de pessoas do agregado familiar; e, semanalmente, a uma certa quantidade também dos produtos secundários que a cooperativa recebesse (pão, margarina, ovos, batata, cebola, carapau, farinha de trigo, bolachas); na altura das festas, o cabaz familiar incluía também umas garrafas de cerveja, refrescos nacionalmente produzidos como Baía (de laranja) e Citrus (de toranja) – que não podiam ser guardados por muito tempo porque, como não tinham conservantes, explodiam quando começavam a fermentar; e, se tivéssemos a sorte de estar entre os primeiros da bicha no dia em que o camião do abastecimento chegava à loja, uma garrafa de aguardente de toranja ou de *whisky Glenwood*. Carne comprava-se nos talhos em dias determinados, o que pressupunha passar praticamente a noite em claro para ser dos primeiros na bicha.

O leite comprava-se com apenas uma hora de bicha, na cooperativa dos criadores de gado; outros produtos terciários como sal, chá, vinagre, papel higiénico, fósforos e velas, cuja produção nacional era sempre superior ao consumo com vista ao prémio de Emulação Socialista da fábrica em questão, compravam-se à descrição nas Lojas do Povo. Produtos importados compravam apenas os dirigentes nas Lojas Especiais e os cooperantes, em divisas, nas Lojas Francas. Estranhamente (talvez porque a ecologia ainda não estivesse na moda), ninguém dava valor aos vegetais produzidos nas zonas verdes da cidade e que, a preços baixíssimos, enchiam os mercados, únicos lugares verdadeiramente socialistas, onde o povo, os dirigentes e os cooperantes se encontravam lado a lado nas bancas, onde nunca chegava a haver bichas.

O mistério não residia, pois, em porque é que o lanche era considerado "Entretenimento": ele era claramente considerado um pequeno suplemento de prazer, adoçando a vontade inesgotável de trabalhar para cumprir as metas do Estado, que guiavam todos trabalhadores. O mistério residia em porque é que, tendo a necessidade básica de alimentação matinalmente suprida, esse "Entretenimento" diário a que tínhamos direito e que dava pelo nome de "lanche" ganhava uma dimensão apenas comparável à cobertura dos eventos presidenciais.

Foi nessa altura que começámos a suspeitar que talvez estes pequenos "entretenimentos", estes pequenos prazeres suplementares a uns permitidos, a outros simplesmente tolerados e aos outros ainda, realmente proibidos, criavam uma nova, clandestina e pouco socialista escala de valores e se iam tornando, no nosso planificado quotidiano, escapes tão incontornáveis, que a sua falta era sentida como um profundo vazio. Talvez fossem eles uma das razões que a razão desconhecia para o conflito fractricida que todos os dias nos obrigávamos a reportar, pensávamos nos dias em que nada havia para contrapor à angústia de tomar a Estrada antes do amanhecer, logo atrás da antiaérea, o lugar mais privilegiado da coluna militar. Os marxistas mais esclarecidos identificariam precocemente esses pedaços perdidos de desejo etéreo do desnecessário, como as raízes esquecidas do cancro da sociedade de consumo, cuja virulência eles tinham tido, no período colonial, a oportunidade de testemunhar, a começar no "vinho para o preto". *Nosotros*, aqueles que desse tempo só conhecêramos uma breve infância logo interrompida pelos auspícios da Independência, estávamos longe de imaginar que, em cada arrufada que distraidamente saboreávamos, estava contido o silencioso fermento de uma nova divisão de classes, suporte do regresso selvagem de um sistema económico que jamais tinha desistido de nos deglutir. E que, um dia ainda, ninguém saberia explicar como estes pedaços de "entretenimento" esquecidos ganhariam tal dimensão, que nos esqueceríamos que planificar a supressão das necessidades básicas dos excluídos do "entretenimento" e daríamos lugar a novas revoltas, desta feita não reclamando um pedaço de prazer suplementar, mas o próprio pão.

4. Satanhoco

(publicada no Jornal *Sol*, em 25 de fevereiro de 2013)

Aos meus colegas do Kuxa Kanema e aos muitos outros heróis anônimos da construção deste nosso País.

Ao fim da tarde, chegámos a Xai-Xai, depois de um dia inteiro de estrada, entre a espera desde a madrugada por lugar na coluna militar e o percurso assustador dos 200 kms que nos separavam agora da cidade de Maputo, rezando para que o motor do carro aguentasse a velocidade aterradora da coluna e não nos deixasse ficar para trás, destinados a ser mais um dos inúmeros carros queimados que ladeavam a Estrada. Os meus dois colegas, o *cameraman* Henrique Jorge Manhique e o técnico de som Rogério Saia, já experientes nesses caminhos lineares da Guerra, fingiam não escutar, no meio do som estridente dos motores dos carros, as minhas intermitentes perguntas sobre o que nos aconteceria se nos apanhassem, desarmados e com a nossa câmara de filmar na mão. Prefeririam não pensar nisso, como rapidamente eu aprenderia a fazer. Valia falar de tudo, menos da realidade que nos cercava. Essa só podia ser encarada por detrás da câmara, cuja lente nos dava a sensação de estarmos protegidos e, simultaneamente, de que o que estava para além dela era bem menor do que nós. Finalmente chegáramos: tentávamos que as pernas adormecidas nos obedecessem, sentir de novo os músculos dos braços doridos da tensão de nos agarramos ao assento durante 3 horas, serenar o coração que parecia continuar a querer correr pela Estrada atrás da coluna que víamos agora, com alívio, afastar-se. Ainda pensámos em rumar para a casa de hóspedes do Governo Provincial para pôr conscienciosamente as baterias à carga antes que cortassem a energia, mas lembrámo-nos de que naquele dia nada tínhamos filmado. E, do outro lado da rua, chamava-nos um restaurante, onde, só por milagre, conseguíamos arranjar algo para comer àquela hora: "Talvez vamos ter de esperar pelo jantar..." – disse eu, insistindo em ver primeiro o lugar onde iríamos dormir. "Aqui ninguém janta fora, os restaurantes fecham cedo e cada um recolhe à sua casa, para ver com quantas pessoas terá de dividir o pão e o açúcar do chá e reza para que a madrugada não lhe traga mais uma leva de familiares vindos dos distritos à procura de refúgio" – explicou Henrique Jorge, apontando para as dezenas de pessoas que percorriam a rua com trouxas amarradas em capulanas e cobertores à cabeça. "E aqui ainda não é o fim da picada..." – foi avisando Rogério.

Entrámos no restaurante, apinhado de homens disputando ao balcão a última cerveja que restava no barril. "Ainda dá? Restou alguma coisa na panela?" – perguntou o *cameramen* à moça que lhe sorria, enquanto dispunha 3 copos de cerveja ao lado da câmara de filmar que ele colocara em cima do balcão, em jeito de cartão de visita. "Só dobrada com feijão!" – disse ela, baixando a voz para que ninguém mais ouvisse. "Mas é melhor passarem ali para a sala, lá posso vos atender melhor. Quantos pratos, 3?" – perguntou ela, olhando para mim, como se adivinhasse que eu nunca havia comido dobrada. "Não, só dois..." – respondi eu, meio envergonhada por não poder aceitar a sua gentileza, mas sentindo-me incapaz de empurrar para dentro do meu estômago, ainda atado pelo nó da angústia da viagem, aqueles pedaços de toalha ensebada que boiavam no meio do feijão dos pratos dos outros comensais. "Não há mais nada para comer... só posso trazer-te mais uma cerveja!" – disse a simpática moça já se retirando.

Fiquei a ver os meus colegas a deglutirem, em grandes colheradas, a maravilhosa "toalha", cujo sabor o cheiro forte antecipava, entre comentários elogiosos e insistências para que eu comesse, já que não sabíamos o que viria "à frente". À segunda cerveja, comecei a sentir finalmente o meu corpo relaxar e o meu coração a voltar a bater ao seu ritmo normal. Pouco tempo depois, uma fome intensa abriu um inexorável caminho por entre a cerveja que enchia o meu estômago e os últimos feijões misturados com arroz no fundo do prato dos meus colegas começaram a parecer-me o mais apetecível dos manjares.

– Podes arranjar-me um pouco de arroz com feijão, sem dobrada? – perguntei, já resignada a comer de nariz tapado.

– Desculpa, menina, mas o petisco já acabou... só posso lhe trazer mais uma cerveja – acrescentou de novo, para me consolar.

– Não sobrou mesmo nada no fundo da panela? – perguntei, desesperada.

– Só feijão queimado! – respondeu a moça, rindo.

– Não acredito! – respondi eu, sentindo-me a mais idiota das criaturas por não ter aceite o prato que ela me havia oferecido à chegada.

– Se não acredita, pode vir ver! – convidou ela. Eu segui-a para a cozinha, na esperança de encontrar alguma coisa esquecida no fundo da panela, nem que fossem uns meros feijões não totalmente queimados. O cozinheiro destapou a panela, a meu pedido: colada ao fundo, uma camada de feijões não completamente carbonizados sorria-me.

– E se deitássemos aqui dentro um pouco de água para fazer uma sopinha? – sugeri eu, animada. O cozinheiro olhou para a empregada de mesa, como que perguntando se eu estaria bem da cabeça.

– É só fome mesmo, essa menina... faz lá o que ela está pedir... – insistiu a moça, solidária – Mas não raspa o fundo da panela, deixa assim, para não ter muito cheiro... – aconselhou.

– Pôr também um bocado de arroz na sopa? – perguntou condoído o cozinheiro, com ar de quem nunca vira uma pessoa "branca" com fome.

– *Ya*, bastante arroz mesmo! – respondi eu, olhando maravilhada para a mistura escura que começava já a levantar fervura no fundo da panela, antecipando um maravilhoso arroz de feijão, onde os cheiros da dobrada e do queimado do fundo da panela estariam totalmente diluídos.

Entrámos na casa de hóspedes já era noite cerrada.

– Ich, esquecemos de comprar velas! – constatou Henrique Jorge, procurando às apalpadelas dentro da caixa de metal do material de câmara, a luz de mão e respectiva bateria. Percorremos a casa atrás dele e fomos nos alojando nos quartos que encontrámos, onde aparentemente estava tudo em ordem para dormirmos.

– Posso te deixar a luz de mão... – ofereceu ele, gentilmente – mas não podes usar muito, porque não temos como carregar de novo a bateria...

– Não é preciso, não tenho medo do escuro... e se houver rebentamentos, acordamos todos, não é? – respondi eu, procurando parecer forte aos olhos dos meus colegas homens.

– Boa noite, então... – respondeu ele, retirando-se para o quarto ao lado, enquanto eu procurava adaptar os olhos ao escuro e descobrir os contornos da cama no meio do quarto, com ajuda da pequena réstia de luz que chegava do candeeiro da rua.

Afastei de imediato a colcha da cama, ansiando por me estender sobre ela e fechar os olhos, procurando dentro de mim outras paisagens mais acolhedoras que aquelas que esse dia tinha imprimido na minha retina. Mas, dei-me conta de que da sonhada cama nada mais restava do que as molas daquilo que em outros tempos fora um colchão. "Resta-me dormir no chão", pensei resignada, estendendo a colcha sobre o espaço sombrio ao lado da cama. Procurava ainda fazer o corpo acomodar-se à superfície fria e dura do chão de pedra, quando sorrateiros ruídos para além da minha asmática respiração cruzaram o espaço do quarto. Levantei-me de um salto e sentei-me nas molas da cama, encostada à parede, a única posição em que os ratos, obviamente residentes naquele espaço bem antes de mim, não poderiam alcançar os meus pés. Passei as horas seguintes tentando abstrair-me do ruído dos ratos roendo o que restava da base do colchão junto às pernas da cama e procurando aprender a dormir sentada, lutando contra a vontade de esticar o corpo e colocar a cabeça na posição horizontal, esperando ansiosamente pela chegada da primeira luz da manhã, que separava o reino dos ratos do reino dos homens.

Era ainda noite escura, quando soaram à porta da casa de hóspedes, onde nos encontrávamos alojados em Xai-Xai, pancadas fortes e insistentes.

– Mandaram informar-nos de que a vila de Manjacaze está a ser atacada! – explicou o Henrique Jorge. Temos de sair agora para lá, o carro está lá for à nossa espera... – concluiu.

– Ir assim sozinhos, mesmo sem escolta? – estranhou Rogério Saia, vendo que se tratava de um motorista vestido à civil.

– Todos os militares estão no terreno e a situação já está controlada – assegurou o motorista – as ordens são para vocês avançarem agora, para fazer a cobertura... – concluiu, já abrindo a porta do carro.

Pouco depois, o carro avançava em silêncio pela estrada poeirenta, escura e deserta. Nunca eu vivera noite mais longa, nunca eu desejara tanto a primeira luz do dia, o cantar dos primeiros pássaros, o descobrir dos primeiros tons na paisagem à nossa frente. Finalmente, a luz azulada começou a tomar o lugar da imensa auréola alaranjada que indicava, muitos quilómetros além, o incêndio da fábrica de caju em Manjacaze. E a emprestar contornos aos primeiros vultos que já intuíamos estarem, a coberto do último escuro da noite, a cruzar-se conosco na estrada.

Grupos de mulheres com crianças belecadas[1], faziam-nos agora sinais insistentes para voltarmos para trás, só mais adiante compreenderíamos porquê, ao cruzarmo-nos com desgarrados homens, sem nenhuma farda a não ser as AKM's que balançavam na sua mão, ao ritmo da corrida.

– Agora é que estamos fritos! – sussurrei terrificada.

– Eles não parecem nada interessados em nós...– constatou o Manhique, aliviado, depois de alguns deles passarem pelo nosso carro em marcha-corrida, sem se deterem.

– Já têm pouco tempo para recolher à base antes de amanhecer...– explicou o motorista.

– Acho que é só porque não há entre eles nenhum *"satanhoco"* – discordou o *cameraman* – bastava andar aí um desses miúdos que só querem matar e já nos tinha "limpo"...

Entrámos em Manjacaze protegidos pela nossa lente: primeiro um plano geral sobre a rua principal abarcando ao centro todos os mortos estendidos

---

[1] "Belecadas" significa "embaladas nos colos das mães".

no chão e, de cada um dos lados, as casas ainda ardendo, casa sim – casa não, numa estranha lógica matemática. Eu notava no Manhique um inusitado nervosismo para quem já tantas situações idênticas tinha filmado. Ele avançava rapidamente entre os cadáveres, pouco se detendo para recolher planos de corte, fosse deles, fosse das casas que as chamas consumiam, na sua lateral. Só depois de filmar a fábrica de castanha, ainda em vivas chamas e sentir o seu dever cumprido, ele disse:

– ... a minha família é daqui... seguras um pouco aqui na câmara? – perguntou ao Rogério, numa indisfarçável ansiedade. Nós seguimos o seu rasto e fomos encontrá-lo pouco depois, abraçado à sua mãe, que chorava de emoção. Sentados com a sua família no que restava do quintal, ouvimos então contar que tinha sido capturado pelas nossas forças um pequeno satanás, que comandava uma já famosa coluna, que só deixava morte por onde passava. Seguimos o rasto das tropas até ao quartel de Chibuto, onde o comandante aceitou mostrar-nos o "*satanhoco*". Trouxeram à nossa presença, entre empurrões, insultos e pontapés, uma pequena figura esguia, de pele escurecida pelo fumo, pela fome e pela noite, de olhar ausente, perdido no mesmo chão onde colhia a morte, a cada dia, ao passar. Para nos mostrar que, apesar do seu aspecto franzino e da sua face imberbe, se tratava de um soldado operacional, mandaram-no desmontar e voltar a montar a AKM, o que ele fez com uma incrível rapidez, apesar de na sua mão direita faltarem dois dedos. Quando terminou, levantou muito rapidamente os olhos para a câmara, na esperança de que tivéssemos filmado o seu feito.

– Podemos filmá-lo a fazer de novo essa operação? – perguntei ao comandante, na esperança de recolher a imagem dessas destras mãos, desse lampejo orgulhoso a querer soltar-se do olhar, para mais tarde, revendo-o, tentar compreender o que ia na alma daquele menino-soldado.

– Nem pensar! – respondeu o comandante sem hesitar – você quer transformar esse "*satanhoco*" em um herói? Depois de ser filmado, é que ninguém o ia conseguir mais segurar...

5. O pintor

(publicada no Jornal *Sol*, em 31 de maio de 2013)

A chuva, que começou a cair em Matalana quando devolveram o Pintor à terra que o viu nascer, não mais cessava. Em vão tentava lavar as sombras que haviam descido sobre as gentes desse pacato lugar, de onde a mão desse invulgar homem recolhia a luz de cada aurora, decompondo-a em infinitas cores que transmutava, na translúcida tela da sua vida. Estremecedores risos, desafinados, mas sentidos cânticos, cujo eco tudo em seu redor enchia, derramavam em cada manhã o gesto durante toda a noite contido na mão que, à luz do candeeiro de petróleo, tracejava o rasto das sombras na tela em que guardara a última luz do entardecer. E Matalana despertava, com esse sino-voz saudando, à chegada do sol, o início de mais um dia.

Durante toda a noite, o tempo escorrera lento sobre as telas expostas entre as árvores da floresta de Wamachacanana ao olhar de todos os deuses e espíritos que o Pintor em vida convocara, para juntos, pela sua mão, preservarem daquele lugar a sua mais profunda essência: cada uma das infinitas tonalidades da luz que de dia se soltavam da floresta para percorrer, em infantis passos, os estreitos caminhos de areia vermelha; cada um dos estremecedores sons que, a coberto das asas dos pássaros nocturnos, indicavam a passagem, pelos mesmos carreiros, dos espíritos que habitavam os sonhos de cada um.

Durante toda a noite, líquidos dedos haviam lavado, em líquidas linhas, os traços de luz espalhados pelas telas do Pintor. Matalana acordaria sob o som oco da chuva batendo nas telas e pequenos riachos das mais diversas cores correndo pelos carreiros, desenhando pequenos arco-íris na terra vermelha. Toda a manhã, os olhares, guardados atrás das paredes de caniço, espreitariam ansiosos o cessar da chuva que, inclemente, devolvia à terra cada gesto desse estranho homem que dedicara a sua vida a coleccionar pedaços vivos de luz para costurar com eles a camisa de retalhos com que cobria o seu peito, onde precocemente se tinham alojado todas as sombras da floresta. As mulheres tentariam a muito custo conter, no exíguo espaço do interior das palhotas, a ânsia das pernas e braços das inúmeras crianças de se alongar na chuva, de alcançar com as mãos o céu: aos rapazes entregariam a infindável tarefa de tentar acender o fogo com lenha molhada; às meninas, a impossível tarefa de fazer calar na beleca a fome dos mais pequenos. Tudo na pequena aldeia era agora uma estranha e angustiante sinfonia em que as vozes, apertadas no exíguo raio circular das casas, se soltavam pelas infinitas aberturas do caniço e compunham um informal coro, que o som pouco ritmado da chuva, batendo nas suspensas telas do Pintor, não conseguia compassar. A meio da tarde, a chuva acompanhava já uma algazarra de vozes amarradas nos estreitos espaços, atiradas para o centro das fogueiras acesas dentro de casa embora ainda fosse de dia, já esquecidas do motivo porque não se podiam livremente soltar.

De costas voltadas para as réstias de luz que, entre os pingos de chuva, teimavam em passar por entre as frestas das paredes de caniços, nenhum adulto reparou que uma porta se abria, soltando na alegria da chuva as pernas e braços de um menino que correu veloz entre a alameda de mangueiras, chapinhou nos riachos de tinta e, enterrando os pés coloridos até aos tornozelos com as mais diversas cores na areia branca, chegou junto ao florido jardim que a multidão plantara no dia anterior, entre os cajueiros. Ofegante, pousou a mão sobre a gigantesca pedra e retirou com os seus pequenos dedos a água das concavidades das letrinhas cavadas na lisura fria da pedra.

– Posso emprestar uma das tuas flores, vovô? – perguntou em voz baixa, para que nenhuma das outras crianças que, mesmo sem olhar para trás sabia silenciosa e timidamente o seguirem, ouvisse. – É para oferecer a uma menina...- explicou, alisando com os seus pequenos dedos o silêncio da pedra. A resposta chegou, entre o som de pequenos passos aproximando-se de si na areia molhada. Imóvel, tentando não perder nenhuma das palavras que lhe chegavam sussurradas, viu uma pequena mão se estender e, timidamente, retirar da jarra, pousada sobre o nome do Pintor, a mais bonita, vermelha e brilhante de todas as flores que a chuva delicadamente regava. Só então se voltou, para descobrir o sorriso da menina que, sem esperar que ele lhe oferecesse a flor, a entregava já para segurar à pequena criança que trazia às costas.

No mesmo instante, Matalana ganhou cor: dezenas de flores tombadas no chão se soltaram no ar em infantis gestos, centenas de dedos alegres recolheram dos riachos areia vermelha misturada com as mais diversas cores e a espalharam de novo sobre as telas brancas, rindo alegremente quando a chuva, brincando, as devolvia à terra. Tal era a euforia, que nenhuma criança reparou em que momento a chuva deixou de cair e as cores passaram a permanecer na tela branca.

E jamais o menino que tivera a coragem de abrir, silenciosamente, a porta da morte para nela colher uma flor, contaria o que lhe segredara a voz do Pintor: que cada flor, colhida no chão do Tempo, devia ser a ele devolvida com um traço, desenhado pela sua mão, em uma das telas brancas espalhadas na Floresta da Vida.

ENSAIOS

O cinema moçambicano – um cinema "fantástico"[1]?

Ute Fendler

Quando se fala do cinema moçambicano, se pensa no documentário em primeiro lugar, na história de *Kuxa Kanema*, no festival *Dockanema* que trouxe documentários a Moçambique durante anos, dando uma plataforma internacional aos cineastas moçambicanos como Licínio Azevedo, Camilo de Sousa, Sol de Carvalho, Isabel Noronha, entre outros. Todos têm em comum a experiência do trabalho do Instituto Nacional de Cinema e a visão da construção de um novo Moçambique com o apoio do cinema que conta histórias deste vasto país. Era importante contar histórias de diferentes lugares e culturas que precisavam conhecer-se a si mesmos e entre si para construírem a identidade moçambicana (CONVENTS, 2011).

Apesar de serem raros os filmes de ficção no início da história do cinema moçambicano, foram produzidos pelo Instituto Nacional de Cinema (INC) "*O tempo dos leopardos*" (1985) e "*O vento sopra do Norte*" (1987). Só depois do ano 2000, uma filmografia de ficção começa a se desenvolver (ARENAS, 2011; FENDLER, 2014). Mas ainda são poucos os filmes de ficção. Uns tratam da independência ou de problemas da sociedade contemporânea, como a sida, focalizada no filme "*O jardim do outro homem*" (2006), de Sol de Carvalho); a pobreza que recebe financiamentos de ONGs; a violência doméstica, tratada no curta-metragem "*Mahla*", de Antonio Forjaz e Mickey Fonseca.

À parte dessas temáticas, a utilização de motivos ligados à crença "sobrenatural" sobressai. Nas literaturas africanas, é frequente a presença do tópos da religião animista, segundo a qual os antepassados, seres místicos, espíritos, habitam um mundo paralelo, continuando a interferir no mundo dos viventes. A ideia de que este outro mundo pode ter uma influência sobre a realidade visível, considerada, em geral, a única visão de mundo aceita como real de acordo com as regras e categorias da ciência natural, surge na literatura europeia com o "fantástico" e o romantismo no século XIX, sobretudo, na Inglaterra e na Alemanha. Emerge também com força na literatura e no cine-

---

[1] Colocamos o termo "fantástico" entre aspas, pois tal conceito advém de uma perspectiva teórica ocidental. Segundo as crenças animistas africanas, os espíritos convivem com os viventes e isso, na África tradicional, não é considerado sobrenatural, nem fantástico, pois faz parte da visão de mundo dos povos locais.

ma da América do Sul. Um dos representantes mais famosos é o colombiano Gabriel García Márquez que teve sucesso mundial ao reforçar a imagem das regiões do sul como lugares de presença do "maravilhoso"[2]. A estética do "real maravilhoso" se define a partir da literatura sul-americana, de maneira que, por exemplo, os romances do escritor congolês Sony Labou Tansi se definem como pertencentes ao "maravilhoso", no sentido de realizarem uma mistura do real e do imaginário, adotando um estilo de escrita semelhante ao de García Márquez. No caso de Moçambique, o autor mais conhecido internacionalmente é Mia Couto. Ele utiliza de maneira abundante elementos "fantásticos" na sua obra, o que revela a grande complexidade do fenômeno do "real maravilhoso" em Moçambique. Couto é de ascendência portuguesa, mas constrói uma identidade moçambicana, sublinhando a importância da presença do "sobrenatural" como parte integrante da visão de mundo animista, em que há uma presença forte dos antepassados e dos espíritos.

> A coexistência do pensamento mítico com um espaço híbrido de realidade e ficção, à maneira do realismo mágico, desempenha um papel basilar na construção do "fantástico" nas obras de Mia Couto. Com efeito, as narrativas coutianas proporcionam-nos, frequentemente, mundos mágicos onde tudo é possível; no entanto, não descuram o real nem os mitos enraizados no subconsciente colectivo moçambicano. (ROBLES, 2007, p. 36)

O sistema político socialista lutava contra as religiões tradicionais consideradas como obstáculo para o desenvolvimento da cultura política no país independente. Mia Couto comenta, criticamente, a situação conflituosa gerada entre a política socialista da FRELIMO e as práticas religiosas locais:

> O que foi mais grave foi o que foi mais silencioso e que não era visível, porque era essa guerra contra esta religião africana, que é a religião dos antepassados (...) o líder religioso é ao mesmo tempo o líder político, é o que faz a gestão da terra, são os chefes das famílias. Essa agressão acabou por ter consequências que eram logo imediatamente políticas. (COUTO, 2002. *Apud*: PARADISO, 2015, p.271)[3]

---

[2] Colocamos, também, o termo "maravilhoso" entre aspas por ser um conceito advindo de uma perspectiva teórica ocidental. Na visão africana de mundo, não há separação entre o real e o universo dito "maravilhoso".

[3] Citado por Sílvio Ruiz Paradiso, 2015, p. 271.

As narrativas moçambicanas se desenvolvem, então, entre tradições orais das culturas africanas autóctones e heranças das culturas europeias; entre uma visão de mundo relacionada às religiões locais e um sistema político que quer lutar contra essas religiosidades que considera como superstição. No entanto, querem, ao mesmo tempo, validar as culturas africanas como parte da plural identidade moçambicana. Estas tensões e contradições, rapidamente apontadas aqui no campo literário, as encontramos também no campo cinematográfico. Há em Moçambique uma vontade de documentar a grande diversidade cultural do país, da qual os fenômenos "sobrenaturais" fazem parte. Observa-se, desse modo, uma forte tendência de narrativas próximas ao "real maravilhoso" no cinema de ficção. Neste artigo, vamos apresentar alguns exemplos, tentando responder a seguinte questão: o cinema moçambicano seria um cinema "fantástico"?

O "sobrenatural" na obra de Licínio Azevedo

O "sobrenatural" já estava presente em diversos documentários moçambicanos. Por exemplo, o filme "*Desobediência*" (2003), de Licínio Azevedo, abordava a crença num poder "sobrenatural" como parte da realidade vivida em Moçambique. Azevedo tomou uma notícia sobre um assassinato como ponto de partida para fazer uma pesquisa que se transformou em um filme sobre a mulher que foi acusada de ter assassinado o seu marido com magia negra. Ela foi acusada de ser bruxa, portadora de poder "sobrenatural". A reconstituição dos eventos tornou a história uma ficção com valor documental que faz parte da estética de Licínio que consegue dar a palavra às pessoas para poder contar suas próprias histórias.

Outro exemplo deste tipo de narrativa é o documentário sobre a ilha de Moçambique intitulado "*A ilha dos espíritos*" (2007), no qual o cineasta expõe uma versão oficial da história da ilha baseada em dados históricos e uma versão local sobre a vida cotidiana com os perigos do trabalho dos pescadores e a presença dos espíritos, a respeito dos quais os moradores da ilha contam episódios por eles vivenciados.

Em 2012, Azevedo exibe sua primeira longa-metragem, "*Virgem Margarida*", baseada no seu documentário "*A última prostituta*" (1999). Aborda a temática politicamente delicada da reeducação das mulheres consideradas prostituídas pelo sistema colonial, capitalista. Com "*Virgem Margarida*", Licínio constrói uma narrativa que junta vários aspectos para tornar o filme mais complexo, criando heroínas que permitem ao espectador uma identificação com elas.

A segunda longa-metragem de Licínio, "*Comboio de sal de açúcar*", saiu em 2016, baseada em um livro escrito por Azevedo, e conta a história da guerra, a partir de uma viagem em comboio de Nampula a Malawi. Este filme aborda a guerra, utilizando elementos do "*road movie*": as diversas pessoas que viajam no comboio representam diferentes grupos da sociedade – uma enfermeira, uma comerciante de sal, soldados. É um "*huis clos*" que se vai movendo no espaço e no tempo, convidando o espectador a refletir sobre as relações entre os indivíduos e o sistema de relações entre os vários grupos de moçambicanos que viajavam naquele comboio.

Uma personagem central é o general "Sete Maneiras" que é responsável por levar os viajantes do comboio ao destino almejado. Não fala muito, mas insinua cada vez a presença de espíritos que lhe aconselham a avisar aos demais passageiros os perigos que podem surgir. O cineasta se vale de alguns sinais para indicar a presença espiritual, quando faz a apresentação da personagem: nomeadamente, as cicatrizes no seu rosto "ilustram" sua ascendência maconde, etnia do norte de Moçambique que habita uma região com tradições ainda bastante vivas. A personagem utiliza também um tipo de cetro, uma barra com filamentos, a que se refere o narrador, quando fala dos perigos da viagem: nem álcool, nem armas podem proteger contra os ataques do inimigo, mas só os poderes "sobrenaturais" que estão acompanhando o comandante. Azevedo insere, esporadicamente, comentários como estes e fragmentos de reflexões que abrem, na narrativa e nas cenas da guerra, brechas por onde entram fragmentos narrativos que indicam a coexistência de outras narrativas possíveis em relação à concepção do tempo e do espaço. Quando, por exemplo, precisam reparar os trilhos, o comandante confirma que podem trabalhar tranquilamente sem medo, porque teve a informação de que não haveria ataques. Não há comentários, perguntas, só um momento de surpresa e espanto que dá a impressão de uma presença invisível, mas determinante para o presente.

O clímax do filme se constrói por uma série de pontos culminantes na segunda e terceira partes, quando há vários ataques e conflitos. Um deles é constituído pela cena em que o comandante vai à mata e pisa numa mina. Os soldados correm em socorro dele e voltam com o corpo inanimado: as pernas feridas, dilaceradas pela mina. Parece ser a hora da conversão, da perda das forças físicas e "sobrenaturais" que acompanhavam os viajantes. Mas, no próximo momento ameaçador, quando os soldados e os viajantes se reúnem para discutir as opções para enfrentarem os ataques, o comandante aparece dando ordens, e vai à frente de todo o grupo para assumir de novo o seu papel de líder. É um momento curto de surpresa, de incerteza em relação à aparição do homem ferido mortalmente que volta ao âmbito dos seres vivos. Desta maneira, Licínio Azevedo cria uma linha narrativa subliminar, com alusões ao "sobrenatural", para chegar à cena principal, à da ressurreição do comandante. Não há perguntas, nem dúvidas, nem explicações. A irrupção do mundo dos mortos no mundo vivo, do mundo dos espíritos no mundo real acontece "naturalmente", ao lado de um ataque ou de um combate, elementos comuns em uma narrativa de guerra.

O "sobrenatural" na obra de João Luís Sol de Carvalho

João Luís Sol de Carvalho, assim como Licínio Azevedo, foi membro da equipe do INC, nos anos 1980, que produziu muitos filmes documentários. Depois de 1992, fundou a sua própria empresa de produção, a Promarte. É autor de numerosos documentários, mas também de vários filmes para televisão e alguns filmes de ficção, entre eles *O jardim do outro homem* (2006). Sol de Carvalho utiliza também elementos narrativos do "sobrenatural". Dois exemplos vão servir-nos para analisar a sua maneira de abordar a co-presença de dois mundos paralelos: um supostamente real e o outro "fantástico".

A janela (2006) é uma curta-metragem que consegue contar uma história densa em doze minutos. Um administrador vê, através da janela do seu escritório, a varanda do edifício em frente. Como está muito ocupado, só olha pela janela em raros momentos de descanso. A sua vida parece ser limitada pelas paredes deste escritório, onde há pilhas de ficheiros e um grande relógio de parede. Mas cada vez que presta atenção na varanda do outro edifício, há uma mudança: uma flor, uma menina que rega a flor olhando e sorrindo para ele, uma mulher bonita. Numa pausa, vai ao encontro desta mulher, mas a porta está fechada. Na segunda tentativa, a porta está aberta, ela o guia a um quarto, onde um feiticeiro está sentado falando do tempo que passa. Quando ela o convida a voltar no dia seguinte ao meio-dia, ele vem atrasado por causa do trabalho. Encontra a mulher já muito envelhecida, acusando-o de vir demasiado tarde. Quando ele chega ao escritório no dia seguinte, vê a flor na varanda outra vez. Sai do escritório através da janela, gargalhando como um louco.

A construção do espaço sugere dois mundos paralelos, o mundo real do trabalho regrado pelo relógio e o mundo dos espíritos para onde parecem ter fugido sentimentos como o amor, a nostalgia, etc. A janela não só se abre para a rua, mas também para a varanda do edifício que apresenta o mundo paralelo. Os momentos das aparições das flores e das mulheres funcionam como a medição do tempo sentimental, em oposição ao tempo medido pelo relógio. Estes momentos de encontro entre os dois conscientizam o funcionário da passagem do tempo. A aparição da menina, da mulher jovem e, depois, da velha ilustram a fugacidade do tempo e da vida. Os espíritos mostram ao homem a sua condição mortal no mundo "real". Desta maneira, este filme não só entrelaça os dois mundos, mas se serve também do "sobrenatural" para construir uma narrativa simbólica, em que o mundo dos espíritos torna-se um mundo tão real como a realidade dos vivos.

O segundo filme de Sol de Carvalho que vamos analisar é "*Impunidades criminosas*" (2013). A protagonista está na prisão e explica à sua filha as razões dos crimes por ela cometidos. Sara matou o seu marido, porque ele lhe batia. Quando o chefe do marido aparece depois da morte dele para reclamar dinheiro que ela não tinha, Sara aceita prostituir-se para proteger os seus filhos. Ao fim, ela mata também o chefe que tirara proveito de sua situação precária. Durante o período de abstinência sexual após a morte do marido, este, já falecido, lhe aparece regularmente para manter a pressão social, lembrando sua obrigação de obedecer a ele e de cuidar de sua família. As vizinhas fazem perguntas e comentários para culpar a ela do desaparecimento do marido, o que significava uma deficiência no seu comportamento. Nesta narrativa, o mundo dos espíritos está onipresente; não existem fronteiras entre os dois mundos. São tão entrelaçados, que o controle se faz pelos antepassados, os espíritos, e os contemporâneos ao mesmo tempo. O cineasta constrói um espaço, onde não existem diferenças entre os vários mundos, de maneira que os mortos continuam a estar presentes. O espectador se dá conta desta presença, no momento em que alguns personagens não podem ver o marido que só é visível para Sara e para o espectador. Renuncia aos efeitos especiais utilizados, geralmente, em filmes de terror que mostram os espíritos quase transparentes ou com olhos ardentes. Os espíritos no filme "*Impunidades criminosas*" parecem estar vivos, porque continuam a participar da vida real. Sol de Carvalho utiliza os elementos "sobrenaturais" como metáforas de uma narrativa simbólica que sublinha a onipresença do controle social em relação às mulheres na sociedade moçambicana.

O "sobrenatural" no filme "*O último voo do flamingo*" (2010), de João de Ribeiro

O filme "*O último voo do flamingo*" (2010) é baseado no romance com o mesmo título de Mia Couto. Como mencionamos no início deste artigo, a escrita de Mia Couto é considerada representativa da literatura moçambicana por expressar traços da multifacetada identidade moçambicana.

O filme segue de perto o texto da narrativa de Mia Couto. Quando alguns soldados da ONU, que haviam ido para Moçambique para o trabalho da desminagem, explodem, um tenente italiano, Risi, é enviado, a este país africano fictício representado no romance, para conduzir a investigação. Risi é acompanhado por um tradutor moçambicano que não só traduz as línguas africanas de Moçambique para o português, mas explica também os costumes locais. Desta maneira, o espectador pode seguir a investigação de Risi para ir descobrindo, ao mesmo tempo, as particularidades desse país. Ao longo do filme, os elementos "sobrenaturais" ganham importância. As visitas efêmeras de uma mulher bonita provocam questões. Risi apreende gradualmente a história da vila, do país e dessa mulher que é vítima de uma maldição: tinha de viver sob a aparência de uma mulher velha e só o amor a poderia libertar. Assim, elementos narrativos e símbolos se referem ao "sobrenatural": um animal que aparece cada vez que um espírito passa, pessoas que se apresentam e desaparecem mais tarde. O investigador Risi compreende, gradualmente, que a aparência não corresponde forçosamente a realidades objetivas, controláveis pela razão. Um crítico de cinema, Manuel Halpern, constata a influência grande do "sobrenatural" na obra de Mia Couto:

> Assim, tal como grande parte da obra de Mia Couto, "*O último voo do flamingo*" entraria justamente no cardápio de um festival de cinema "fantástico", numa eterna dúvida entre o ser e o parecer, em que o real e o "sobrenatural" estão ao mesmo nível. [...] O filme evoca, como óbvia, a derrota da razão, exigindo que as mais profundas, mas também as mais profanas realidades do mundo se entendam mais através dos espíritos do que através da mente. (HALPERN, 2010, p. 13)

O crítico sublinha o entrelaçamento estreito entre o mundo real e o "fantástico". O cineasta João Ribeiro reafirma essa visão, cuja câmera vai encenando momentos inexplicáveis que se multiplicam cada vez mais ao longo do filme, de maneira que o "sobrenatural" parece dominar o real. A investigação do Risi faz nascer uma grande quantidade de histórias contadas pelos habitantes da vila, que vão misturando experiências individuais com testemunhos em relação aos crimes. Nesta polifonia de vozes que relatam eventos reais e imaginados, vividos e sonhados, o cineasta constrói um universo cinematográfico que entrelaça o real e o "sobrenatural". Todos esses elementos formam uma unidade no filme, porque o cineasta visualiza os momentos "sobrenaturais" da mesma maneira que os "momentos reais" contados pela narrativa principal. Quando, por exemplo, o Risi quer fugir da vila, como também da história complexa e da investigação sem esperança de solução, o tradutor lhe pergunta se não vai ocupar-se da Temporina com quem tinha passado uma noite de amor. Ele recusa ter mantido uma relação com essa mulher que possuía um corpo jovem e um rosto velho, porque lhe parecia irreal; para ele, podia ter sido, talvez, só um sonho. Quando o tradutor insiste em sua responsabilidade pela gravidez da Temporina, uma imagem dessa mulher grávida surge intercalada nesta sequência de diálogo entre os dois companheiros. Desta maneira, o elemento narrativo que traz à cena uma pessoa que parecia irreal torna-se "um momento real" no plano diegético do filme, através da conversa entre os dois protagonistas.

Já vimos, com o filme "*Impunidades criminosas*", de Sol de Carvalho, que os espíritos fazem parte do mundo vivenciado: no nível visual, participam da narrativa como os outros personagens sem efeitos especiais que poderiam criar uma fissura entre um mundo diegético percebido como "real" e outro mundo "sobrenatural" que faz parte da narrativa, mas de uma forma diferente. Desta maneira, a narrativa cinematográfica recria a relação entre o "real" e o "sobrenatural" na narrativa fictícia, inserindo este nas margens daquele.

Nos exemplos tratados, os cineastas não relegam o "sobrenatural" a um mundo fictício. Criam um universo diegético, no qual o "real" e o "sobrenatural" fazem parte, igualmente, da "realidade experimentada" pelos personagens.

Ao fim, quando Risi está a combinar os elementos para fazer um relatório sobre os crimes, os dados "reais" sobre estes se misturam com os dados "sobrenaturais". Este processo reflete-se na construção do espaço: os encontros com as mulheres enfeitiçadas têm lugar em quartos, em espaços fechados. Até ao fim, em um encontro que junta todos os personagens, o amor de Risi desfaz o feitiço da mulher velha, o que parece confirmar a existência do "sobrenatural". Na última sequência, Risi visita o pai do tradutor que lhes conta a história recente do país, a memória dos tempos antes da guerra e o risco de perder a memória e a cultura durante a guerra. O pai recomenda ao Risi que durma para poder sonhar, porque um país como Moçambique só pode ser entendido através dos sonhos.

Risi e o tradutor adormecem e, quando despertam, se encontram em outro lugar: a vila tinha desaparecido, estavam à beira de um enorme buraco, um espaço entre o mar e o céu. A terra existia só abaixo, em forma de rochas flutuando no ar. Um país como Moçambique, com uma história tão complicada, perpassada por anos de colonialismo, pela guerra de independência, pelos conflitos armados da guerra "civil", por grande diversidade étnica e linguística, pela exploração de poderes estrangeiros atraídos pelos recursos naturais locais, só pode ser compreendido através de sonhos que ultrapassem a complexa realidade e expressem costumes culturais e desejos dos habitantes. O fim do filme deixa os espectadores com dúvidas, com questões não totalmente entendidas. É um convite a pensar num futuro possível, imaginando um país diferente.

Para concluir: afinal qual o papel do "fantástico", do "real maravilhoso", do "sobrenatural" no cinema africano?

Nos exemplos tratados, elementos que não podem explicar-se pelas leis da lógica correspondentes às ciências naturais fazem parte da construção dos mundos diegéticos que nos propõem os cineastas moçambicanos. Em contextos africanos, se fala muitas vezes do "sobrenatural" e do místico que fazem parte de uma visão animista da existência. Desde os tempos coloniais, antropólogos faziam uma leitura das culturas africanas como diferentes das culturas europeias: estas eram baseadas na lógica e na razão, enquanto que aquelas eram consideradas, preconceituosamente, místicas e supersticiosas. Apesar dessa visão dicotômica que prevaleceu por vários séculos, o acadêmico Tzvetan Todorov publicou, já nos anos 1970, *"Introdução à Literatura Fantástica"*, analisando a literatura europeia. Definiu o fantástico como a irrupção de elementos sobrenaturais no mundo real. Segundo ele, os elementos sobrenaturais deviam ser entendidos como aqueles que não admitiam uma explicação lógica. O fantástico, segundo essa concepção, cria momentos de incerteza, pois se trata de um encontro entre duas lógicas diferentes para explicar duas visões de mundo que se opõem, mas se interferem mutuamente. O específico no cinema africano é que este momento de incerteza quase nunca acontece, porque o "fantástico" faz parte integral da própria visão de mundo africana. Neste sentido, quando os cineastas utilizam elementos "sobrenaturais" ou "maravilhosos", estes fazem parte do processo narrativo, criando um mundo imaginado, fictício tão "verdadeiro", que todos, inclusive os espectadores, são convidados a sonhar a realidade, em versões e variações intermináveis.

Referências

ARENAS, Fernando. *Lusophone África. Beyond independence.* Minneapolis/London: University of Minnesota Press, 2011.

CARDOSO, Margarida. *Kuxa Kanema. The birth of cinema.* Filmes do Tejo, 52 mins, 2004.

CONVENTS, Guido. *Os moçambicanos perante o cinema e o audiovisual.* Maputo; Leuven: Dockanema; Afrika Filmfestival, 2011.

DOS REIS ROBLÉS, Ana Paula. *The fantastic and the marvellous in Mia Couto's narrative,* 2007. http://uir.unisa.ac.za/bitstream/10500/2280/1/dissertation.pdf. acesso (04.03.2018).

FENDLER, Ute. "Cinema in Mozambique: New tendencies in a complex mediascape." In: *Critical interventions,* 2014, p. 18. (online) Disponível em: http://www.bayreuth-academy.uni-bayreuth.de/en/gesamtprojekt/index.html Acesso 31.05.2018.

FENDLER, Ute: "Narrating Mozambique. Recent feature films." In: *Third text,* forthcoming, 2018. p. 22.

HALPERN, Manuel: "O último voo do flamingo. As razões dos espíritos." In *Estado crítico,* 16.09.2010, p. 13. Disponível em: http://visao.sapo.pt/cinema/estadocritcio/o-ultimo-voo-do-flamingo-as-razoes-dos-espiritos=f571754. (Acesso 04.03.2018). Disponível em: https://criticacinport.wordpress.com/page/13/?app-download=ios (Acesso: 30/05/2018)

LEITE, Ana Mafalda: *Oralidades e escritas nas literaturas africanas.* 2. ed. Lisboa: Edições Colibri, 2014.

PARADISO, Sílvio Ruiz. "Religiosidade na literatura africana: a estética do realismo animista." In: *Estação literária,* vol. 13, Jan. 2015, p. 268-281.

PATRAQUIM, Luís Carlos: "Cinema Moçambicano: O efeito KK." In: *Kuxa Kanema.* Episódios 001-012 (1981), Berlin: Arcadia Film, 2012, p. 8-10.

PATRAQUIM, Luís Carlos: "The New Series of Kuxa Kanema. The Institutionalized Revolutionary Discourse." In: *Kuxa Kanema,* DVD, ed. por U. Fendler *et alii,* Berlin: Arcadia, 2013.

Da fotografia ao teatro, da retórica à poética: reflexões sobre *Mueda, memória e massacre,* de Ruy Guerra

Júlio Cesar Machado de Paula

Ao abrir o livro *África*, de Sebastião Salgado, o leitor (se é esse o nome que se dá àquele que se debruça sobre fotografias) se depara com a imagem nebulosa de um comboio militar que se desloca, ao que parece, em alta velocidade, em uma estrada de terra cercada por densa vegetação. Nada na imagem revela qualquer traço de nitidez: a luz é difusa e se espraia com dificuldade em meio à poeira abundante; mal tocados pela luz, os rostos dos soldados são opacos, não se lhes divisam os traços, apenas silhuetas; são espectros, mais do que homens. O último veículo reboca um canhão que, oculto sob uma lona, deixa-se adivinhar também apenas pela silhueta. A imagem em si não é suficiente para situar a ação, corriqueira em muitos locais do continente e em muitos momentos de sua história. Talvez por isso o fotógrafo brasileiro tenha optado por uma longa legenda descritiva e esclarecedora: "Tropas portuguesas deslocando-se entre a cidade de Nampula e a base militar de Mueda, perto da fronteira com a Tanzânia. Moçambique, 1974" (SALGADO, 2010, p. 31).[1]

A data nos situa: 1974, estamos nos estertores da guerra de independência. Mas, *madeleine* híbrida, simultaneamente sonora e imagética, a menção a Mueda e o próprio comboio militar que para lá se desloca nos remetem ao período que antecede a luta armada e ao local em que, em 16 de junho de 1960, sipaios e militares portugueses abriram fogo contra a multidão que para ali acorrera a fim de discutir questões ligadas à produção de algodão, segundo o senhor diretor, ou para exigir a independência de Moçambique, segundo alguns dos sobreviventes, especialmente os que se engajariam na luta de libertação. Houve mortos, uns 14, de acordo com a administração colonial, que se baseou, dentre outras falácias, no número de encomendações de corpos feitas pelo padre local, tão português quanto o próprio Salazar; ou, segundo a memória popular, posteriormente referendada pela Frelimo, uns 600.

---

[1] Livre tradução do texto original em inglês. A fotografia em si está na página 29 do referido livro de Sebastião Salgado.

Mais do que a falta deles, a discrepância entre os dados apresentados de parte a parte nos revela a dificuldade de se abordar o episódio de forma que não seja especulativa ou aproximativa. Se o evento em si, como dado histórico empírico, é nebuloso como a fotografia de Sebastião Salgado, as representações que dele se fizeram aí estão, concretas, à espera de quem deseje se aproximar não da verdade histórica, que, a rigor, não existe, mas das visões sobre ela criadas a partir do complexo jogo de memória e esquecimento ensejado pela guerra de narrativas. Abordarei aqui um dos casos mais peculiares de tal processo, o filme *Mueda, memória e massacre*[2], de Ruy Guerra, rodado em 1979 e lançado em 1980, sob a égide do Instituto Nacional de Cinema (INC). A peculiaridade a que me refiro decorre de uma série de elementos, com especial destaque para o fato de se tratar não de uma representação (ficcional ou documental) direta do evento, mas da filmagem de uma das encenações teatrais do massacre, levada a cabo por atores amadores da própria região de Mueda a partir de um roteiro elaborado pelo ex- guerrilheiro Calisto dos Lagos, que também os dirige. A encenação, repetida a cada aniversário do massacre, estreou em 1976 e estendeu-se até meados dos anos 1990. Ou seja, mais do que um filme sobre o massacre de Mueda, estamos diante de um filme sobre a memória que dele se tem ou tal qual a celebrava, de forma encenada, a própria população local, orientada pela FRELIMO. Talvez esteja aí a explicação da ordem dos termos no subtítulo, com a "memória" a anteceder o "massacre", e não o contrário, como seria esperado.

Como nenhuma espécie de memória, inclusive a fílmica, pode se formar a partir do vazio, convém lembrar o que preenche, nesse domínio, as duas décadas que separam o massacre em si da realização do filme de Guerra. As primeiras experiências de uma produção audiovisual de extração não colonial em Moçambique têm início antes mesmo da independência com a criação, em 1969, no seio da FRELIMO, do Departamento de Trabalho Ideológico (DTI), em cujas subdivisões havia justamente um Setor de Imagem. A intenção original desse órgão era produzir breves documentários que retratassem a vida cotidiana em meio à luta de emancipação do jugo colonial, mas, a despeito de algumas tentativas de registro em Super-8, os custos elevados e as dificuldades técnicas de registro fílmico acabaram por levar a uma ênfase no registro fotográfico. Também antes da independência, em 1972, o cineasta italiano Franco Cigarini foi recebido pela FRELIMO e pôde realizar uma série de tomadas nas áreas já liberadas, resultando no importantíssimo *Dieci giorni con i guerriglieri del Mozambico libero*. Feita a

---

[2] Doravante, sempre que a forma utilizada for "*Mueda*", em itálico, tratar-se-á do filme, não da cidade.

independência, a primeira medida de caráter cultural levada a cabo por Samora Machel, já em 1975, foi justamente a criação do Instituto Nacional do Cinema. Vê-se, pois, que os primeiros exercícios de registro fílmico de cunho não colonial em Moçambique nascem sob a égide da necessidade de se documentar a realidade ou as realidades locais. Há que se notar que o contexto externo é favorável a essa visada documental, já que se observa, ao longo dos anos 1970, uma tendência à realização de documentários que se propõem a fazer revisões históricas, tomando como paradigma, segundo Nichols (2010, p. 61), o filme *"Vietnã, ano do porco"*, realizado por Emile de Antonio em 1969.

Se *"Mueda"*, por um lado, pode ser incluído sem maiores percalços nesse contexto de produção cinematográfica documental, já que apresenta um grande número de elementos comumente associados a tal modalidade de filme (tomadas no próprio local do evento histórico, uso de atores sociais e de seus testemunhos, letreiros de caráter didático etc.), por outro, apresenta dois complicadores: sua apresentação como filme de ficção, como se pode ler no cartaz oficial do INC: "primeiro filme de ficção da República Popular de Moçambique"; e, o que nos parece mais relevante, a grande mobilização, por parte de Ruy Guerra, de recursos poéticos que tensionam o caráter documental do filme.

Esse caráter híbrido nos lança um desafio teórico de partida: como abordar um filme que, embora apresente muitos elementos comumente associados ao filme de documentário, ou seja, ao registro da imagem como documento histórico, foi apresentado por seus produtores como um filme de ficção e construiu-se em grande medida por meio de recursos próprios a um discurso fílmico poético-ficcional? Haveria uma teoria híbrida capaz de abarcar de um só fôlego o que de documental e o que de ficcional repousa no filme? Deveríamos, a cada elemento analisado, modalizar nossas balizas teóricas, de modo a adequá-las ao objeto enfocado?

Ainda que válidas, parece-nos que a busca por respostas a tais questões nos afastaria muito de nosso propósito. Por tal razão, buscamos uma estratégia diversa, de caráter antes analógico que teórico. *"Mueda"*, marco do cinema nascente em Moçambique, situa-se numa encruzilhada de documentário e ficção análoga à que o próprio cinema experimentou ao transitar de uma origem técnica a uma destinação artística, ou seja, de aparato técnico criado para o registro documental da imagem a novos dispositivos de linguagem afeitos à criação poético-ficcional. Nesse percurso, o cinema se construiu por relações estreitas com outras formas de linguagem, como a da fotografia e a do teatro, e será por analogias com ambas que construiremos nossa relação de apontamentos.

A vez da fotografia: *"Mueda"* como documentário

Toda modalidade de arte, como a própria palavra já nos informa, é uma espécie de artifício, de constructo que, em maior ou menor medida, dialoga com o real, sem que se confunda com ele. Há que se observar, no entanto, que nem toda modalidade artística surgiu ou foi vislumbrada, desde o início, como tal. É esse justamente o caso da fotografia e, por extensão, do cinema, entendido como sequência fotográfica em movimento, ambos nascidos não propriamente como arte criativa, como exercício de linguagem, mas como dispositivos técnicos de registro e reprodução da imagem. Diferentemente do homem híbrido e múltiplo do Renascimento, simultaneamente inventor técnico e criador artístico – como Leonardo da Vinci –, Nièpce, Daguerre, Edison e os irmãos Lumière foram inventores estritamente técnicos.

Diferentemente da literatura (mesmo da que se apresenta como realista), na qual o anseio pelo verismo passaria pela necessidade de produção de um "efeito de real", na famosa expressão de Barthes (1972, p. 35), na fotografia, o vínculo entre o real e sua representação seria da ordem da imanência, já que, por mais modificada que seja a fatura fotográfica (penso, aqui, por exemplo nas fotografias manipuladas de Valério Vieira), restaria sempre, no imaginário de seus receptores, um laivo de realidade. A certeza de que, diante da imagem fotografada ou filmada, houve necessariamente um objeto, um anteparo real à luz que sobre ele se fez incidir, dá a tais registros uma sensação de lastro de realidade de que outras modalidades nunca desfrutaram. Mesmo a pintura feita a partir da observação direta já portaria algum grau de distanciamento com o real, uma vez que o receptor poderia desconfiar, e com razão, que se trate de reprodução feita a partir da imaginação ou da memória, ambas traiçoeiras ou distraídas (veja-se, por exemplo, o caso das paisagens pernambucanas de Franz Post, produzidas principalmente na Holanda a partir da memória do pintor). No mais, a presença incontornável da mão humana na pintura empresta-lhe um grau agudo de subjetividade, pois, ainda que a observação direta esteja na origem do processo, é a mão que consolida a fatura. Walter Benjamin, ao analisar a superação da litografia pela fotografia, aponta na mesma direção, ao afirmar que "Pela primeira vez no processo de reprodução da imagem, a mão foi liberada das responsabilidades artísticas mais importantes" (2012, p. 181).

Mas é preciso observar, e o fazemos com o próprio Bazin, que não é o resultado, ou seja, a fotografia em si, o que eximiu a pintura da tarefa de reproduzir o real, que antes se lhe impunha. Basta que atentemos para o primitivismo técnico das primeiras fotografias para perceber que elas estavam muito mais distantes de uma representação fiel da realidade do que a pintura (os primeiros registros de Nièpce, por exemplo, são quase borrões, de traço informe e sem cor). A questão para Bazin seria antes de cunho psicológico ou filosófico: a fotografia, àquela altura, embora não reproduzisse a realidade de forma mais fidedigna que a pintura, já o fazia sem o concurso subjetivo da mão humana, o que lhe conferiu uma aura de objetividade que sua precursora não tinha. Ou, na fórmula sintética de Bazin, "A solução não estava no resultado, mas na gênese" (1991, p. 21).

Barthes, indo adiante, defende que o não protagonismo da mão humana na fotografia conferiu-lhe uma aura de expressão objetiva do mundo. Ainda que não se trate de afirmar que a fotografia seja, efetivamente, um espelho do real, pode-se dizer que foi e continua sendo, em grande medida, percebida como tal por ser gerada por uma espécie de "objetividade essencial", na expressão de BAZIN (1991, p. 22). É notável como o próprio aparato técnico da fotografia, ao nomear como "objetiva" a lente ou o conjunto de lentes responsáveis pela captação da imagem, já evoca o caráter supostamente objetivo das câmeras, a funcionar como uma espécie de "olho fotográfico" (BAZIN, 1991, p. 22), responsável pela "transferência de realidade da coisa para a sua reprodução" (Idem, p. 23).

Essa capacidade de "transferência de realidade" da fotografia parece ter se acentuado no cinema, livre, como se sabe, da estaticidade do quadro fotográfico único. A anedota do público em pânico ante a exibição de *La Ciotat*, dos irmãos Lumière, imaginando que a locomotiva projetada na tela invadiria a sala de exibição, ilustra o poder da nova técnica em conferir uma impressão de real à representação que do real se faz.

No que diz respeito ao filme de documentário, o recurso a elementos tomados de situações reais, não fictícias, cuidou por reforçar a sugestão de verismo que o cinema já portaria desde sua origem. Nichols associa a tal sugestão uma série de convenções facilmente identificáveis em "*Mueda*": "gravação de som direto", "cortes para introduzir imagens que ilustrem ou compliquem a situação mostrada numa cena", "uso de atores sociais, ou de pessoas em suas atividades e papéis cotidianos", além de uma "lógica informativa que organiza o filme no que diz respeito às representações que ele faz do mundo histórico" (2010, p. 54).

Merece especial destaque o recurso a depoimentos feitos por remanescentes do massacre e seu poder de estimular no público a sensação de que ele não está diante de personagens fictícias, mas de sujeitos reais que viveram os eventos e os testemunharam com seus próprios olhos. Eis o domínio do verismo fotográfico ou visual aplicado à memória: trata-se de testemunhas oculares. Do brado do "I-Juca Pirama" ("Meninos, eu vi") ao slogan do Repórter Esso ("testemunha ocular da história"), nenhum tipo de testemunho parece gozar de mais fidedignidade que o ocular. Aquilo que se vê, o "eu vi", avizinha-se da verdade a ponto de com ela se confundir, ao passo que aquilo que se ouviu, o "ouvi dizer", traz em si uma nota de dúvida que o aproxima antes da conjetura ou do boato.

Esse conjunto de elementos confere a "*Mueda*" um tom muito próximo ao de um discurso retórico, centrado antes no anseio de convencimento do público sobre uma determinada interpretação histórica do massacre do que no fato de se tratar de uma representação de cunho autoral acerca do mesmo evento. Para Nichols, a presença de um caráter retórico nos documentários não seria acidental, já que tal modalidade de filme "não recorre primeira ou exclusivamente a nossa sensibilidade estética: ele pode divertir ou agradar, mas faz isso em relação ao esforço retórico ou persuasivo dirigido ao mundo social existente" (2010, p. 100). Parece-nos, pois, que, em *Mueda*, há um projeto original de retórica da história que busca convencer o público quanto a três aspectos distintos, ainda que interligados, a saber:

- o massacre de Mueda teria já um caráter nacional-independentista; não seria, portanto, nem um movimento meramente de reivindicação trabalhista ou de condições econômicas, nem um movimento circunscrito à comunidade maconde do norte de Moçambique;
- o massacre teria vínculos com o surgimento da FRELIMO e com a percepção da luta armada como única via possível de libertação (nesse sentido, guardaria semelhanças com os massacres de Batepá, em São Tomé e Príncipe, em 1953; da Baixa do Cassanje, em Angola, em 1961; e de Pindjiguiti, na Guiné-Bissau, em 1969);
- aos guerrilheiros da FRELIMO, como mártires, heróis e fundadores da pátria moçambicana, caberia a condução do país independente.

Por falta de espaço e para não nos desviarmos do propósito desse texto, não nos cabe, aqui, como não coube ao próprio Guerra dentro do filme, discutir acerca de cada um desses pontos, mas evidenciar que há um afã retórico que se acopla ao que de documental existe no filme. E, a partir dessa discussão, vislumbrar alguns recursos de que Guerra se vale ao confrontar, pela linguagem poética, o direcionamento retórico que repousa na origem do projeto de "*Mueda*".

Do teatro ao cinema: "*Mueda*" como ficção

O cinema, como se viu, herdou da fotografia certo lastro de realidade. Mas, como a própria fotografia, tomou outros rumos à medida que foi deixando a dimensão de aparato técnico para tornar-se, pela experimentação e pela poética, uma nova linguagem capaz de exprimir mais do que a própria realidade empírica e material das coisas. É interessante notar que muito desse processo de experimentação do cinema como linguagem, das trucagens de Meliès às perspectivas distorcidas do expressionismo alemão, se fez por um afastamento deliberado do caráter de imanência que a fotografia e o cinema guardariam com o real. Os novos aparatos técnicos passam agora a produzir aquilo que não pertence ao mundo tangível, ou, mais até do que isso, passam a engendrar outras dimensões de realidade, como a literatura e o teatro já o faziam. Não é por acaso que muito do repertório fílmico desse período vem justamente da literatura fantástica ou de ficção científica, como o paradigmático *Voyage dans la lune*, realizado por Meliès em 1902 a partir de *De la terre à la lune*, de Jules Verne.

Mas a história do cinema tem idas e vindas, ou, o que seria mais preciso dizer, múltiplos caminhos. Um deles, forte o suficiente para tornar marginais todos os outros, foi o do entretenimento baseado na narrativa de ficção, especialmente com a emergência do modelo comercial hollywoodiano no início dos anos 1930. O cinema se viu, então, presa de um processo de espetacularização que reduziu o público a uma condição de passividade ante aquilo que se exibia nas telas, fenômeno já exposto por Benjamin no conhecidíssimo "A obra de arte na era de sua reprodutibilidade técnica" (2012, p. 194). Ao cabo desse processo, as relações entre público e tela acabaram por se assemelhar às que se experimentavam entre o público e o palco, no auge do teatro naturalista, resumidas pela recorrente metáfora da quarta parede, a separar o público da cena e a impossibilitar uma visão crítica do que se representa.

A reação a esse estado de passividade constitui o cerne do teatro épico brechtiano. Para o dramaturgo e diretor alemão, é preciso implodir a quarta parede a fim de despertar no público uma consciência crítica acerca da representação e de suas relações históricas e sociais. É justamente nesse ponto, nesse embate entre um projeto de passividade do público e a reação que a ele se faz, que buscaremos alguma analogia entre o teatro e o cinema.

No caso de "*Mueda*", o diálogo com a forma teatral é incontornável, pois não se trata apenas de evocar o teatro como uma referência matricial do cinema *in abstracto*, o que poderia ser feito para qualquer filme, mas de analisar aquilo mesmo que se filma, ou seja, uma encenação teatral do massacre de Mueda. Mas não se trata, aqui, de teatro filmado, ou seja, de um mero registro técnico de uma encenação teatral conduzida pela FRELIMO. Parece-nos pouco crível que Ruy Guerra, cineasta de cunho político, sim, mas não necessariamente partidário, e em pleno domínio dos recursos oferecidos pela direção cinematográfica, se dispusesse a ser um mero transpositor da encenação teatral para a tela, um coadjuvante em um processo de visão retórica da história.

Já que não pode decidir plenamente o que registrar, sua mão de cineasta é perceptível em elementos centrais da linguagem cinematográfica. Se o objeto a ser filmado é um dado (a encenação), não o são o enquadramento e a forma de dispô-los na fatura, ou seja, na película a ser efetivamente exibida. Num sentido amplo, nossa hipótese é a de que Ruy Guerra maneja tais recursos de modo a torná-los evidentes, desnaturalizando-os e produzindo o que parte da crítica chama justamente de "efeito teatral", descrito por Pavis como uma

> Ação cênica que revela imediatamente sua origem lúdica, artificial e teatral. A encenação e a interpretação renunciam à ilusão: elas não mais se dão como realidade exterior, mas salientam, ao contrário, as técnicas e os procedimentos artísticos usados, acentuam o caráter interpretativo e artificial da representação. (2008, p. 121)

É o que se vê desde o início do filme, pois "*Mueda*", antes mesmo de nos apresentar qualquer imagem, já se abre com a audição de uma espécie de jogral em que a voz de um corifeu conduz um processo de discurso e imitação discursiva que reaparecerá por todo o filme. Em meio a dados da história da presença portuguesa em Moçambique (sua chegada, a violência colonial e a resistência que a eles se oferece), o que mais se ouve são brados de "Viva FRELIMO!", ora em português, ora em maconde.

Na sequência, logo após o primeiro dos letreiros didáticos, no qual se faz uma síntese do que teria sido o massacre, tem-se uma espécie de preâmbulo de preparação à encenação teatral, o qual, exposto por Guerra, deixa claro o fato de que se trata de um processo orientado, conduzido sem o concurso efetivo do povo moçambicano. O que se vê é uma espécie de mestre de cerimônias que conclama o público a permanecer em silêncio e afastado da área de atuação do elenco, sem se manifestar, sem interagir ou tomar parte no processo de representação a não ser quando solicitado a fazê-lo e em conformidade com as orientações recebidas. Há, portanto, na encenação teatral conduzida pela FRELIMO (ao menos naquela filmada por Guerra), uma clara tentativa de condução do público a uma condição de passividade ante o que se vai representar, ou seja, diante de sua própria história.

O poder de exclusão desses comandos dirigidos a um público maconde ganha maior intensidade se atentarmos para o fato de que se trata de uma sociedade de base sobretudo oral, familiarizada a manifestações culturais de cunho performático, dentro de um complexo de música, dança, teatro e culto religioso do qual tomam parte como agentes tanto um enunciador central, que conduz o processo, quanto o próprio público.

No que tange ao enquadramento, é interessante notar a forma inusitada com que Guerra mobiliza imagens em profundidade para, no nosso entendimento, quebrar o que equivaleria, no cinema, à quarta parede do teatro naturalista. Para Jean Renoir (*apud*: BAZIN, 1991, p. 76), o uso de imagens em profundidade, comuns nos filmes norte-americanos entre a crise de 1929 e o estouro da II Guerra Mundial, quando se consolida o paradigma da passividade ante a tela, teria como propósito justamente ocultar a montagem e incutir no público a sensação de que o filme espelha um mundo pronto, imune a qualquer espécie de interação do público. Mas, em *Mueda*, a profundidade acaba por ter um efeito inverso ao fazer convergir, pela sobreposição de planos, os atores amadores que encenam o massacre e figuras externas à encenação teatral, como soldados e organizadores gerais do evento, além do próprio público. Longe, portanto, de alijar o público da película, Guerra o coloca em cena por meio da profundidade. Cria-se assim, pela redução ou mesmo eliminação da distância que separaria o público da representação, uma impressão de quebra da quarta parede. O recurso, mobilizado várias vezes ao longo do filme, parece atingir seu ponto de maior tensão por volta dos 46'00", numa tomada em que a profundidade põe em cena três planos distintos, o da encenação, o do público e, a separá-los, o de uma fileira de soldados armados voltados para os espectadores, não para a cena. Dessa forma, o público, orientado a não interferir na encenação teatral, ou seja, a dela não fazer parte, passa a integrar o filme justamente pela profundidade criada pelo recuo ou abertura angular das câmeras.

Uma figura interessante a ser evocada para essa discussão é Jean Cocteau, dramaturgo e cineasta que, ao transpor peças suas do palco para as telas, pôde experimentar os dois lados da questão. É o caso, por exemplo, de *Les parentes terribles*[3] (1948), que ele transpõe para a tela no intuito de dar a ver ao público aquilo que não seria possível por meio da montagem teatral. O cinema, em metáfora do diretor, seria como a vida vista pelo buraco da fechadura (*apud*: BAZIN, 1991, p. 138). Em nosso exercício analógico, poderíamos aproximar essa imagem do teatro épico comparando-a a uma espécie de fissura produzida na quarta parede. Guerra, nesse sentido, com seu cinema épico brechtiano, ainda que não fosse capaz de demolir por completo a quarta parede que se interpõe entre o público e a encenação da FRELIMO, ao menos nos franquearia um buraco de fechadura, desvelando de forma sutil o que há em *Mueda* de mundo planejado, produzido, manipulado.

A discussão acerca do caráter participativo do público leva-nos a outra referência de teatro político que se pode evocar: o Teatro do Oprimido, proposto por Augusto Boal e por ele desenvolvido em vários países, incluindo-se

---

[3] Lançado no Brasil como "*O pecado original*".

Moçambique, onde experimentou enorme receptividade. Segundo informação do site do Instituto Augusto Boal, o Grupo do Teatro do Oprimido de Maputo "congrega pouco mais de 3.000 praticantes, espalhados por mais de 120 grupos em 93 distritos moçambicanos"[4]. Tanto o teatro épico brechtiano quanto o Teatro do Oprimido têm como ponto inegociável a participação ativa do público na encenação, especialmente nos momentos em que alguma questão de fundo social leva a montagem a um impasse de linguagem (como representar um evento traumático, por exemplo). Não se trata de afirmar, obviamente, que Guerra está mobilizando deliberadamente recursos próprios de tais matrizes teatrais, mas de destacar a afinidade existente entre elas e *Mueda* no que diz respeito à quebra da tentativa de naturalização da representação e à inserção do público nos processos de constituição de sua própria realidade social e de sua memória histórica.

O antidocumentário e a poética da história

Das categorias taxonômicas propostas por Nichols para os filmes de documentário, vemos que *Mueda* aproxima-se justamente daquelas em que formas de experimentação da linguagem reduzem a distância que separa a estética do documentário da estética dos filmes de ficção. É o caso do que ele denomina de "documentário performático", o qual

> mistura livremente as técnicas expressivas que dão textura e densidade à ficção (planos de ponto de vista, números musicais, representações de estados subjetivos da mente, retrocessos, fotogramas congelados etc.) com técnicas oratórias, para tratar das questões sociais que nem a ciência nem a razão conseguem resolver. (2010, p. 173)

Vê-se, pois, que, mesmo por um recorte teórico relativamente convencional, como o de Nichols, *Mueda* parece flertar já com o ficcional ao explorar de forma mais livre o repertório estético de que Guerra dispõe. Uma possibilidade de abordagem teórica e aplicada de caráter não convencional pode ser buscada pelo trabalho de Arthur Omar, cineasta brasileiro que forja, como antídoto às limitações de linguagem do documentário convencional, o conceito-gênero de "antidocumentário", proposto duplamente por meio de um ensaio, "O antidocumentário provisoriamente", e de um filme, *Congo*, ambos de 1972. Omar, como outros, e como nós mesmos já aqui o fizemos, evoca o caráter avassalador assumido pelo filme narrativo

---

[4] <https://institutoaugustoboal.org/tag/maputo/>. Consulta realizada em 3/7/2018.

de ficção ao ser transformado em produto da indústria cultural por meio de sua espetacularização. Interessa a Omar, de modo especial, denunciar os impactos desse processo na constituição de um público predominantemente passivo, acrítico, incapaz de interagir com aquilo que vê. Diz ele:

> O espectador sabe perfeitamente distinguir documentário de ficção, porém, a maneira dele (sic) se colocar frente ao conteúdo desses filme é idêntica nos dois casos, ou seja, dele se exige um mesmo tipo de esforço e trabalho, se exige que seja o mesmo tipo de espectador, ou melhor, um mero espectador. (OMAR, 1972)[5]

Para Omar, o fato de o documentário ter se tornado uma espécie de subproduto da narrativa de ficção constitui justamente o cerne de sua carência de autonomia estético-formal, o que o impediria de "cumprir com independência seu hipotético programa mínimo: documentar." (1972). E, diante de tais limitações, busca sintetizar sua proposta:

> Sem recusar o lado fotográfico de captação, mas fiscalizando-o rigorosamente, poderiam surgir, num período de transição, espécies de antidocumentários, que se relacionariam com seu tema de um modo mais fluido e constituiriam objetos em aberto para o espectador manipular e refletir. O antidocumentário procuraria se deixar fecundar pelo tema, construindo-se numa combinação livre de seus elementos. (OMAR, 1972)

Ante a dificuldade de se descrever ou explicar o que seria esse modo fluido, o próprio Omar opta por fazê-lo por meio não de uma descrição verbal, mas de um filme-paradigma que ilustraria sua proposta do antidocumentário, o *Congo*, já mencionado. Curiosamente, o tema tomado por Omar guarda estreita proximidade com o de *Mueda*, já que se trata também de produzir um filme a partir de uma encenação teatral popular (as congadas de Minas Gerais, estado natal do realizador). Desconcertante desde o primeiro quadro, o antidocumentário de Omar parece, à primeira vista, uma sucessão desconexa e aleatória dos tradicionais recursos do documentário: letreiros (chamados por ele de "pivôs"), depoimentos, recortes de jornal, citações musicais etc. Mas, em meio à aparente caoticidade, percursos possíveis de leitura vão surgindo, especialmente pela visão conjunta dos pivôs, que, progressivamente, organizam a visada metalinguística de Omar e questionam a falência da obsessão verista do documentário con-

---

[5] Artigo consultado em arquivo disponível na web sem numeração de páginas.

vencional. Alguns deles, por exemplo, trazem as seguintes inscrições:
- "O filme contra História classe 'A'" (11'30")[6]
- "Mistério do mundo / contra / 2 e 2 são 4" (11'56")
- "Mímesis" (11'59")
- "Fizeram os negros teatro no Brasil?" (12'05")

Poderíamos dizer que Omar busca se opor ao caráter retórico do documentário tradicional substituindo o convencionalismo formal, responsável, segundo ele, pelas limitações do gênero, pela liberdade da experimentação poética. Se a retórica pode conduzir ao convencimento a partir da sugestão ou mesmo da imposição de uma visão única e unívoca da história, a poética seria capaz de emprestar à história a multiplicidade que caracteriza o exercício estético da linguagem.

Como nossa intenção não é circunscrever *Mueda* a um gênero ou categoria, a evocação que aqui fazemos do trabalho de Omar não visa a propor uma classificação do filme de Guerra como antidocumentário, mas apontar para uma questão fulcral que une os dois trabalhos e a discussão mesma em torno do embate ou da interdependência entre o documentário e o ficcional: a tensão entre representação e realidade.

O próprio conceito de mímese carreia consigo uma ambiguidade original, descrito que foi tanto como imitação redutora quanto como imitação criativa. Roberto de Oliveira Brandão já aponta o problema a partir da dificuldade de se apreender com precisão os significados do termo *mimésis* na obra de Aristóteles, que, para uns, equivaleria a uma "reprodução da realidade" (1976, p. 49), levando a um reconhecimento, na imitação, do objeto imitado; e, para outros, de um conjunto mais complexo de processos, de natureza tanto imitativa quanto criativa.

E estamos aqui diante de um dos muitos paradoxos que parecem nos rondar quando refletimos sobre "*Mueda*": por um lado, é uma teoria convencional do documentário que aponta para o possível caráter ficcional do filme, se o entendemos como um "documentário para satisfação do desejo" (2010, p. 26), definição de Nichols para o cinema de ficção; por outro, é a experimentação poética e o desnudamento do caráter ficcional que abrem a reflexão acerca da historicidade do filme como um projeto da FRELIMO sobre a memória a se preservar do evento. Se, por um lado, a dimensão poético-ficcional e a exposição dos dispositivos de construção do filme atenuam a pretensão de que seja visto como documento histórico do massacre em si, por outro, permitem que seja visto como um documento histórico

---

[6] Indicação de tempo a partir de versão disponível em <https://www.youtube.com/watch?v=DP53o3gnS0M>

do momento em que se produz tal memória fílmica. Nesse sentido, *Mueda* poderia e deveria ser visto não apenas como um filme histórico sobre o massacre de Mueda, mas sobre como a FRELIMO buscou, vinte anos depois do evento, produzir uma memória específica sobre ele.

Para além do evento do massacre em si, o filme de Ruy Guerra, em seu contexto peculiar de produção, é, pois, ele próprio, um objeto histórico inserido no complexo processo de independência de Moçambique. Ora, como objeto inserido na história moçambicana, *Mueda* não é um objeto neutro, pois dispõe de sua própria historicidade (aliás, como todo aquele que a analisa ou a descreve). Aceitando, com Ricoeur (1994, p. 19), que a história não se dá a conhecer senão pela estruturação narrativa que dela se faça; e, com Barthes, que ela, a história, "só se constitui se a olhamos." (2015, p. 59); e, ainda, que, sendo a representação, ela mesma, uma parte da história que busca representar, podemos concluir que o cinema, como a arte em geral, não se limita a ser um meio entre os sujeitos e o real, uma vez que ele, o cinema, e ela, a arte, integram a realidade ao mesmo tempo em que a modificam. Em suma, cada narrativa, ao se constituir como um objeto histórico, alteraria não só a própria história, que passa a integrar, mas as demais narrativas que dela se façam. A história, por esse prisma, seria antes um móbile delicado de narrativas que um mosaico delas.

Em grande medida, creio que resida aí, na interpenetração entre o histórico e o estético e na constante transformação de um pelo outro, o caráter simultaneamente documental e ficcional de *Mueda, memória e massacre*. Diante disso, a única conclusão possível, ao que parece, é não concluir, ao menos no que diz respeito ao encarceramento do filme em uma modalidade taxonômica rígida. *Mueda, memória e massacre* pode ser visto como documentário, como ficção ou como o que quer que seja. O importante mesmo é que, como grande e indispensável filme que é, seja visto e debatido como parte da memória viva e móvel de Moçambique.

Dizer que o filme de Ruy Guerra tem a memória como tema central é uma afirmação óbvia, quase tautológica, dado que o termo já está no próprio título do filme, antecedendo, inclusive, a "massacre", como já o dissemos. Mais relevante, nos parece, é pensar na existência implícita de um embate entre uma política da memória, almejada pela FRELIMO por meio do INC, e a mão de Guerra a nos mostrar que todo filme, documental ou não, é, no limite, uma visão produzida sobre o mundo, e não o mundo em si. Nossa hipótese é que Ruy Guerra, mesmo tendo de agir dentro de uma estrutura oficial, conduzida pela FRELIMO e pelo regime de partido único que se implantava, tensiona o projeto de retórica da história conduzindo-o a uma dimensão mais afeita ao poético. Teríamos, pois, um embate entre os significados únivocos de uma retórica restrita da história e a pluralidade semântica de uma poética potencial da história.

Não há dúvida de que se trata, antes de tudo, de um filme crítico ao colonialismo português e à brutalidade com que a população de Mueda foi por ele reprimida no dia 16 de junho de 1960. Mas trata-se também, ainda que em menor grau, ou de forma mais discreta, de um filme crítico à apropriação histórica e simbólica do evento por parte do regime que ora se implantava. Tampouco se trata de questionar o movimento de independência, num sentido amplo, ou o papel decisivo da FRELIMO, responsável, não há dúvida, pela contestação dos horrores do período colonial e por sua confrontação. Trata-se, sim, de apontar os riscos inerentes a todo projeto de poder que se desvia, em maior ou menor medida, dos princípios que um dia o motivaram.

Referências

BARTHES, Roland. *A câmara clara*. Nota sobre a fotografia. Trad.: Júlio Castañon Guimarães. Rio de Janeiro: Nova Fronteira, 2015.

BARTHES, Roland. "O efeito de real". In: *Literatura e semiologia*. Trad.: Céia Neves Dourado. Petrópolis: Vozes, 1972. p. 35-44.

BAZIN, André. *O cinema* – ensaios. Trad. Eloisa de Araújo Ribeiro. São Paulo: Brasiliense, 1991.

BENJAMIN, Walter. *Magia e técnica*. Arte e cultura. 8. ed. Trad.: Sérgio Paulo Rouanet. São Paulo: Brasiliense, 2012.

BRANDÃO, Roberto de Oliveira. *A tradição sempre nova*. São Paulo: Ática, 1976.

NICHOLS, Bill. *Introdução ao documentário*. 5. ed. Trad.: J. Guinsburg *et alii*. Campinas: Papirus, 2010.

OMAR, Arthur. "O antidocumentário provisoriamente". <https://estudosaudiovisuais.files.wordpress.com/2016/10/arthur-omar-o-antidocumentc3a1rio-provisoriamente.pdf.> Acesso: 15/03/2018.

PAVIS, Patrice. *Dicionário de teatro*. 3. ed. Trad.: J. Guinsburg e Maria Lúcia Pereira. São Paulo: Perspectiva, 2008.

RICOEUR, Paul. "Histoire et rhétorique". *Diogène*, n. 168, oct-déc., 1994. p. 9-26.

SALGADO, Sebastião. *Africa*. Köln: Taschen, 2010.

BIOGRAFIAS

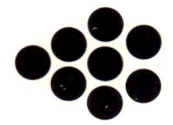

Carmen Tindó Secco

Nasceu no Rio de Janeiro. Professora Titular de Literaturas Africanas de Língua Portuguesa da UFRJ (Universidade Federal do Rio de Janeiro), ensaísta e pesquisadora do CNPq (Conselho Nacional de Desenvolvimento Científico e Tecnológico) e Cientista do nosso Estado da FAPERJ (Fundação de Amparo à Pesquisa do Estado do Rio de Janeiro). Tem mestrado em Letras pela Pontifícia Universidade Católica do Rio de Janeiro (1976), doutorado pela Universidade Federal do Rio de Janeiro (1992) e Pós-Doutorado pela Universidade Federal Fluminense, com estágio na Universidade Politécnica de Moçambique (2009-2010). É Membro da Cátedra Jorge de Sena para Estudos Literários Luso-Afro-Brasileiros, na Faculdade de Letras da Universidade Federal, do Rio de Janeiro.

Publicações

SECCO, C. L. T. R. *Pensando o cinema moçambicano – ensaios*. (Organizadora). São Paulo: Kapulana, 2018. [Ciências e Artes]

SECCO, C. L. T. R. "O legado índico da poesia moçambicana". Prefácio: OKAPI, Sangare. *Mesmos barcos ou poemas de revisitação do corpo*. São Paulo: Kapulana, 2017. [Vozes da África]

SECCO, C. L. T. R. "Noémia de Sousa, grande dama da poesia moçambicana". Prefácio. In: SOUSA, Noémia. *Sangue negro*. São Paulo: Kapulana. 2016. [Vozes da África]

SECCO, C. L. T. R. "Outras fronteiras: o brilho dos pirilampos e os fragmentos da memória". Posfácio. In: LEITE, Ana Mafalda. *Outras fronteiras, fragmentos de narrativas*. São Paulo: Kapulana. 2016.

SECCO, C. L. T. R.; SALGADO, M. T.; JORGE, S. R. (Organizadores). *África, escritas literárias*. 1. ed. Rio de Janeiro; Luanda: Editora da UFRJ e UEA (União dos Escritores Angolanos), 2010.

SECCO, C. L. T. R. *Afeto & Poesia. Ensaios e entrevistas: Angola e Moçambique*. 1. ed. Rio de Janeiro: Oficina Raquel, 2014.

SECCO, C. L. T. R.; MACEDO, T. C.; CHAVES, R. (Organizadoras); *Brasil & África: como se o mar fosse mentira*. 2. ed. São Paulo; Editora da UNESP, e Luanda: Editora Chá de Caxinde, 2006.

SECCO, C. L. T. R. *A magia das letras africanas. Ensaios escolhidos sobre as literaturas de Angola, Moçambique e alguns outros diálogos (edição portuguesa)*. 1. ed. Lisboa: Edições Novo Imbondeiro, 2004.

SECCO, C. L. T. R. *A magia das letras africanas*. 2. ed. revista. Rio de Janeiro: Editora Quartet, 2008; Barroso Produções Editoriais, 1. ed., 2003.

SECCO, C. L. T. R. *Antologia poética do mar em Angola* (coletânea de poemas). 1. ed. Luanda: Editorial Kilombelombe, 2000; 1. ed. Rio de Janeiro: Coordenação dos Cursos de Pós-Graduação em Letras Vernáculas - Fac. Letras, UFRJ, 1996.

SECCO, C. L. T. R. (Org.). LEMOS, Virgílio. *Eroticus moçambicanus:* 1. ed. Rio de Janeiro: Editora Nova Fronteira, 1999.

SECCO, C. L. T. R.; OLIVEIRA, C. F.; DINIZ, A. L. M.; SILVA, R.; MOURA, C. A.; ROCHA, R. M. A.; BELFORD, E. M. (Organizadores). *Antologia do mar na poesia africana do século XX: Moçambique, Guiné-Bissau, São Tomé e Príncipe* (v. III). 1. ed. Rio de Janeiro: Coordenação dos Cursos de Pós-Graduação em Letras Vernáculas - Fac. Letras, UFRJ, 1999.

SECCO, C. L. T. R. *Resenha crítica para a orelha do livro: PEPETELA. A gloriosa família*. 1. ed. Rio de Janeiro: Nova Fronteira, 1999.

SECCO, C. L. T. R.; MIRANDA, Maria Geralda (Organizadoras). *Paulina Chiziane: Vozes e rostos femininos de Moçambique*. 1. ed. Curitiba: Appris, 2013.

SECCO, C. L. T. R. *Luís Carlos Patraquim: Antologia poética*. 1. ed., Belo Horizonte: Editora da UFMG, 2011.

SECCO, C. L. T. R.; SALGADO, T.; JORGE, S. R. (Organizadores). *Pensando África: literatura, arte, cultura e ensino*. 1. ed. Rio de Janeiro: Fundação Biblioteca Nacional, 2010.

SECCO, C. L. T. R.; CAMPOS, M. C. S.; SALGADO, T. (Organizadores). *África & Brasil: Letras em laços* – v.2, 1. ed. São Caetano do Sul: Editorial Yendis, 2010.

SECCO, C. L. T. R. *Entre fábulas e alegorias. Ensaios sobre literatura infantil de Angola e Moçambique*. 1. ed. Rio de Janeiro: Editora Quartet, 2007.

SECCO, C. L. T. R.; DINIZ, A. L. M.; OLIVEIRA, C. F.; MOURA, C. A.; ROCHA, R. M. A.; SILVA, R. (Organizadores). *Antologia do mar na poesia africana do Século XX: Cabo Verde* (v. II). 1. ed. Rio de Janeiro: Coordenação dos Cursos de Pós-Graduação em Letras Vernáculas/Faculdade de Letras da UFRJ, 1997.

Ana Mafalda Leite

É poeta, ensaísta e docente. Nasceu em Portugal, cresceu e estudou em Moçambique, seu chão emocional e cultural, onde viveu até 17 anos. Iniciou seus estudos na Universidade Eduardo Mondlane, de Maputo, e licenciou-se em Filologia Românica na Faculdade de Letras da Universidade de Lisboa. Publicou o seu primeiro livro de poemas em 1984, *Em sombra acesa*.

É docente na Faculdade de Letras da Universidade de Lisboa, com Mestrado em Literaturas Brasileira e Africanas de Língua Portuguesa e Doutora em Literaturas Africanas, sua área principal de investigação. Desenvolveu pesquisa de Doutorado e Pós-Doutorado, na Escola de Estudos Orientais e Africanos (SOAS) da Universidade de Londres, na Universidade de Roma e na Universidade de Dakar. É Professora Associada com Agregação da Universidade de Lisboa, pesquisadora do ISEG do CEsA, com bolsa da FCT.

Participa em eventos acadêmicos e culturais no Brasil, colaborando em mesas de debates e bancas de instituições que promovem reflexão sobre a literatura e a cultura de países de língua portuguesa.

Recebeu o "Prémio Femina Lusofonia de Literatura, 2015", que agracia as Notáveis Mulheres Portuguesas e da Lusofonia, oriundas de Portugal, dos Países de Expressão Portuguesa, das Comunidades Portuguesas e Lusófonas, e Luso-descendentes, que se tenham distinguido com mérito ao nível profissional, cultural e humanitário no mundo, pelo conhecimento e pelo seu relacionamento com outras culturas.

É autora de textos poéticos e científicos, como:

Publicações

Poesia

Outras fronteiras, fragmentos de narrativas. São Paulo: Kapulana, 2017.
O amor essa forma de desconhecimento. Maputo: Alcance Editores, 2010.

Livro das Encantações Antologia (1984-2005). Maputo: Alcance Editores, 2010.

Livro das Encantações. Lisboa: Caminho, 2005.

Passaporte do coração. Lisboa: Quetzal Editores, 2002.

Rosas da China. Lisboa: Quetzal Editores, 1999.

Mariscando luas (em colaboração com Luís Carlos Patraquim e Roberto Chichorro). Lisboa: Vega, 1992.

Canções de Alba. Lisboa: Vega, 1989.

Em sombra acesa. Lisboa: Vega, 1984.

Ensaios

Nação e narrativa pós-colonial IV. Cabo Verde, Guiné-Bissau e São Tomé e Príncipe Cenografias Pós-Coloniais & Estudos sobre Literatura Moçambicana. Lisboa: Colibri, 2018.

Entrevistas (org. LEITE, Ana Mafalda, Carmen Lucia Tindó Secco, Jéssica Falconi, Kamila Krakowska, Sheila Khan). Lisboa: Colibri, 2018.

Nação e narrativa pós-colonial III. Cabo Verde, Guiné-Bissau e São Tomé e Príncipe Ensaios (org. LEITE, Ana Mafalda, Ellen Sapega, Hilary Owen, Carmen Lucia Tindó Secco). Lisboa: Colibri, 2018.

Nação e narrativa pós-colonial II. Angola e Moçambique. Entrevistas (org. LEITE, Ana Mafalda, Sheila Khan, Jéssica Falconi, Kamila Krakowska). Lisboa: Colibri, 2012.

Nação e narrativa pós-colonial I. Angola e Moçambique. Ensaios (org. LEITE, Ana Mafalda, Hilary Owen, Rita Chaves, Livia Apa). Lisboa: Colibri, 2012.

Oralidades & escritas pós-coloniais. Rio de Janeiro: EDUERJ, 2012.

A modalização épica nas literaturas africanas. 1. ed. Lisboa: Ed. Vega, 1995.

A Poética de José Craveirinha. 2. ed. Lisboa: Ed. Vega, 1991.

Luís Carlos Patraquim

Nasceu em Lourenço Marques, hoje Maputo, Moçambique, em 1953. Entre 1973 e 1975, foi refugiado político na Suécia.

Ao retornar a Moçambique, fundou, com outros escritores, a Agência de Informação de Moçambique (AIM), trabalhou no Instituto Nacional de Cinema (INC) de Moçambique, foi redator do jornal cinematográfico *Kuxa Kanema* e colaborador na imprensa moçambicana.

Em 1986, deixou Moçambique fixando-se em Portugal, onde continuou como poeta, escritor, roteirista e colaborador editorial.

Em 1995, em Moçambique, ganhou o "Prémio Nacional de Poesia".

Em sua vasta obra publicada em prosa, poesia e teatro, inspira-se em temas do passado e do presente, retratando o amor, a mulher, o mar e o sonho. Em 2018, foi um dos finalistas do Prêmio Oceanos, com o livro *O Deus Restante* (2017).

Publicações

O Deus restante. Maputo: Cavalo do Mar, 2017.
Música extensa. Maputo: Alcance, 2017.
O cão na margem. São Paulo: Kapulana, 2017.
O escuro anterior. Lisboa: Companhia das Ilhas, 2013.
Manual para incendiários e outras crónicas. Lisboa: Antígona, 2012.
Ímpia scripta. Maputo: Alcance, 2012.
Matéria concentrada. Maputo: Ndjira, 2011.
Enganações de boca. Maputo: Alcance, 2011.
Antologia poética. Belo Horizonte: UFMG, 2011.
A canção de Zefanías Sforza. Lisboa: Porto, 2010.
Pneuma. Lisboa: Caminho, 2009.
O osso côncavo. São Paulo: Escrituras, 2008.

O osso côncavo e outros poemas (1980-2004). Lisboa: Caminho, 2005.
Lidemburgo blues. Lisboa: Caminho, 1997.
Vinte e tal novas formulações e uma elegia carnívora. Lisboa: ALAC, 1992.
Mariscando luas. Lisboa: Vega, 1992.
A inadiável viagem. Maputo: Associação dos Escritores Moçambicanos, 1985.
Monção. Lisboa: Edições 70; Maputo: Instituto Nacional do Livro e do Disco, 1980.

Camilo de Sousa

Camilo de Sousa nasceu em Lourenço Marques (Maputo) na Mafalala a 29 de maio de 1953. Foi repórter fotográfico e redator do diário *O Jornal*, em Lourenço Marques, ao lado de João Reis e José Craveirinha. Em 1972, refugiou-se na Bélgica, onde obteve o estatuto de refugiado político junto às Nações Unidas (UNHCR). Em 1973, na Tanzânia, juntou-se à Frente de Libertação de Moçambique, fazendo treino de guerrilha em Nachingwea. A seguir, integrou-se à Frente de Cabo Delgado, lutando pela Independência moçambicana. Após 1975, trabalhou em projetos sociais e de comunicação em Cabo Delgado, onde criou a primeira rede moçambicana de correspondentes populares de informação que levou o cinema móvel aos distritos desta província.

Iniciou sua carreira no cinema, em 1978, como produtor executivo no filme de Ruy Guerra *Mueda, memória e massacre*.

Em 1980, ingressou no Instituto Nacional de Cinema e aí trabalhou até 1991 como realizador, editor, produtor e diretor geral de produção. Participou de discussões com Jean-Luc Godard sobre seu projeto "Son-Image".

Em 1992, criou a primeira Cooperativa Independente de Comunicação e Produção de Imagem, a *Coopimagem*. Em 2001, associou-se à Ébano Multimédia, trabalhando como produtor e realizador. É membro fundador e vice-presidente da Associação Moçambicana de Cineastas, criada em 2003.

Filmografia:

Produtor

Réhabilitation d'enfants et femmes victimes de la guerre, financiado pela União Europeia, resultando no filme *Espírito Corpo*, 90 min. (coprodução Alemanha/Moçambique).

Programas para Televisões Europeias (BBC, SIC-Portugal), Noruega, Finlândia.

Sonhos guardados (Isabel Noronha). Documentário, Moçambique.
O grande bazar (Licínio Azevedo). Docudrama, Moçambique.
Hóspedes da noite (Licínio Azevedo). Docudrama, Moçambique.
Ngwenya, o crocodilo (Isabel Noronha). Documentário, Moçambique.
Trilogia das novas famílias (Isabel Noronha). Documentário Moçambique – FDC.
Acampamento de desminagem (Licínio Azevedo). Docudrama, Moçambique.
Mãe dos netos (Isabel Noronha e Vivian Altman). Animação Moçambique – FDC.
Salani (Isabel Noronha e Vivian Altman). Documentário com animação – Moçambique.
Espelho meu (Isabel Noronha). Documentário, coprodução Espanha/Moçambique.
Meninos de parte nenhuma (Isabel Noronha e Vivian Altman). Documentário, Moçambique.
Terra sonâmbula (Teresa Prata). Adaptação. Coprodutor.

Diretor de Produção

A colheita do diabo (Licínio Azevedo), longa-metragem, ficção, coprodução Moçambique/ França.
Safari, longa-metragem, ficção, Áustria.
Preto e Branco (José Carlos Oliveira), longa-metragem, ficção, Portugal.

Realizador

O tempo dos leopardos. Longa-metragem, ficção, coprodução Moçambique/Jugoslávia (realizador 2ª equipe).
Sons da minha alma. Docudrama TV Communication – Noruega.
Ofensiva. Documentário, 16 mm p/b, Moçambique.
Operação Leopardo. Documentário, 16 mm p/b, Moçambique.
Ibo, O Sangue do Silêncio. Documentário, 16 mm p/b, Moçambique.
Cinco tiros de Mauser – a guerra no sul de Angola. Documentário, 16 mm p/b, Moçambique.
Uma vez às 7.30 horas. 16mm p/b Moçambique
A terceira margem do N'Komati. Documentário, 16 mm p/b, Moçambique.
Não mataram o sonho de Patrício. Documentário, 16 mm p/b, Moçambique.
Kuxa Kanema (cinejornal de atualidades). 52 números, 16 mm p/b, Moçambique.

Ondas comunitárias. Documentário, Betacam SP, Moçambique.

Junod. Documentário, Betacam SP, Moçambique.

Fronteira de amor e ódio. Documentário, DVCAM, 2009, Moçambique.

Comunidade no feminino. Documentário, DVCAM, 2010, Moçambique.

Na dobra da capulana. Documentário, HD, 2014, Moçambique.

O homem novo, entre a luta e os afectos. Documentário, 2019, Moçambique 90 min., em finalização.

Participação em festivais

Como realizador/produtor

Leipzig; Aveiro; Berlim; Belgrado; Rio de Janeiro; Bahia; 3 Continents Film Festival-South Africa, FIPA (Biarritz), Dockanema Moçambique, 3rd Bursa International Silk Road Film Festival, Turquia, 2008.

Como júri

Homenageado pelo conjunto da obra, em Lagos, Portugal, no CINEPORT 2006.

Guido Convents

Nasceu em 1956, na Bélgica. É historiador e antropólogo, estudioso do cinema. Em 1999, defendeu, na Bélgica, o seu doutorado sobre os primeiros anos do cinema 1894-1908 na Bélgica e o impacto social, político, cultural e econômico desta invenção na sociedade. Desde a década de 1980, tem publicado sobre cinema na África, particularmente sobre países africanos de língua oficial portuguesa, em especial Moçambique. Em 1986, lançou o seu livro sobre as imagens produzidas em África antes 1918. Colaborou com festivais de cinema na Bahia (Jornada de Cinema da Bahia), Leipzig (DocLeipzig), Amiens, Toulouse (cinelatino) e Festroia (Portugal). Desde 1996 é presidente do *Afrika Film Festival* em Leuven (Bélgica). Trabalha como jornalista especializado em cinema e, desde 1992, é secretário da União da Imprensa Cinematográfica Professional Belga (UPCB). Desde 1988 foi membro de dezenas de júris em festivais internacionais de cinema na Europa, Ásia, África e nas Américas.

Publicações

"La voix du peuple africain à l'écran". CineMag, 1, p. 26-27. Bruxelas: Edições SIGNIS, 2019.

"Ousmane Sembene. The CIA's interest in *Ceddo* or in the political role of Religion and Culture in Africa". CineMag, 1, p. 23. Bruxelas: Edições SIGNIS, 2019.

Images et Animation. Le cinéma d'animation en Afrique Centrale. Berchem – Kessel-Lo: Edições Afrika Filmfestival, 2014, 133 p.

Imagen & realidade. Os moçambicanos perante o cinema e o audiovisual: uma história político-cultural do Moçambique colonial até a República de Moçambique (1896-2010). Maputo: Edições Dockanema/Afrika Film Festival, 2011, 677 p.

Images et Paix. Les Rwandais et les Burundais face au cinéma et à l'audio¬vi¬suel. Une histoire politico – culturelle du Rwanda-Burundi allemand et belge et des Républiques du Rwanda et du Burundi (1896 - 2008). Berchem: Edições Afrika filmfestival, 2009, 604 p.

"Current issues in African Moving Images and their Preservation". African Research & Documentation. The journal of the Standing Conference on Library Materials in Africa. v. 110, p. 19-27. Cambridge: Edições SCOLMA, 2009.

Images et Démocratie, Les Congolais face au cinéma et à l'audiovisuel. Une histoire politico-culturelle du Congo des Belges jusqu'à la République Démocratique du Congo (1896-2006). Kessel-Lo: Edições Afrika Filmfestival, 2006, 487 p.

"Africa". In: Richard Abel. Encyclopedia of Early Cinema. Londres/Nova Iorque: Edições Taylor & Francis, 2005, p. 11-14.

L'Afrique? Quel Cinéma. Un siècle de propagande coloniale et de films africains. Antuérpia: Edições EPO, 2003, 367 p.

"Cinéma Coloniale". In: BRUNETTA, Gian Piero (éd.). *Storia del cinema mondiale. Americhe, Africa, Asia, Oceania. Le cinematografi nazionali*. v. IV, p. 335-386. Turino: Edições Einaudi. 2001.

CONVENTS, Guido e BUCHET, Jean. *Cinématographie coloniale belge. Inventaire des archives cinématographiques conservées en Belgique*. Leuven: Ed. CESCA, 1991, 130 p.

"Film and German Colonial Propaganda for the Black African Territories to 1918". In: USAI, Paolo Cherchi and CODELLI, Lorenzo (eds.). Before Caligari: German Cinema, 1895-1920. Pordenone: Edições: Biblioteca dell' Imagine, 1990.

Préhistoire du cinéma en Afrique. À la recherche des images oubliées (1896-1918). Bruxelas: Edições OCIC, 1986, 236 p.

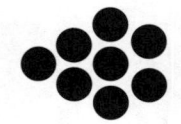

Isabel Noronha

Isabel Helena Vieira Cordato de Noronha, conhecida como Isabel Noronha, é uma das cineastas moçambicanas com maior e mais premiada filmografia, ao longo de seus 35 anos de carreira cinematográfica.

Nascida em Lourenço Marques em março de 1964, frequentou no período colonial Escolas Primária e Secundárias em Moçambique, ingressando, após a Independência, na Faculdade de Educação da Universidade Eduardo Mondlane.

Iniciou-se como cineasta em 1984, no Instituto Nacional de Cinema - INC, como assistente de produção e, depois, assistente de realização, continuísta, diretora de produção e realizadora, aprendendo cinema com realizadores e técnicos moçambicanos, na prática do *Kuxa Kanema* (jornal cinematográfico de atualidades), documentários e filmes de ficção produzidos nesta instituição.

Depois do incêndio do INC, com Camilo de Sousa criou a primeira Cooperativa Independente de Vídeo (COOPIMAGEM).

Em 2002 licenciou-se em Psicologia Clínica e Aconselhamento pelo Instituto Superior Politécnico e Universitário, passando a lecionar nesta instituição. Em 2007, terminou seu mestrado em Saúde Mental e Clínica Social pela Universidade de Léon, na Espanha.

Em 2010, atuou como cronista do jornal *O País*, repartindo com Licínio de Azevedo, Luís Carlos Patraquim e Gabriel Mondlane a coluna semanal "*Espelho da vida*". Em 2012, foi cronista do jornal *Sol*, dividindo com Lourenço do Rosário a coluna semanal "Voz própria". Faz parte do grupo de cineastas que fundou a Associação Moçambicana de Cineastas (AMOCINE).

Concluiu o doutorado em Antropologia Social na UNICAMP, no Brasil, em 2018 com a tese "Tacteando o Indizível", indicada para publicação.

Durante os 4 anos no Brasil, participou em inúmeros eventos de divulgação do cinema moçambicano em Universidades e centros culturais.

Filmografia

2018 – *O Homem Novo, entre a luta e os afectos*. 90 minutos, documentário, correalização com Camilo de Sousa (em finalização).

2014 – *Na dobra da capulana*. 30 minutos, documentário, produção e correalização com Camilo de Sousa.

2012 – *Espelho meu*. Documentário, correalização, com Vivian Altman (Brasil), Firouzeh Khosrovani (Irã), Irene Cardona (Espanha).

2012 – *Meninos de Parte Nenhuma*. 52 minutos, documentário/animação, correalização, com Vivian Altman.

2010 – *Salani*. 30 minutos, documentário/animação, correalização com Vivian Altman.

2009 – *Maciene – para além do sonho*. 63 minutos, documentário, vídeo.

2008 – *Mãe dos netos*. 7 minutos, animação/documentário (correalização com Vivian Altman).

2007 – *Trilogia das novas famílias*:
   Caminhos do Ser. Documentário, 12 min, vídeo.
   Delfina, mulher-menina. Documentário, 23 min, vídeo.
   Ali Aleluia. Documentário, 12 min, vídeo.

2007 – *Ngwenya, o crocodilo*. Documentário/drama, 90 minutos, vídeo.

2004 – *Sonhos guardados*. Documentário/drama, 29 minutos, vídeo.

1993 – *As Mães da Terra*. Documentário, 26 minutos, U-matic, SP.

1992 – *Assim na cidade*. Documentário/drama, vídeo, 32 minutos, U-matic SP.

1988 – *Hosi Katekisa Moçambique*. Documentário, 20 minutos, 16mm, p/b.

1987 – *Manjacaze*. Documentário de guerra, 12 minutos, 16 mm, p/b.

1987 – *Kuxa Kanema* (cinejornal de atualidades). 52 números, 16 mm, p/b.

Reconhecimentos e premiações

Prêmio do melhor documentário no Festival Documenta-Madrid (*Espelho meu*), Madrid, Espanha, 2011.

Homenagem à Obra de Isabel Noronha, CINEPORT, Brasil, 2009.

Prêmio "Janela para o Mundo", melhor documentário de África, Ásia e América latina (*Ngwenya, o Crocodilo*) no Festival de Cinema Africano de Milão, 2009.

Prêmio melhor filme de animação (*Mãe dos netos*) e menção honrosa especial (*Trilogia das novas famílias*) do júri em Terra di Tutti Film, Festival Bolonha, Itália, 2010.

Prêmio Kuxa Kanema, do Fundo de Apoio à Cultura, melhor filme moçambicano (*Trilogia das novas famílias*), Maputo, Moçambique, 2008.

Special Merit Award, Amakula International Film Festival (*Sonhos guardados*), Amakula International Film Festival, Kampala, Uganda, 2005.

Grande Prêmio do Festival Internacional de Vídeo de Oeiras (*Assim na cidade*), Oeiras, Portugal, 1993.

João Ribeiro

Nasceu em Mocuba, cidade da província da Zambézia, em Moçambique. Foi professor de Educação Física na cidade de Quelimane, onde cresceu e viveu até 1987. Nesta cidade, ele foi também Delegado Provincial do INC (Instituto Nacional de Cinema), gerindo um conjunto de cinco salas de cinema espalhadas pela província e onde, para além do *hobby* da fotografia, começou a trabalhar com vídeo. Em 1987 mudou-se para a cidade de Maputo onde, ainda no INC, foi Chefe do Arquivo de Filmes e mais tarde Coordenador de Produção.

Partiu para Cuba em 1989 onde se formou em Realização e Produção na *Escuela Internacional de Cine y Televisión*, (1991). Como trabalho de fim de curso, realizou a sua primeira curta-metragem, *Fogata*, inspirado no conto "A Fogueira", de Mia Couto.

De regresso a Moçambique juntou-se à Ébano Multimédia, Lda., onde desenvolveu, produziu e realizou vários documentários para o cinema e televisão. Foi na Ébano que se tornou membro fundador da SACOD (*Southern Africa Communication for Development*), uma das primeiras organizações regionais a conglomerar produtores independentes, tendo através dela feito diversas co-produções, projetos de formação e séries para a Televisão. Na Ébano realizou a sua segunda curta "O olhar das estrelas", a primeira série de ficção produzida pela SABC (*South Africa Broadcast Corporation*) com outros países africanos sob o tema do amor. A série chamava-se *African dreaming* (1997).

Em 2000, João Ribeiro criou a Cool (produtora independente), onde desenvolveu e produziu uma série de documentários e filmes, atuando várias vezes como produtor executivo para longas-metragens portuguesas. Na COOL produziu um importante documentário "*A miner's tale*" para a série Steps for The Future, uma mega co-produção entre mais de 15 estações de televisão de diferentes continentes sobre o HIV/SIDA.

Na Televisão, João Ribeiro passou por três dos mais importantes canais nacionais: TVM, canal público; STM e TIM, canais privados, onde foi responsável pelo processo de instalação, modernização, criação de conteúdos nacionais, produção de programas e eventos, tendo chegado a desempenhar funções de Diretor de Produção, Diretor Operacional, Diretor Geral e Administrador.

De regresso ao cinema, realizou em 2010, a sua primeira longa-metragem de ficção intitulada *O último voo do flamingo* que teve a sua estreia no Pavilhão do Mundo no Festival de Cinema de Cannes e foi selecionado para os maiores Festivais de Cinema do Mundo.

Sua última curta-metragem, "*Avó Dezanove e o segredo do soviético*" (2019), é uma adaptação do romance de mesmo título do escritor angolano Ondjaki. É uma co-produção entre Moçambique (Kanema Produções), Portugal (Fado Filmes) e Brasil (Grafo Audiovisual).

Filmografia

2010 – *O último voo do flamingo*. Ficção.
2006 – *Mia Couto, o desenhador de palavras*. Documentário.
2005 – *Tatana*. Curta-metragem.
2002 – *Entre muros*. Documentário.
1997 – *O olhar das estrelas*. Curta-metragem.
1992 – *Fogata*. Curta-metragem.

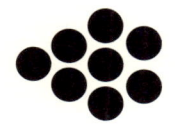

Júlio Machado

Júlio Cesar Machado de Paula nasceu em 1975 em Pouso Alegre, Minas Gerais. Possui Bacharelado e Licenciatura em Letras/Português pela Universidade de São Paulo, instituição em que obteve o Mestrado com dissertação sobre Manuel Bandeira e a poesia cabo-verdiana. Doutorado em Letras: Estudos Literários (Literatura Comparada) pela Universidade Federal de Minas Gerais, com projeto sobre Guimarães Rosa e José Luandino Vieira. Pós-doutorado pela Universidade de São Paulo, tendo como tema o trauma e o testemunho em literaturas da diáspora africana. Realizou estágios de pesquisa na *Université de la Sorbonne-Nouvelle* (Paris 3) e no *Fonds Ricoeur*, em Paris. Foi professor das Universidades Federais do Amazonas (UFAM) e da Integração Internacional da Lusofonia Afro-brasileira (UNILAB), bem como da Fundação Belas Artes de São Paulo. Atualmente é professor de Literaturas Africanas em Língua Portuguesa na Universidade Federal Fluminense (UFF). Recebeu, entre outros, os prêmios Xerox/Livro Aberto, com o livro de poemas *O itinerário dos óleos* (ed. Cone Sul), e Nascente (USP/Ed. Abril), pelo livro *Mimnas*. Publicou em 2016 o livro de poemas O quintal e o mundo (Editora Kazuá). Como dramaturgo, escreveu *A profecia*, para o Grupo Pândega, e *Luzia*, a convite do Teatro do Brejo Bento.

Publicações

O quintal e o mundo. São Paulo: Kazuá, 2016.

"Das vozes que vêm: coralidade, tempo e resistência em 'Deixa passar o meu povo!', de Noémia de Sousa". *Mulemba*, Rio de Janeiro: UFRJ, v. 14, n. 1, p. 42-49, jan./jun. 2016.

"Sinais de fumaça: feitiços e feiticeiros negros em *A carne*, de Júlio Ribeiro, e 'São Marcos', de João Guimarães Rosa. *Todas as musas*: Revista de Literatura e das Múltiplas Linguagens da Arte. São Paulo, Ano 05, n. 02, p. 70-80, jan./jun. 2014.

"Nem todas as crianças vingam: genealogia e afrodescendência na literatura brasileira". *Studia Iberystyczne*, Cracóvia (Polônia), v. 13, p. 149-160, 2014.

"A metáfora viva como paradoxo: uma contribuição de Paul Ricoeur para a leitura de *Grande sertão: veredas*. *Il Protagora*. Milão (Itália), v. 1, p. 93-104, jan/jun, 2012.

"Representar as armas, realizar as letras: atualidade do Quixote em tempos de guerra". In: CARDOSO, João Batista (Org.). *Literaturas ibero-afro-americanas – Ensaios críticos*. Goiânia: Editora da PUC-GO, 2010. p. 249-262.

"As margens (finas) da alegria". In: FANTINI, Marli; RAVETTI, Graciela. (OrgS.). *Olhares críticos: estudos de literatura e cultura*. Belo Horizonte: Editora UFMG, 2009. p. 102-112.

"Entre arquipélago e veredas: a água como metáfora do trânsito de culturas em Guimarães Rosa e na literatura cabo-verdiana". In: DUARTE, Lélia Parreira. (Org.). *Veredas de Rosa III*. Belo Horizonte: Editora PUC Minas, 2007. p. 406-413.

"Tradição e ruptura no poema 'Metamorfoses', de Dante Milano". In: FREITAS, Enivalda; TOLLENDAL, Eduardo; TRAVAGLIA, Luiz Carlos. (Orgs.). *Literatura: caminhos e descaminhos em perspectiva*. Uberlândia: Edufu, 2006, p. 370-375.

"Bodas de Bandeira: *Lira dos Cinquent'anos* nel mezzo del camin. In: GOLDSTEIN, Norma (Org.). *Traços Marcantes no Percurso Poético de Manuel Bandeira*. São Paulo: Humanitas/FFLCH-USP, 2005, p. 149-160.

"*Estrela da tarde*: um círculo que se fecha. In: GOLDSTEIN, Norma (Org.). *Traços marcantes no percurso poético de Manuel Bandeira*. São Paulo: Humanitas/FFLCH-USP, 2005, p. 121-135.

O itinerário dos óleos. São Paulo: Ed. Cone Sul, 1997.

Licínio Azevedo

Cineasta e escritor. Brasileiro, radicou-se em Moçambique em 1978, trabalhando inicialmente no Instituto Nacional de Cinema, quando lá colaboravam cineastas de renome como Ruy Guerra, Jean-Luc Godard, Jean Rouch. Dessa época é o seu livro *Relatos do povo armado*, episódios da guerra pela independência moçambicana, usado como base para o roteiro do primeiro longa-metragem de ficção produzido no país, "*O tempo dos leopardos*". O seu romance, "*Comboio de sal e açúcar*", ambientado na guerra civil, foi escolhido como livro do mês pelo *Essence Book Club* de Nova York e, recentemente, foi adaptado por ele próprio para o cinema. O seus filmes, documentários e ficções receberam dezenas de prêmios em importantes festivais internacionais.

Filmografia

2016 – *Comboio de sal e açúcar*. Longa-metragem, ficção.
2012 – *Virgem Margarida*. Longa-metragem, ficção.
2007 – *Ilha dos espíritos*. Longa-metragem, documentário.
2007 – *Hóspedes da noite*. Longa-metragem, documentário.
2006 – *O grande bazar*. Longa-metragem, ficção.
2005 – *Ferro em brasa*. Média-metragem, documentário.
2005 – *Acampamento de desminagem*. Longa-metragem, documentário.
2003 – *Mãos de barro*. Longa-metragem, documentário.
2002 – *Night stop*. Longa-metragem, documentário.
2002 – *Desobediência*. Longa-metragem, ficção documental.
2001 – *A ponte*. Longa-metragem, documentário.
1999 – *Mariana e a Lua*. Longa-metragem, documentário.
1999 – *A última prostituta*. Curta-metragem, documentário.

1998 – *Massassani Afela Kwhatini - O homem bom morre longe de casa*. Curta-metragem, documentário.
1998 – *As pitas*. Média-metragem, ficção.
1997 – *Tchuma Tchato*. Longa-metragem, documentário.
1996 – *A guerra da água*. Longa-metragem, documentário.
1995 – *A árvore dos antepassados*. Longa-metragem, documentário.
1992 – *Adeus RDA*. Curta-metragem, documentário.
1990 – *Marracuene*. Curta-metragem, documentário.
1988 – *A colheita do diabo*. Longa-metragem, ficção.

Olivier Hadouchi

Doutor em Estudos do Cinema (Paris 3-Sorbonne Nouvelle). Historiador do cinema (PhD em Estudos de Cinema), professor, pesquisador (associado a IRCAV, Paris 3, programador independente e curador de filmes. Nasceu e vive em Paris.

Publicou um livro sobre imagens de solidariedade com a independência da Argélia (publicado pelo Museu de Arte Moderna de Belgrado), em 2016, e textos em várias publicações (*Terceiro Texto, La Furia Umana, CinémAction, Something We Africanos Got* ou catálogos...). Proferiu muitas palestras, apresentações de filmes e discussões em museus e centros de arte (Praga, Chile, Ljubljana, Porto...).

Participou de festivais de cinema (em Paris, Marselha, Lille, Nantes, Argel, Bejaia, Lisboa, Beirute, Ghent, Genebra, Bourges...). Foi responsável por diversos programas de curadoria de filmes para Le Bal, Bétonsalon o Bandits-Mages. Foi o curador do "Tricontinental. Cinema, Utopia e Internacionalismo" (com 13 exibições) para o Museu Reina Sofia (Madrid) & programa: "Explosões Planetárias/1968" para o Festival Internacional Cine Amiens.

Ruy Guerra

Nasceu em Lourenço Marques, atual Maputo, em 1931. Estudou cinema na França e veio residir no Brasil, onde se tornou um dos nomes principais do Cinema Novo, com obras como "*Os cafajestes*" e "*Os fuzis*". Além de roteirista e diretor, Ruy Guerra trabalhou como ator, montador, diretor e produtor. Fundou o Instituto Nacional de Cinema. Além de abraçar a área cinematográfica, atuou como poeta, dramaturgo e professor. Vive no Brasil desde 1958.

Depois da libertação de Moçambique, em 1975, Ruy foi convidado a voltar a seu país para ajudar na implantação de uma cinematografia nacional. Cinema nacional, ao alcance do povo, era tema caro às revoluções socialistas, como se dera antes na Revolução Cubana.

Ruy Guerra: paixão escancarada é o título da biografia do referido cineasta, escrita por Vavy Pacheco Borges, publicada pela Editora Boitempo (SP), em 2017; traça a trajetória da vida pessoal e cinematográfica de Ruy Guerra.

Filmografia

2015 – *Quase memória*. Diretor. Longa-metragem, drama.

2014 – *Dia de cão*. Diretor. Curta-metragem, drama.

2005 – *Casa de areia*. Ator. Longa-metragem, drama.

2004 – *Portugal S.A.*. Diretor. Longa-metragem, drama.

2004 – *O veneno da madrugada*. Diretor e roteirista. Longa-metragem, suspense.

2000 – *Monsanto*. Diretor. Longa-metragem, drama.

2000 – *Estorvo*. Diretor, roteirista e produtor. Longa-metragem, drama.

1997 – *Posta restante*. Roteirista. Curta-metragem, ficção.

1992 – *Me alquilo para soñar*. Diretor e roteirista. Minissérie.

1989 – *Kuarup*. Diretor, roteirista e produtor. Longa-metragem, drama.

1988 – *Fábula de la bella Palomera*. Diretor, roteirista e produtor. Longa-metragem, drama.

1986 – *Ópera do malandro*. Diretor, roteirista e produtor. Longa-metragem, musical.

1983 – *Eréndira*. Diretor. Longa-metragem, drama.

1981 – *Histoires extraordinaires: la lettre volée*. Diretor e roteirista. Média-metragem, adaptação.

1980 – *Mueda, memória e massacre*. Diretor e diretor de fotografia. Longa-metragem, documentário / ficção.

1976 – *A queda*. Diretor, roteirista, compositor e ator. Longa-metragem, drama.

1975 – *As aventuras de um detetive Português*. Roteirista. Longa-metragem, comédia.

1972 – *Os sóis da Ilha de Páscoa*. Ator. Longa-metragem, ficção.

1972 – *Aguirre, der Zorn Gottes*. Ator. Longa-metragem, ficção.

1970 – *Os deuses e os mortos*. Diretor e roteirista. Longa-metragem, drama.

1970 – *O senhor do tempo*. Ator. Longa-metragem, ficção.

1969 – *Ternos caçadores*. Diretor e roteirista. Longa-metragem, drama.

1968 – *Benito Cereno*. Ator. Longa-metragem, drama.

1968 – *Balada de Página Três*. Roteirista. Longa-metragem, drama.

1964 – *Os fuzis*. Diretor e roteirista. Longa-metragem, drama.

1962 – *Os mendigos*. Montador e ator. Longa-metragem, drama.

1962 – *Os cafajestes*. Diretor e roteirista. Longa-metragem, comédia.

1957 – *S.O.S. Noronha*. Ator. Longa-metragem, ficção.

1954 – *Quand le soleil dort*. Diretor e roteirista. Curta-metragem, ficção, drama.

Sol de Carvalho

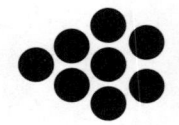

João Luis Sol de Carvalho nasceu na Beira, Moçambique, em 1953. Cresceu em Inhambane. Estudou no Conservatório Nacional de Cinema, em Lisboa, e trabalha como jornalista, editor e fotógrafo, bem como produzindo inúmeros documentários e programas de televisão. Sol de Carvalho foi sócio-fundador da produtora Ébano (juntamente com Pedro Pimenta e Licínio Azevedo), da qual se desligou posteriormente para montar a Promarte. Foi o fundador e é o gerente geral da Companhia de Produção Promarte, em Maputo, tendo já dezenas de produções, entre filmes de ficção e documentários. *O jardim do outro homem* é seu primeiro longa-metragem. Recebeu vários prêmios. No Fespaco 2019 foi galardoado com os Prêmios Imagem e Montagem, atribuídos ao seu filme "*O dia em que explodiu Mabata Bata*". *MABATA BATA* recebeu mais um prêmio, em 2019, no festival de cinema africano de Angers, na França.

Filmografia

2017 – *O dia em que explodiu Mabata Bata*. Longa-metragem, ficção, adaptação de um conto de Mia Couto.
2013 – *O ladrão e a bailarina*. Ficção.
2013 – *Laura*. Curta-metragem.
2012 – *Caminhos da paz*. Documentário.
2011 – *Impunidades criminosas*. Curta-metragem.
2009 – *O búzio*. Curta-metragem.
2007 – *As teias da aranha*. Longa-metragem de ficção.
2006 – *O jardim de outro homem*. Longa-metragem de ficção.
2005 – *A janela*. Curta-metragem de ficção.
2004 – *Pregos na cabeça*. Ficção.
1997 – *Muhipiti Alima*. Ficção.
1997 – *A herança da viúva*. Ficção.

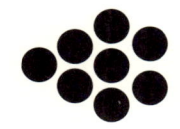

Ute Fendler

Profa. Dra. Assistente de Estudos Culturais Comparativos (desde 2016) da Universidade de Bayreuth, na Alemanha, e Vice-Diretora da Academia Bayreuth de Estudos Africanos Avançados.

Seus atuais projetos de pesquisa são:

"2012-2018: Iconografias da utopia social na África e suas diásporas (Academia Bayreuth de Estudos Africanos Avançados)".

"2016-2019: Narrativas do Oceano Índico no Espaço Lusófono".

Publicações

Livros

FENDLER, Ute e MBAYE, Aminata Mbaye. *Arqueologia do futuro: cinema africano e imaginário*. München: AVM, 2018. (na impressão)

FENDLER, Ute. *Transformações. Mudanças e renovações na literatura e cinema no Magrebe desde 1990*. München: AVM, 2016.

Artigos

FENDLER, Ute. "Tey (Hoje): a irrupção do tempo no espaço do cinema esquizofrênico." In: *Presença Francófona*, n. 88 (Outono de 2017).

FENDLER, Ute. "O Cinema da Guiné-Bissau". *Mulemba*. Rio de Janeiro: UFRJ, v.9, n.17. p. 147-159, jul/dez 2017.

FENDLER, Ute. "CREACTULAÇÃO - criação, atualidade, fabulação." In: Ijou Cheikh Moussa/Maroua ElNaggare/Aminata Mbaye/Youssef Wahboun (eds.). *Criação e notícias na África, publicações do laboratório Literatura, Arte e sociedade*. Rabat: Mohammed V University, 2017, 21-35.

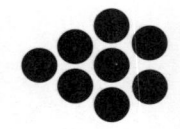

Vavy Pacheco Borges

Vera Hercilia Faria Pacheco Borges, Vavy Pacheco Borges, fez seus estudos na Pontifícia Universidade Católica de São Paulo (PUC-SP): graduação em História (1959), mestrado em História (1979) e doutorado em Ciências Sociais (1987).

Iniciou suas pesquisas na área de História Política do Brasil Republicano desde meados dos anos 1960, quando frequentou por dois anos o primeiro curso de pós-graduação em História da Civilização Brasileira na Universidade de São Paulo (USP), ministrado por Sergio Buarque de Holanda. Os temas foram: Revolução de 30, Revolução de 32 e Tenentismo.

Desde os anos 1990 dedicou-se ao estudo da biografia, tendo escrito artigos introdutórios ao tema e redigido trabalhos biográficos como *Em busca de Gabrielle* (Alameda, 2009) e *Ruy Guerra, paixão escancarada* (Boitempo, 2017).

Iniciou sua ação como professora no secundário, lecionou no Departamento de História da Pontifícia Universidade Católica de São Paulo (PUC-SP), de 1974 a 1987, e, daí em diante, no Departamento de História da IFCH da Universidade Estadual de Campinas (UNICAMP) até sua aposentadoria em 1994; conservou, porém, suas ligações com a Pós-Graduação na linha "Jogos da Política", até recentemente.

Yara Costa

Yara Costa Pereira é realizadora. Morou em Angola, na África do Sul, no Haiti; trabalhou no Brasil. Atualmente, reside na Ilha de Moçambique, no norte de Moçambique.

É uma jovem cineasta moçambicana, representante do cinema moçambicano contemporâneo.

Realizou já três filmes:

2018 – *The crossing* (em português, *A travessia*, 2014).
2018 – *Entre Eu e Deus.*
2011 – *Porquê aqui? Histórias de chineses em África.*

No momento, está a preparar um novo filme, cujo título deverá ser *Desterrados*.

fontes	Andada (Huerta Tipográfica)
	Open Sans (Ascender Fonts)
papel	Pólen Soft 80 g/m²
impressão	BMF Gráfica